Diccionario de la injuria

Diccionario de la injuria

SERGIO BUFANO
JORGE SANTIAGO PEREDNIK

Bufano, Sergio
   Diccionario de la injuria / Sergio Bufano y Jorge Santiago Perednik. – 1ª ed. - Buenos Aires: Losada, 2005. 288 p.; 23 x 15 cm. (Diccionarios.)

   ISBN 950-03-9404-9

   1. Diccionarios. I. Perednik, Jorge Santiago II. Título.
   CDD 413

Primera edición en esta colección: diciembre de 2005
© Editorial Losada, S. A., 2005
Moreno 3362 - 1209 Buenos Aires, Argentina
www.editoriallosada.com
Tapa: Ana María Vargas
Interiores: Taller del Sur
Reservados todos los derechos
Queda hecho el depósito que marca la ley 11723
Libro de edición argentina

Prólogo

Teoría del insulto

La lengua no es un monumento, algo formado de una vez y para siempre, sino un proceso de creación y recreación constante, un palimpsesto de invenciones y repeticiones que responde principalmente a dos orígenes, uno popular y otro erudito. En ambos casos la invención en sentido estricto es un momento individual: a alguien, una pluma famosa o un anónimo habitante, se le ocurre una palabra y la usa por primera vez, la crea. Ello sin embargo no basta, aun si la palabra es ingeniosa o útil, para inscribirla en la lengua; es necesario un segundo momento, el de su aceptación por la comunidad, la única que abre el ingreso al acervo común del idioma. La palabra termina de cobrar existencia para la lengua sólo cuando la gente la hace suya.

Así como las palabras ingresan, también egresan. No por decreto de expulsión; simplemente se dejan de usar, quedan relegadas en el desván de los objetos lingüísticos inútiles. En este proceso de incorporación y desahucio de palabras, las que entre todas tienen mayor movilidad son las malas palabras y las palabras injuriosas. Aparecen en un número que sobrepasa escandalosamente a todo el resto del bagaje vocabulario —y desaparecen también con gran facilidad y rapidez. Son el ejemplo por excelencia para comprender el funcionamiento de la lengua, el momento acelerado, febril, de un proceso que ocurre con todas las palabras, pero más lentamente: el cambio en general tarda en hacerse visible décadas cuando no siglos, mientras la malas palabras e insultos cambian su *corpus* en un tiempo relativamente breve. La carga extra de goce de estas palabras lleva a incrementar su producción, pero el mismo goce de esta producción, en su necesidad de satisfacerse, deja atrás innumerables palabras para poder seguir fabricando otras. En pocos años el arsenal de estas palabras en gran parte se renueva; hay, claro, un sector clásico que tal vez nunca pierda vigencia, con unas pocas malas palabras estrellas, al que se agrega un amplio sector móvil de vocablos malos e injuriosos cuyo éxito y uso es más o menos efímero.

Se acaban de mencionar dos clases de vocablos que el buen orden recomienda separar, el *insulto* y las *malas palabras* u *obscenidades*, que en parte se parecen y en parte se oponen. Las últimas pertenecen al ámbito de lo público, al dominio de los usos lingüísticos propios de una comunidad, en virtud de los cuales distintas comunidades a pesar de hablar el mismo idioma construyen conjuntos más o menos diferentes de malas palabras; el insulto, en cambio, puede hacerse público, pero nace indefectiblemente como iniciativa privada, individual, para ser dicho en un momento preciso contra un destinatario en particular, elegido, aun cuando luego el mismo insulto pueda o suela ser recuperado por otros y tener por destinatario a cualquiera. Los insultos están indefectiblemente ligados al uso, mientras que las malas palabras, nacidas del uso, conforman una suerte de institución, un conjunto más o menos establecido que el uso puede engrosar o modificar. El insulto busca ofender a alguien en particular; la obscenidad ofende a cierta moral general. Ofende el "buen gusto", es moralmente condenable mencionar públicamente los órganos sexuales, la materia fecal, la acción de expulsarla, etc., y a la mención de todo esto la costumbre condena como "obsceno". No obstante obsérvese que otro uso, como el científico, por ejemplo, dispensa estos vocablos de su pretendida (por las buenas lenguas) "maldad" intrínseca. Pero ¿qué son las buenas lenguas? Precisamente las que instituyen las malas palabras, esto es, el ámbito público mismo. Son las que predican cómo hay que hablar, y si la práctica dice que estas normas no son seguidas por toda la sociedad, al menos establecen un listado negativo de lo que no se debe decir, a la manera de un código moral-penal de sanciones difusas. Este es el punto en que la lengua es expulsada de sí misma: en tanto trata prescribir conductas a la población, aunque sean conductas habladas, la lengua pasa a ser un código de normas para el buen comportamiento, esto es, sale del ámbito lingüístico para entrar en el moral, adonde estos párrafos no piensan ingresar.

Las dos clases de palabras mencionadas se cruzan y retroalimentan: el insulto usa como materia prima las malas palabras, mientras que el corpus de malas palabras de un cualquier idioma se nutre de las injurias exitosas, las que han causado la conmoción o sorpresa que la injuria pretendía. Porque la injuria frecuentemente llega a oídos terceros, además de los destinatarios, y obtiene su aprobación, cuando no su complicidad. Si esto ocurre se cumple el mecanismo alimentador de la lengua: la (mala) palabra es incorporada por la comunidad para el uso de todos.

El nacimiento del insulto en Occidente

La búsqueda del origen del insulto es la búsqueda de un mito, y para que el mito se constituya es necesario que sea recibido por la comunidad y repetido como propio. Aquí se propone, después de revisar hacia atrás nuestra cultura, que en Occidente los dos primeros insultos del mundo fueron respectivamente *mentiroso* y *maldito*, pronunciados por la serpiente contra Dios y por Dios contra la serpiente. Los dos hablan de ciertas cualidades personales de los destinatarios, y fueron cruzados en el paraíso, según consta en la Biblia, en un tiempo anterior a la historia, un tiempo que la cultura sitúa en el principio –y esto implica decir que el nacimiento del insulto coincide casi con el de la humanidad.

En realidad la serpiente no pronuncia la palabra *mentiroso* sino indirectamente: dice que los motivos por los cuales Dios prohibió comer los frutos de cierto árbol *no son ciertos*, que la realidad detrás de sus palabras es otra, en definitiva, que Dios no habla con la verdad. En cambio Dios descarga la palabra *maldito* directamente; primero contra la serpiente, luego contra Adán y Eva cuando lo desobedecen, luego contra Caín cuando mata a su hermano Abel, iniciando una serie de repeticiones del mismo insulto que va a continuar a lo largo de toda la narración bíblica.

Que quien es paradigma de la bondad maldiga es un problema teológico y no cabe tratarlo aquí. Sí corresponde agregar que a lo largo de su vida también Jesús recurre al insulto de manera directa, sin arte ni disimulo. Según el Evangelio del pseudo Mateo, apenas a los cuatro o cinco años, jugando con otros niños a orillas del río Jordán, en Galilea, un hijo de Anás, sacerdote del templo, le destruye con una vara los pequeños estanques de arena que había construido. Furioso, el pequeño Jesús le grita: "grano execrable de iniquidad, hijo de la muerte, oficina de Satán". A esos insultos añade una maldición terrible y el muchachito muere. San Mateo narra el mismo suceso, pero su versión difiere en cuanto a las injurias: "insensato, injusto e impío" son las palabras que Jesús le dirige al niño antes de que muera.

En la famosa escena en que arremete contra el conjunto de los mercaderes del templo les dice: ¡cueva de bandidos! En otros momentos otros destinatarios son agraviados con términos como: ¡raza de víboras!, ¡generación malvada y adúltera!, ¡insensatos!, ¡ciegos!, ¡hipócritas!, ¡malditos! Aquí la temática del insulto permite arriesgar en materia religiosa la tesis de que el arte del insulto oblicuo es una cuestión demoníaca mientras que el insulto llano es una cuestión de Dios, o si se quiere que siendo el insulto un instrumento divino y humano a la vez, cuando se realiza de manera indirecta o disimulada se vuelve diabólico.

También le ha tocado en suerte a Jesús ser un creador de insultos. Una palabra como "fariseos", que en principio sólo servía para designar a una secta religiosa, en sus labios adquiere un carácter injurioso que, inscripto como una marca en las Escrituras, sentencia a la palabra para siempre. Desde entonces, aunque hayan dejado de existir los fariseos como secta, continúa habiendo fariseos, esto es, perdura el insulto y a partir de él continúan las generaciones de quienes lo reciben. El mismo fenómeno está descripto en la Biblia desde antes de Jesús; un ejemplo es la palabra "filisteo": ya desaparecido el pueblo que designaba, se siguió usando sobre personas que no pertenecían a él de un modo peyorativo, y quedó erigido en un insulto perdurable. Todos estos casos no son más que ejemplos de un mismo uso: el insulto es una de las armas que más se emplean en la disputa entre grupos o facciones, sean políticos, religiosos, étnicos, deportivos, etc.; el caso de los filisteos es étnico, el caso de los fariseos es religioso; hoy se puede detectar el mismo uso dentro del campo político mediante palabras en principio técnicas, como *fascista* o *comunista*, que deberían referir a posiciones políticas, pero que, dependiendo de quién, cuándo y cómo las pronuncie, han llegado a tener un carácter fuertemente injurioso –al tiempo que técnicamente impreciso o incorrecto–, del que les resulta muy difícil desprenderse.

Las cuatro características del insulto

El insulto directo y el indirecto, con sus diferentes formas y grados, cubren el espectro de lo posible en la materia. En ambos casos hay varias características que no está demás enumerar. La primera es que para que haya un insulto es necesaria una situación de conflicto (aun con uno mismo) que lo enmarque y, al menos momentáneamente, una imposibilidad subjetiva de resolverla si no es por medio de la violencia verbal o gestual. Esto es evidente cuando se insulta a otra persona, pero aún hay una descarga de energía violenta cuando la mala palabra se pronuncia contra nadie, por ejemplo en respuesta a una contrariedad fortuita –alguien está muy apurado y pierde el tren que se va ante su vista–, o contra uno mismo, al cometer una torpeza involuntaria –volcarse el plato de comida sobre el propio traje. En todos estos casos –con la intervención de otros, de uno mismo o de nadie–, las circunstancias hacen que se acumule una energía que es necesario descargar, lo que permite una primera definición objetiva: el insulto es primariamente eso, una descarga de energía, una acción de descarga.

La segunda característica es que el insulto sólo es tal en determinado contexto; fuera del momento de ser pronunciado, o abstraído de toda circunstancia que lo contenga, funciona como cualquier palabra. El diccionario, con las múltiples acepciones que ofrece de cada vocablo, prueba que las palabras carecen de un significado seguro hasta que son usadas; en el caso del insulto no hay certeza de que una expresión necesariamente funcione como un insulto (o no) hasta que en determinada circunstancia su uso lo confirme –y de hecho al leer el diccionario ninguna de las palabras incluidas insulta, ni siquiera la más ofensiva, porque funciona en un contexto informativo; luego, ya en otro contexto, puede ser usada para insultar. El empleo de la palabra "mujercita" aplicada a una adolescente resuena con un matiz cariñoso; pero la misma palabra referida a un adulto varón tiene una resonancia netamente ofensiva. La palabra "linda", en tanto la belleza es tenida como una virtud, parece necesariamente halagatoria, como confirma el diccionario, sin embargo acompañada de los gestos y ademanes apropiados, puede funcionar como un insulto; por ejemplo: la frase "¡Qué linda cadera!", dicha por un hombre a una mujer de fea cadera, es un "piropo" injurioso. Los casos contrarios también son frecuentes, de modo que ciertos insultos consagrados por la tradición y el uso, en determinadas circunstancias, pueden no funcionar como tales. "Hijo de puta", uno de los más usados o menos usados, dependiendo de la región de que se trate, pero igualmente considerado como gravísimo, porque ataca el honor de la madre, pone a prueba la relatividad de los significados insultivos, y es fácil acordar que la expresión "¡qué hijo de puta, que bien que juega!", aplicada a un deportista, no es injuriosa sino admirativa, lo que demuestra que cualquier palabra que el sentido común asocia inmediatamente con un insulto bien puede ser alguna vez todo lo contrario. En el Quijote, Cervantes compuso un diálogo entre Sancho Panza y el escudero del *Caballero del Bosque* en el que Sancho habla orgullosamente de su hija. Su interlocutor, admirado, le responde: "¡Oh hi de puta, puta, y qué rejo debe de tener la bellaca!". Sancho no puede creer lo que escucha, se ofende y recrimina a su amigo por ese lenguaje. Y el escudero, sorprendido, replica:

—"¡Oh, qué mal se le entiende a vuesa merced de achaque de alabanzas, [...]! ¿No sabe que cuando algún caballero da una buena lanzada al toro en la plaza, o cuando alguna persona hace alguna cosa bien hecha, suele decir el vulgo: "¡Oh hi de puta, puto, qué bien que lo ha hecho!"? Y aquello que parece vituperio en aquel término, es alabanza notable...".
(*Cervantes,* Don Quijote de la Mancha, *Madrid, Espasa-Calpe, 1935, tomo V, pág. 237*)

Precisamente uno de los momentos paradigmáticos de la relatividad del insulto es la ironía, una figura que propone entender lo contrario de lo que se dice, y cuyo uso consigue que muchas palabras, elogiosas o neutras a los efectos calificativos, se vuelvan insultivas o viceversa.

Un caso particular de esta característica es la relatividad cultural del insulto, los límites geográficos de su aplicabilidad: las mismas palabras que tradicionalmente son injuriantes en una determinada región o país, en otra no. La palabra "pelotudo", un aumentativo que calificaría literalmente a quien posee pelotas grandes, en Hispanoamérica es convencionalmente tomada por un insulto y en algunos países popularmente usada con esa intención; en España, por el contrario, tiene connotaciones positivas, es sinónimo de cojonudo, valiente, osado. Un argentino al que le dijeran "conchudo" se sentiría ofendido, un mexicano halagado.

Estas muestras de cómo en el funcionamiento del insulto la intención tiene un peso aún mayor que la tradición significativa de la palabra permiten concluir una tercera característica: que lo que agravia, más que la palabra en sí, es el ánimo de insultar con el que alguien la pronuncia, eso que los latinos denominaban *animus injuriandi*. Esta voluntad se manifiesta, y es aprehendida por el insultado, de múltiples maneras, generalmente mediante una combinación de varios signos: las circunstancias y el contexto en que el insulto es pronunciado, los gestos que lo acompañan, las otras palabras que lo rodean, los dichos, gestos, conductas u omisiones ajenos que lo provocaron. De modo que cualquier palabra puede ser un insulto, pronunciada con esa intención, o puede no serlo pese a su apariencia. No es posible, entonces, saber si una palabra o frase es insultiva o no antes de que sea usada; lo que permite deducir que ninguna palabra necesariamente es un insulto y todas potencialmente lo son. No obstante, más allá de su empleo ocasional, las palabras tienen una historia, pertenecen a una tradición de sentido, a una costumbre colectiva de uso que hace reconocer con mayor o menor facilidad su pertenencia a la categoría, y permite, entre otras cosas, que sea posible construir con ellas un diccionario.

La cuarta característica es que el insulto es sobre todo una forma compleja; insulta por su significado pero más aun por el conjunto de signos con que ese significado se expresa. Lo prueba el hecho de que el significado de los insultos, según se manifieste, puede insultar o no: así, no merecerá mayores discusiones que *hijo de puta* significa *descendiente de mujer que ejerce el comercio sexual*, sin embargo al gritarle esta última expresión a alguien, aunque equivalente en el significado, el insulto pierde toda su fuerza, incluso al punto de volverse risible.

El insulto es considerado generalmente como una práctica negativa y repudiable. Lo es en tanto ejercita violencia contra otro, y no termina sólo con el daño psíquico a las víctimas, sino que suele generar reacciones, lo que multiplica la violencia. Sin embargo bien podría ser considerado un paso importante en la evolución de la humanidad, en tanto la violencia física es reemplazada por un ejercicio dialéctico de enfrentamiento. En este sentido se podría pensarlo al insulto como un ritual que se ejercita para evitar la violencia física sin rehuir al enfrentamiento mismo. Sería equivalente a ciertos conjuntos de gestos y movimientos que existen en la mayoría de las especies animales, con las particularidades de cada caso, tendientes precisamente a dirimir los conflictos individuales sin sufrir pérdidas físicas. En el caso de los humanos estos rituales son derivados a una particularidad que no poseen otras especies, el lenguaje verbal, y más específicamente al insulto.

Verdad, mentira y arte en el insulto

El refrán popular que dice: "la verdad no ofende" introduce el tema de la relación entre insulto y verdad. Si el refrán tuviera razón, determinados insultos, los que hablan con la verdad, no deberían afectar a sus destinatarios, en tanto apenas están describiendo datos de la realidad; el insulto, siguiendo esta lógica, insultaría sólo cuando dice una mentira. Pero hay una característica de la humanidad que esta posición no contempla: la mayoría de las personas viven queriendo ocultar algunas facetas de su personalidad o algunos momentos de su historia, de modo que un mero develamiento o enunciado de esas verdades escondidas las puede ofender gravemente y funcionar como un insulto. La posición contraria, entonces, podría fabricar otro refrán, decir por ejemplo que "la mentira no ofende", postulando que quien es insultado con una afirmación falsa no tiene porqué inmutarse, en tanto lo que se dice sobre él no es cierto. El hecho de que enunciados como "hijo de puta" ofendan a todos, cuando sólo una minoría de madres son o fueron prostitutas, sirve para desmentir esta segunda hipótesis. La conclusión es que no necesariamente el insulto requiere de la verdad, como tampoco de la mentira y que tanto una como otra pueden ofender, constituirse en un insulto. Y ello es así porque el insulto no se propone transmitir información, lo que para determinar el grado de veracidad de un enunciado es fundamental, sino simplemente agredir, ejercer violencia. Y el grado de esta depende no de la verdad o falsedad de lo dicho sino del nivel de agresión que generen las palabras, de su efecto en el destinatario. La verdad o la mentira en todo caso pueden ser elementos usados en la agresión, eficaces para reforzarla. Investigar la veracidad de un enunciado que se propone insultar es intrascendente: el insulto más que decir, hace, hace con su decir, y lo hace como quien pega con su puño o con un palo, aunque en este caso el instrumento de agresión sea la lengua. Y un golpe, aunque sea dado con la palabra, no quiere ser verdadero ni falso, sino simplemente hacer doler.

En cuanto a la relación del insulto con la belleza, Jorge Luis Borges proclama en un ensayo, incluso desde el título, la posibilidad de un *arte de la injuria*. La palabra *arte* en este caso es usada en sentido figurado. El insulto en sentido propio no puede llegar a ser un arte, porque no pone el acento en sí mismo. En la mecánica del insulto, más importante que el enunciado, esto es, que una posible "obra", es su resultado en el otro, y en este sentido se podría asimilar el insulto con lo peor del arte, la búsqueda efectista, la ansiedad por el efecto en los receptores. Más arriba se hizo una distinción entre el insulto directo y el indirecto, y es el indirecto, y cuanto más indirecto mejor, el que permitiría esta posibilidad: si no desplegar un arte de la injuria, al menos dar rienda suelta a algún tipo de creatividad en la expresión. Pero aun aceptando que el insulto indirecto da lugar a cierta artesanía en su construcción, eso no sería nunca cierto para el ofendido, que en la medida en que se sienta ofendido lo considerará un mero insulto, ni para el ofensor, que en tanto quiera ser eso, ofender, pondrá el acento en los resultados más que en la belleza de las expresiones. Borges en su ensayo aporta, no obstante las limitaciones del texto y su carácter de reflexión preliminar, una buena idea a desarrollar: abre el camino para pensar sobre todo el funcionamiento del insulto en la discusión, y de algún modo retoma lo que ya había previsto la filosofía: responder a una idea con un insulto, lo que técnicamente se denomina *error in personam*, es una de las formas de la falacia, porque contrapone a un argumento, no otro argumento, sino una ofensa a la persona que lo enuncia, con lo cual no dice nada sobre el tema en disputa, deja la discusión inacabada. En este sentido el insulto sería una manifestación de impotencia, lo que desnuda nuevamente una característica ya enunciada más arriba: el insulto tiene lugar cuando la persona que lo pronuncia no tiene posibilidades de resolver el conflicto de otra manera. Esta limitación, la imposibilidad de hacer otra cosa para la subjetividad del que insulta, atenta contra las condiciones del arte. Puede llegar a haber un arte de insultar sólo cuando, tras la apariencia injuriosa, no haya insulto en las palabras sino literatura.

Biología, anatomía, sociedad

Los animales participan activamente en la invectiva del insulto. Sea por las características físicas, gestos o distinciones que el hombre les atribuye, su presencia en el lenguaje de la injuria es muy numerosa. El que insulta aprovecha que el desplazamiento de lo humano a lo animal es en sí mismo una degradación, una suerte de insulto. A partir de ello se busca en el ofendido asimilar alguna de sus características a las supuestas en algún animal. El famoso apelativo de "burro" que tantos recibieron supone que ese animal es más ignorante y torpe que el resto. A la vez, "chancho" invoca la falta de limpieza en ciertas conductas que asimilan a su destinatario con ese habitante de los "chiqueros", que por otra parte como hábitat animal es una creación humana. El chancho, además de sucio, es gordo, característica física que se aprovecha para humillar a una persona obesa. El hombre de cuerpo desmesurado y músculos trabajados será un "pato vica", o sencillamente un "gorila". El "hipopótamo" también describirá a la persona gorda y lenta. El "sapo" por su parte será usado para señalar ciertos rasgos abotagados del rostro humano. Hay animales que califican la torpeza de nuestros semejantes, o su lentitud, o la longitud de su cuello, o la forma de su nariz, o el tamaño de sus orejas. El perro sirvió como apelativo denigratorio para una corriente filosófica en la antigua Grecia, los "cínicos" (nombre que deriva de perro en griego). Los nombres de animales también califican las conductas de nuestros semejantes; una mujer que habla demasiado será siempre una "cotorra" o un "loro"; una persona de malas intenciones será una "hiena", y la "víbora" será arquetipo, a partir del símbolo bíblico, de la maldad. Un animal tan noble y hermoso como el caballo sirve, no obstante, para denominar a personas toscas y de pésimos modales: *ese hombre es un caballo*. Contrariamente, una mujer muy sensual será calificada como "yegua". La "tortuga" adjetiva la escasa capacidad de trabajo de una persona. Tener "un cocodrilo en el bolsillo" es igual a ser amarrete y ser "un elefante en un bazar" sinónimo de absoluta torpeza. La grácil "mariposa" evocará a un hombre de gestos afeminados y el "murciélago" al empedernido noctámbulo. Cucarachas, piojos, sanguijuelas y tantos otros insectos completan el reino animal dedicado a la injuria.

Una buena cantidad de insultos está dirigida a ofender por cierta condición física que se aparta de la normalidad. La asociación que se teje entre insulto y normalidad revela que, en última instancia, el insulto siempre defiende el orden y lo refuerza, al agredir a quien se desvía. También dice que esta suerte de persecución verbal no viene desde la autoridad, desde arriba, sino desde abajo, desde los mismos miembros de la comunidad, que en el momento de insultar practican de modo invariable una defensa del orden y una represión de lo diferente. Muchos de estas agresiones tienen por objeto defectos en la constitución anatómica: "enano", "petiso", "cabezón", "pelado", "mequetrefe". Entre ellas la mayor parte –"bizco", "narigón", "orejudo", "mofletudo", "bembón", etc.–, es una burla hacia alguna parte de la cabeza; comparados con ellas la cantidad de insultos dirigidos a otras partes del cuerpo es insignificante. Esto parece deberse a la combinación de dos circunstancias, una, que la cabeza es una parte del cuerpo descubierta, inmediatamente visible, lo mismo que la contextura física en general, y por lo tanto permite una inmediata comprobación del insulto, la otra es que la cara es lo que da identidad primaria a una persona, en tanto permite reconocerla y distinguirla de las otras, y por lo tanto aquello cuyo ataque puede ser más doloroso.

Vecina a esta condición es la clase de insulto que ofende adjudicando al ofendido cierta enfermedad: "leproso", "sifilítico", "paranoico". También los oficios humanos se usan como medio de ofensa. "Payaso", ese personaje que tanto ha contribuido a la felicidad con el simple instrumento de la risa, es usado para denigrar; el "policía" evocará al delator y el "milico" al autoritario, el "titiritero" es el que maneja los hilos del poder y el "mucamo" el que carece de dignidad y se deja mandar. Ni hablar del diminutivo de "sirvienta", un insulto que denota una concepción clasista: *Marta es una sirvientita de su marido.*

En cuando al efecto discriminatorio del insulto, adjetivos que en principio describen una condición sin valorarla pueden ser insultos en determinados contextos: ¡judío!, ¡negro!, ¡boliviano! En este caso ocurre un fenómeno extendido en todas las lenguas: cualquier palabra exclamada con vocación discriminatoria se transforma inmediatamente en una injuria. Hay, como en cualquier otro insulto, una situación de conflicto irresuelto en quien lo pronuncia, que se descarga mediante esa violencia verbal. A este respecto es interesante advertir el fenómeno del insulto aceptado, que pierde su carácter insultivo. En algunos casos pasa a ser un sobrenombre, y es usado incluso por el destinatario como tal: el "sordo" González, el "rengo" Pérez. En Argentina, en los casos de comunidades inmigrantes, se les dice habitualmente "turco" al armenio y "ruso" al judío, cuando turcos y rusos fueron autores de grandes matanzas contra esas comunidades, o "gallego" a los españoles, siendo muchas veces éste el inmigrante de origen más pobre e inculto. En los casos de comunidades deportivas, Boca Juniors son los "bosteros", en referencia al supuesto olor a materia fecal que habría en el barrio donde está su estadio de fútbol y River Plate son los "gallinas", por la supuesta cobardía o falta de decisión al enfrentar partidos decisivos. Es notable en estos casos deportivos cómo los partidarios de un equipo terminan aceptando el apelativo puesto por sus enemigos y lo hacen suyo. También en el seno de las minorías discriminadas los insultos discriminantes pasan a ser aplicados por los discriminados entre sí. En las películas norteamericanas que muestran la relación cotidiana entre jóvenes de las comunidades negras de baja condición social, se advierte en las conversaciones el uso sistemático y aún exagerado de insultos raciales que no tolerarían recibir de una persona de otra comunidad. También, en determinados sectores sociales, es muy común entre las mujeres el uso de insultos que agreden de manera muy ofensiva su condición femenina y que difícilmente se tolerarían si provinieran de varones. En otras palabras: si un negro o una mujer profieren insultos dentro de su respectiva comunidad, el insulto pierde virulencia y es tolerado como una forma de tratamiento ritual, mientras que si llega de afuera de la comunidad se carga de una virulencia inaceptable, se vuelve verdaderamente ofensivo.

Insulto y sexualidad

Una importante cantidad de insultos está relacionada con una temática sexual. Generalmente hacen referencia a cierta perversión o desvío de una supuesta normalidad: un desvío hacia el comercio más el ánimo de injuriar lleva a denigrar a quien lo ejerce con la expresión "puta" o "proxeneta"; un desvío de la clásica división femenino-masculino está en el origen de los insultos "puto" o "tortillera". Los desvíos de la genitalidad considerados como la normalidad sexual, lleva a otra pléyade de insultos posibles ("chupapijas", "mascavergas", "minetero", etc.).

Un paso más en esta vía hace ingresar al insulto en el ámbito de las perversiones sexuales a través de las figuras del sadismo y el masoquismo, en las que el disfrute con el dolor físico suele estar acompañado o reemplazado por el disfrute con la ofensa verbal; el sádico goza profiriendo ciertos insultos y el masoquista goza recibiéndolos. Como en muchos casos de insulto es necesaria aquí también una pareja, sólo que en vez de ser ocasional y/o no querida, es contractual y ambas partes disfrutan con la relación.

Más allá de si tiene o no tema sexual, el insulto en sí mismo es sexual, desde que genera una fuerte descarga de energía o libido. En su funcionamiento el insulto sería lo contrario del chiste, que libera la energía en general, en el sentido que también contribuye con la risa a descargar libido ajena. El insulto en cambio libera energía propia contra el otro. Pero incluso el chiste puede ser injurioso, un insulto, cuando toma con malevolencia una característica ajena para provocar la burla o el ridículo. En estos casos hay un insulto disfrazado bajo la forma de chiste.

La injuria como delito

En el ámbito del derecho penal la injuria se caracteriza como la voluntad de ofender (*animus injuriandi*) y se entiende como un ataque a la honra, al decoro y la dignidad de la persona, castigándose de acuerdo con el código penal de cada país. Si la injuria trasciende el ámbito privado y se hace pública, el delito se agrava. La configuración del delito, los principios generales y los requisitos objetivos y subjetivos son tan extensos que escapan a las consideraciones de este prólogo. No obstante, hay que tener en cuenta que cuando las injurias son recíprocas el tribunal podrá declarar exentas de pena a las dos partes o a alguna de ellas. Dependerá, naturalmente, del grado de *animus injuriandi* de cada uno de los rivales.

Malas palabras y salud

La coprolalia está definida en el diccionario como una "perturbación mental caracterizada por el abuso de palabras obscenas" (diccionario ideológico Julio Casares); se trata de un impulso psíquico a decir malas palabras. Si uno se guiara exclusivamente por el comportamiento de las personas que concurren a las canchas de fútbol en la mayoría de los países, incluyendo a las mujeres, habría que concluir que buena parte de la humanidad sufre de coprolalia. Para la clínica médica esto no es cierto, pero es difícil desmentirlo si se está en una tribuna.

Hay también una enfermedad que afecta a una de cada doscientas personas, provocada por un desbalance químico en el cerebro, y conocida como el Síndrome de Tourette. Su manifestación más elocuente es la compulsión a decir malas palabras. En realidad éste es uno de los síntomas posibles del mal y ocurre en menos del tercio de los casos (en los otros se manifiesta mediante tics), y sólo abarca un estadio en la duración de la enfermedad. Pero por su curiosa característica es el síntoma que más llamó la atención de los especialistas, al punto que fue a partir de él que también se denominó a la dolencia "La maldita enfermedad", o "El síndrome malhablado". En su momento convocó sobre sí el sensacionalismo y las burlas. El problema que se presenta es cómo, siendo un mal de naturaleza biológica, se manifiesta mediante las malas palabras, que son una cuestión meramente cultural. Para responder a esta pregunta sólo hay hipótesis, pero en ellas pesa el hecho de que las malas palabras tienen una carga emocional distinta a la de las demás palabras.

Insulto y gramática

Los diminutivos aplicados al insulto –como el mencionado caso de "sirvientita"– no disminuyen la agresividad sino que la adornan de un tono peculiar: putita, mierdita, parecen enfatizar un particular gozo en quien lo pronuncia, al tiempo que una especial relación con la persona del ofendido. Se podría decir que en muchos casos el diminutivo aumenta el carácter insultivo de una palabra o incluso que lo constituye. Los aumentativos por su parte son otro caso a estudiar, un intento de aumentar la eficacia de la agresión por vía de la cantidad. La máxima amplificación de todos los idiomas hasta donde se sabe la tiene el castellano en una expresión muy usada en Sudamérica: "la reputísima madre que [lo, la, te, me] remil puta parió", que introduce un superlativo reduplicado y multiplicado para referirse a la condición de la madre de su destinatario, que terminaría siendo al menos dos mil veces putísima. Otro caso que contribuye a la proliferación de insultos es el uso de los sufijos despectivos: "vejete", "pelmazo", "niñato", "casucha", "ricachón", "gentuza", "politicastro", "reyezuelo", "melenudo", en algunos casos despectivos-diminutivos o aumentativos.

Este diccionario ha tratado de incorporar todos los insultos de habla hispana que se conocen hasta la fecha. Pero es sabido que la inventiva popular no se detiene jamás y que de las múltiples bocas de una sociedad brotan cada día nuevas expresiones injuriosas. En este sentido un diccionario es un libro que siempre corre detrás de las palabras. La injuria por lo demás no necesita de la palabra. El ánimo de injuriar se manifiesta con facilidad, se siente cómodo, manifestándose mediante gestos. Este diccionario, en todo caso, interesado por todos los perfiles del fenómeno, sólo puede albergar los insultos verbales.

Junto con los vocablos injuriosos se han introducido breves textos de autores de habla hispana que incorporaron el lenguaje ofensivo en sus novelas, cuentos o poesías. Se trata de ejemplificar el uso de ciertos insultos en el contexto de una frase pronunciada por un personaje de ficción o por algún personaje histórico real y ajeno a la literatura. Es un valor agregado que pretende suavizar –si es que esto es posible– expresiones escandalosas que en boca de un escritor siempre suenan más afables.

SERGIO BUFANO
JORGE SANTIAGO PEREDNIK

Abreviaturas utilizadas

adj.	adjetivo
adv.	adverbio
ant.	antiguo
ár.	árabe
com.	combinación
der.	derivado
fem.	femenino
fig.	figurado
fr.	francés
gr.	griego
inf.	informal
ing.	inglés
it.	italianismo
lat.	latín
m.	masculino
no frec.	no frecuente
oc.	occitano
sust.	sustantivo
Ú.T.C.S.	úsase también como sustantivo

Arg	Argentina
Bol	Bolivia
CA	Centroamérica
CR	Costa Rica
Chi	Chile
Col	Colombia
Cuba	Cuba
Ecu	Ecuador
ES	El Salvador
Esp	España
Guat	Guatemala
Méx	México
Nic	Nicaragua
PR	Puerto Rico
Pana	Panamá
Perú	Perú
RD	República Dominicana
Uru	Uruguay
Ven	Venezuela

A

Abadesa. sust. m. y f. (Méx) Proxeneta, tanto femenino como masculino. También quien está a cargo de un prostíbulo.
Abandonado, a. adj. Dejado. Desastrado, descuidado, desidioso. Se aplica al que no atiende debidamente la limpieza o el arrego de su persona.
Abanico. adj. y sust. (Arg) Soplón, policía, botón.
Abanto. adj. y sust. Hombre aturdido y torpe.
Abarcador, a. adj. Acaparador.
Abarcuzador, a. adj. (Esp) El que ansía, codicia. Codicioso.
Abarrajarse. v. (Perú) Envilecerse.
Abatatado, a. adj. (Arg) Inhibido, torpe, asustado, turbado, atolondrado, atontado. También achuchado, cagado, desinflado, fruncido.
Abatido. adj. (Bol) Término injurioso con que se hace entender que una persona ha sido merecidamente castigada por Dios.
Abechucho, a. adj. (Esp) Soso.
Abellacado, a. adj. Envilecido.
Abiao. adj. (Esp) Apañado, arreglado.
Abigeo. adj. y sust. Ladrón de ganado.
Ablandabrevas. adj. y sust. Persona inútil, holgazán.
Ablandado, a. adj. (Arg.) Conmovido. Persona que tras haber sido sometido a un castigo o cedido a amenazas está dispuesto a acceder a lo que se le exige.
Ablandahigos. adj. y sust. Ablandabrevas.

Abobado, a. adj. Bobo. Se aplica al que no entiende las cosas o no discurre. Ver *abombado*.

Abodocado, a. adj. (Arg, Col) Que demuestra poca inteligencia, de poco entendimiento. Chambón, chauchón, chitrulo, gil, gilastrún, gilún, mamerto, nabo, naboncio, opa, otario, pajarón, papafrita, paparulo, pastenaca, pavote, pelandrún, salame, salamín, sota, taguicho, taradeli, tarúpido, tolongo, zanahoria, zanguango, zapallo, zonzo.

Abogadete. adj. y sust. m. Despectivo frecuente de abogado.

Abogadillo, a. adj. y sust. m. Abogadete.

Abogángster. adj. y sust. (Méx) Despectivo de abogado. *Lo primero que hizo el mafioso al ser capturado fue llamar a su abogángster.*

Abollado, a. adj. Abatido, desanimado, golpeado por la vida. (Ven) Aporreado, golpeado, en mal estado.

Abombado, a. adj. y sust. (Arg, Uru) Torpe, poco eficaz. Abodocado, atontado, bobalicón, bobeta, bobeta, bobo, bodoque, boncha, chauchón, chitrulo, choto, corto, faltado, gil, gilastrún, gilún, majadero, mamerto, melón, memo, mentecato, nabo, naboncio, opa, otario, pajarón, panoli, papafrita, papanatas, paparulo, pastenaca, pavote, pelandrún, salame, salamín, sota, taradeli, tarúpido, tolongo, tonto, turulato, zanahoria, zanguango, zapallo, zonzo.

Abominable. adj. Aborrecible, detestable, maldito. Persona deplorable.

Abominable

Exagero: miro con alguna fascinación –hace tanto que no veo gente– a estos abominables intrusos; pero sería imposible mirarlos a todas horas. [...] Mi situación es deplorable.
  Adolfo Bioy Casares, La invención de Morel*, Buenos Aires, Planeta, 1995.*

Abortero, a. adj. y sust. Persona que aborta o impide que algo se realice. Que hace las cosas mal.

Aborto. adj. y sust. Persona que llama la atención por su extrema fealdad. *(de la naturaleza)* Repugnante, deforme. (Arg) fig. Persona muy fea, en particular la mujer. Fig. Cosa mal hecha. *No entiendo cómo Carlos Saúl está noviando con ese aborto.*

Abotagado, a. adj. (Arg) Que bebió demasiado alcohol, borracho, chupado, curado, curdeli, encurdado, encurdelado, escabiado, machado, tomado.

Abrasau. adj. (Esp) Sofocado, intranquilo.

Abriboca. adj. (Arg) Que está distraído. Zonzo, chabón, despistado, embobado, boquiabierto.

Abrigador, a. adj. y sust. (Méx) Encubridor de un delito.

Abrigo (de) (Esp) Persona poco confiable.

Abrojado, a. adj. (Arg) Entrometido, metiche, que se mete en asuntos ajenos.

Absorbecalcetines. adj. y sust. Cultismo irónico por *chupamedias*. m. Pseudocultismo, junto con *succionacalcetines*, por *chupamedias*.

Absorbente. adj. Aplicado a personas: Dominante, imperativo.

Abuelo. adj. y sust. m. (Esp) Recluta que lleva más de un año de servicio militar. *Roberto es el abuelo más antipático del cuartel.*

Abúlico, a. adj. Falto de voluntad o de energía. Ver *Holgazán, perezoso*.

Abundio. adj. y sust. (Esp) Personaje muy tonto.

Aburguesado, a. adj. Se aplica al que ha tomado costumbres burguesas.

Aburrido, a. adj. El que no sabe divertirse o resulta una compañía tediosa. *Ser un –*. Ver *Soso*.

Abusivo, a. adj. (Méx) Que se aprovecha de su fuerza física para maltratar a otro. Abusador, prepotente.

Abusivo

[...] y en un arrebato de cólera me propinó dos manazos que me hicieron caer. –Eres un abusivo –me reclamó indignado–, pegarle a Rafael... Tú eres más grande y sabes que está enfermo.
Edmundo Valadés, La muerte tiene permiso, México, Fondo de Cultura Económica, 1983.

Abutardas, (*pensar en las*) (Esp) Estar distraído.
Abyecto, a. adj. Bajo, despreciable, innoble. Se aplica al que comete o es capaz de comer acciones en que hay falsedad o traición y cobardía. Mezquino, rastrero, ruin.
Acabadito, a. adj. (Méx) Extenuado por la vejez, agotado.
Acabado, a. adj. y sust. Agotado, consumido. Persona muy vieja o con poca salud y energía. Delgado, flaco.
Acabador, a. adj. y sust. Que alcanza el orgasmo con facilidad o con frecuencia.
Acaballado, a, adj. Que tiene el perfil de la cabeza del caballo.
Acachará. adj. (Arg) Que tiene el pelo desordenado y enmarañado. Desgreñado, champoso, charamasca, chasco, chascón, chascudo, tampudo.
Acajetillado, a. adj. (Arg) Que tiene modales propios de un cajetilla.
Acalumniador, a. adj. y sust. Que calumnia, calumniador. Que habla mal de otro. Ver *Maledicente*.
Acamalado, a. adj. y sust. Mantenido.
Acamalador, a. adj. y sust. (Arg) Persona ahorrativa. Amarrete, tacaño.
Acanallado, a. adj. y sust. Persona degradada. Envilecido. Hecho canalla.
Acaparador. adj. y sust. m. Individuo que en reuniones atrae la atención o suscita la admiración de las mujeres.
Acaponado. m. adj. y sust. Hombre castrado.
Acartonado, a. adj. (Arg, Chi, Uru) Poco espontáneo, excesivamente formal. También anciano delgado y seco.

Acatarrado, a. adj. (Méx) Agobiado, harto, molesto. *Ya me tienes acatarrado con que te vas a ir. Lárgate de una vez.*
Acedo, a. adj. Persona ácida, brusca.
Acéfalo, a. adj. Falto de cabeza, que no tiene tino. Se aplica a los herejes seguidores de Eutiques, que no aceptaban jefes.
Aceitado, a. (Arg) Que recibe coimas, sobornado.
Acelerado, a. adj. (Arg) Persona que consume drogas, drogadicto. (Méx) Frenético, hiperactivo. *¿Qué acelere es éste? Cálmese. No hay tanto apuro.*
Acémila. adj. m. Se emplea como insulto significando bruto o torpe.
Achacado, a. adj. (Arg) Persona que está vieja o enferma. Achacoso, bichoco, cachuzo, chuchumeco, clueco. Hecho una ruina, estropeado. (Chi) Enojado, desanimado, amurrado. Entristecido.
Achacador, a. adj. y sust. Ladrón, asaltante. Persona que vende con sobreprecio. m. delict. Ladrón, asaltante.
Achacoso, a. adj. Ver *achacado*.
Achanchado, a. adj. (Arg, Uru) Desganado, falto de voluntad, gordo.
Achantado, a. adj. (CR, Ven) Sin ganas, con pereza. Sin ánimo, quedado, que carece de inicativa. *Agustín no ha terminado su trabajo, está achantado.*
Achaparrado, a. adj. Rechoncho.
Achaplinado, a. adj. Que tiene una actitud vacilante. Originado en el personaje de Charles Chaplin. *José está achaplinado desde que se dio cuenta de que el trabajo era más complicado de lo que pensaba.* Arrepentido, desmotivado, decepcionado. Que se echa atrás.
Achicado, a. adj. Acobardado. Que dio marcha atrás en una decisión. Que fue a menos.
Achichincle. adj. (Méx) Voz de origen náhuatl. Persona que obedece ciegamente las órdenes. Acólito, que depende sumisa-

mente de otro. *El achichincle del senador es quien le escribe todos sus discursos.*

Achicopalado, a. adj. (Méx) Avergonzado, humillado, cohibido. *El profesor la tenía achicopalada; ella no dejaba de tartamudear en su presencia.*

Achispado, a. adj. Borracho, ebrio.

Achuchado, a. adj. (Uru) Miedoso, cobarde. Que tiene chuchos de fiebre. Que tiene miedo.

Achumado, a. adj. y sust. Borracho

Achunchado, a. adj. (Chi) Tímido, acomplejado, avergonzado.

Achurado, a. adj. Herido o muerto a puñaladas.

Achurador, a. adj. (Arg) Asesino, hombre que mata a alguien a puñaladas.

Acidoso, a. adj. Holgazán, vago.

Ácido, a. adj. y sust. Persona de lenguaje corrosivo.

Acobardado, a. adj. Asustado, persona que dio marcha atrás en una decisión. Que fue a menos.

Acojonado, a. adj. (Esp) Asustado, acobardado. *Tengo un examen y estoy acojonado porque no estudié nada.*

Acogotado, a. adj. Sometido por la fuerza y privado de toda libertad. Intimidado.

Acochambrado, a. adj. (Méx) Sucio, mugroso.

Acólito. sust. m. Persona que acompaña asiduamente a otro en actitud de adhesión o subordinación.

Acollarado, a. adj. (Arg) Amancebado.

Acomodado, a. adj. y sust. Persona que obtuvo su posición o alguna ventaja mediante el manejo de influencias. Que goza del amparo de sus superiores jerárquicos, de jefes o caudillos políticos.

Acoquinado, a. adj. Intimidado, paralizado o sometido por el miedo.

Acordonado, a. adj. (Méx) Delgado, excesivamente flaco.

Acostadito, a. adj. (Méx) Vago, indolente, que no le gusta trabajar.

Acre. adj. y sust. m. y f. Persona agria. Agresivo, violento.

Acucharado, a. adj. (Esp) Intimidado, asustado. *¿Vas a seguir acucharado por ese imbécil?*

Acuñado, a. adj. (Arg) Recomendado, protegido, palanqueado.

Acunado, a. adj. Favorecido, protegido.

Acusete. adj. y sust. m. (Bol) Soplón, delator.

Acusica. sust. m. y f. (Esp) Delator, acusón.

Acusón, a. adj. y sust. Acusete.

Adamado. adj. Se aplica al hombre delicado que tiene gestos de mujer.

Adán. Fig. sust. calificativo. Se aplica al hombre descuidado en su arreglo personal.

Adefesio. adj. y sust. Mal vestido, feo, de cuerpo extraño.

Adelaida. De senos fláccidos (surgida de la rima *Adelaida, la de las tetas cáidas*).

Adicto, a. adj. y sust. Se aplica al drogadicto, incapaz de dejar de consumir drogas.

Adiposo, a. adj. Gordo, obeso, con exceso de tejido adiposo.

Adobado, a. adj. (Arg) Que está ebrio, borracho. Abotagado, chupado, curado, curdeli, encurdado, encurdelado, escabiado, machado, tomado, achumado. También sobornado, que recibió dinero ilegal. Coimeado.

Adoquín. adj. y sust. voz mozárabe del verbo *Daqqa:* labrar. Bruto, duro de cabeza, analfabestia. Que le falta entendimiento. De escasa o nula destreza mental y física.

Adorador de la yucateca. (Méx) Homosexual, sodomita. Ambidiestro, anfótero (que entrega el ánfora).

Adormilado, a. adj. Amodorrado, persona que no puede espabilarse.

Adrenalítico, a. adj. (Chi) Persona vestida de modo muy llamativo, con colores fuertes. *El otro día Érica andaba muy adrenalítica.*

Adrollero, a. adj. Persona que vende o compra con engaño.

Adrubado, a. adj. Persona con joroba, deforme de cuerpo.
Adufe. adj. y sust. Persona estúpida.
Adufre. adj. y sust. Adufe.
Adulete. adj. (Bol) Adulador, ridículo y despreciable.

> *Adulete*
>
> —¡Eso es! ¿Para qué sirve su pueblo? Don Antenor y sus compinches son una majada de perros sinvergüenzas, aduletes, como usted dice; con la panza aquí y el alma en Lima.
> José María Arguedas, Yawar fiesta, *Lima, Populibros peruanos, (sin fecha)*

Adulón, a. adj. y sust. Aduladour.
Adulterador, a. adj. y sust. Falsificador.
Adúltero, a. adj. y sust. Se aplica al que comete adulterio.
Advenedizo, a. adj. y sust. Se aplica al que arriba a un lugar que no le corresponde. Arribista, trepador.
Afanador, a. adj. y sust. (Arg) Ladrón, que se apropia de lo ajeno. Chorizo, choro, afanancio, chorro. (Méx) Persona a la que se emplea en los trabajos más penosos en las cárceles.
Afanancio, a. adj. y sust. (Arg) Ladrón, ratero (derivado de *afanar*, hurtar, y nombre de un personaje de historietas)
Afane. adj. y sust. (Méx) Ladrón, ratero. También ánima negra o ánima en pena.
Afectado, a. adj. Se aplica a las personas por su manera de hablar. Amanerado, estudiado, falto de naturalidad en su afan de parecer distinguido.
Afeminado. m. adj. Se aplica a los hombres que tienen aspecto y modales femeninos. Ver *Acaponado, adamado, ahembrado, amaricado, amariconado, ambiguo, amujerado, barbilucio, blando, cacorro, carininfo, cazolero, cazoletero, cocinilla, cominero, débil, defeminado, barbilindo, fileno, marica, maricón, marimarica, mariol, marioso, mariquita, muñeco, neutro, ninfo, sarasa, invertido, delicado.*

Afranchutado, a. adj. (Arg) De *franchute*: francés. Amanerado, finoli, que imita afectadamente el estilo francés en los gestos y en el decir.

Afrechudo, a. adj. (Arg) De afrecho. Urgido por mantener relaciones sexuales. Caliente. También, falta de higiene entre el prepucio y el glande.

Afrentado, a. adj. (PR) Glotón, que come exageradamente.

Aftoso, a. adj. Afectado de aftas, relacionado con ellas.

Agachón. adj. y sust. (Méx) El marido que se resigna con facilidad a la infidelidad de su esposa. Pusilánime.

Agalbanado, a. adj. Galbanoso, abandonado, perezoso.

Agallinado, a. (Col) Que por temor no se atreve a actuar. Acobardado.

Agalludo, a. adj. Atrevido, ambicioso, astuto, desaprensivo.

Agarrado. adj. y sust. Tacaño. (Chi) Enamorado. *Beto está super agarrado de Marcela.* (Ven) Dícese del que tiene un escorpión en el bolsillo.

Agarrete. adj. y sust. (Bol) Avaro.

Agilado, a. adj. (Chi) Necio, lento, torpe, poco ágil.

Agilipollado, a. adj. Ver *gilipollas*.

Agiotista. adj. y sust. m. Especulador con los precios. Que sube arbitrariamente las tarifas.

Agite. adj. (Ven) Ansioso, angustiado, apurado, nervioso.

Agonioso, a. adj. Se aplica a la persona que ocasionalmente o por temperamento se muestra exageradamente angustiada. También a aquellos que angustian a los demás.

Agorero, a. adj. Aquel que presagia desgracias.

Agorzomado, a. adj. (Méx) Acobardado, avergonzado, decaído.

Agrandado, a. adj. sust. (Arg, Uru) Que se cree importante. Engrupido, pillado, inflado. Ostentoso, fanfarrón, diquero, ensoberbecido, engreído.

Agranujado, a. adj. Con aspecto o modales de granuja.

Agredisto, a. adj. (Arg) Pendenciero, traicionero, fastidioso.
Agresivo, a. adj. Propenso a agredir o atacar físicamente. Ver *Acre, Agrio, Crudo, Violento, Bravucón*.
Agresor, a. adj. y sust. Se aplica al que comete una agresión.
Agreste. adj. m. Aplicado a las personas de maneras toscas.
Agriado, a. adj. Se aplica a la persona que por su carácter o humor es pesimista. Malhumorado, adusto. Agrio de carácter.
Agrio, a. adj. y sust. fig. (Arg) Persona ridícula por su mezquindad.
Agripado. adj. (Méx) Cobarde.
Aguacate. adj. (Guat) Poco atrevido o arriesgado. *Él no sube a esa montaña, es muy aguacate.* Consentidor. *Adriana es muy aguacate con sus hijos. Les deja hacer de todo.*
Aguachador, a. adj. y sust. (Arg, Col) Persona molesta, pesada.
Aguado. adj. (Ecu, Méx) Aburrido, aguafiestas. *A ese man no lo invites que es un aguado.*
Aguador. adj. y sust. (Méx) El que avisa al ladrón para que no lo sorprenda la policía. Campana.
Aguafiestas. adj. y sust. Persona que arruina la diversión. Malhumorado, depresivo. Dícese del cansino, del aburrido, que perturba la alegría de los otros. Ver *Atajasolaces, derramaplaceres, derramasolaces, espantagustos*.

> *Aguafiestas*
>
> —¿Para qué vienen a estas fiestas las niñas que no quieren hablar con nadie, que se sientan aparte, que desprecian los manjares preparados con amor? Desde chiquitas son aguafiestas –rezongó la criada ofendida, dirigiéndose a la madre de Alicia.
> —No se aflija –contestó la señora–, todas se parecen.
> Silvina Ocampo, Las reglas del secreto, antología, *México, Fondo de Cultura Económica, 1991.*

Aguajero. adj. y sust. (PR) Dícese de la persona que presume de algo que no es o no hace.

Aguanacado, a. adj. (Arg) Torpe, que carece de inteligencia.
Aguantaderas (tener pocas) (Esp) No saber aguantar las bromas. Tener escaso sentido del humor.
Agüebado. adj. (Ecu) Persona asustadiza, que teme tomar decisiones. *¡Qué agüebado que eres!*
Agüebonado, a. adj. (Ven) Tonto, aletargado, falto de ánimo.
Agüevado, a. adj. (CR) Aburrido, triste.
Agüitado, a. adj. (Méx) Triste. Avergonzado. Molesto.
Aguilero, a. (Arg) Pobre, pobretón, indigente.
Aguja. adj. y sust. (Chi) Insistente, majadero.
Ahorcado. adj. y sust. fig. Muy endeudado. En apretada o desesperada situación económica.
Ahembrado. adj. Expresión poco usual actualmente que denominaba a los hombres afeminados, de gestos o expresiones poco varoniles.

Ahembrado

[...] tuvieran valor de chirriar, no uno ni una docena de afeminados boquirrubios, sino toda aquella cáfila y enjambre de ahembrados poetillas, cuyas ñoñeces nos conservó Baena en su *Cancionero*, cerrando la procesión de tan almibarados donceles [...]
  Julio Cejador, Introducción al Arcipreste de Hita, de Juan Ruiz, *Madrid, Espasa-Calpe, 1937.*

Ahogado, a. adj. (Méx) Muy borracho. *Estaba tan ahogado anoche que ni siquiera se dio cuenta de que su novia se fue a bailar con otro.*
Ahuevonado, a. adj. (Chi) Tonto, torpe, desatinado.
Ahuiani. adj. y sust. (Méx) Se designaba así a la prostituta en la época prehispánica.
Ahuizote. adj. (Méx) Persona pesada o molesta. De Ahuizote, nombre del octavo rey del México antiguo, célebre por su crueldad.

Airado, a. adj. Colérico, con enfado que se manifiesta en el tono, el gesto o la actitud.

Ajambado, a. adj. (Nic) Tonto, lelo.

Ajedrez. adj. y sust. (Méx) Policía. Agente secreto. Tira.

Ajumado, a. adj. (PR, Ecu) Borracho. Ajumar: emborrachar. *La voy a ajumar a esa pelada a ver si entrega papaya.*

Alaco, a. adj. y sust. (fig) Persona degenerada.

Alacrán. adj. y sust. m. (Arg) Chismoso, correveidile, que lleva y trae murmuraciones sobre otros. También, persona de hablar malévolo, detractor, calumniador, murmurador.

Alcanfor. adj. y sust. (Méx) Delator, alcahuete.

Alcolor. adj. y sust. (Méx) Ebrio, borracho.

Al cuas. adv. (Méx) Arruinado, cansado, en malas condiciones. Usado con el verbo dar. *A los quince minutos de gimnasio quedó todo dado al cuas.*

Alhajita. adj. y sust. (Méx) Se usa en sentido irónico, por malo.

Alambicado, a. adj. Dado con mezquindad. Poco a poco. También afectado en su modo de decir y vestir.

Alambicado

Asomaba un vejete alambicado, vestido de catrín, por el pasillo que comunicaba con el hotel, pidiendo se le sirviera. Pilatos le llevó un vermut con un sifón de agua gaseosa y un vaso.
 Mariano Azuela, Esa sangre, *México, Fondo de Cultura, 1984.*

Alárabe. adj. y sust. Hombre brutal.

Alarbe. adj. y sust. Alárabe.

Albendera. adj. y sust. f. Mujer ociosa y callejera.

Alberja. De *arveja.* sust. adj. (Col, Uru) De poco seso, lento, lelo. Bobo, abombado, belinún, bobeta, gilún, nabo, naboncio, opa, otario, pajarón, pajuato, papafrita, salame, tarúpido,

Albóndiga. adj. y sust. De escasa consistencia o potencia. Débil f. Automov. *Batata,* automóvil viejo y de poca potencia.

Alborotado, a. adj. Aturdido. Se dice del que obra con excesiva precipitación.
Alborotador, a. adj. y sust. El que aborota o es propenso a alborotar y promover disturbios. Ver *boruquiento, bullanguero, bullicioso, escandaloso, gamberro, vocinglero.*
Alca. adj. (Arg) Alcahuete, soplón.
Alcachofa. adj. y sust. (Arg) Delator, el que denuncia a otro a la policía, chivato, alcahuete, alcaucil, batidor, batilana, botón.
Alcahuete. adj. del árabe *Al Qawad*: el que induce a la mujer hacia amores ilícitos. Mediador en relaciones amorosas o sexuales irregulares. Ver *Burladero, Celestina, Cobejera, Cobertera, Cohen, Comadre, Corredera, Echacuervos, Encandilera, Encandiladora, Encubridor, Rufián.* También delator, que no sabe guardar un secreto, alcaucil, correveidile.

Alcahueta

Las alcahuetas y las chillonas estaban juntas en parlamento nefando. Hablaban muy bellacamente en ausencia de las bolsas y roían al dinero los zancajos. La más antigua de las alcahuetas, mal asistida de dientes y mamona de pronunciación, tableteando con las encías, dijo:
—El mundo está para dar un estallido.
Francisco de Quevedo, Los sueños, *Madrid, Espasa-Calpe, 1931.*

Alcaucil. adj. (Arg) m. Alcahuete. Delator. Tonto, tarado.
Alcohólico, a. adj. y sust. Se aplica al que bebe demasiado alcohol.
Alcornoque. adj. y sust. fig. Se aplica a la persona que carece de inteligencia. *Pedazo de alcornoque.*
Alebrestado, a. adj. (Ven) Alborotado, que no hace caso. Amotinado.
Alegrillo, a. adj. Algo borracho.
Alelado, a. adj. bobo, tonto.

Alevoso, a. adj. Se aplica al que comete un acto de alevosía.
Alfeñique. adj. De cuerpo débil, delgado, sin fuerzas. *Yo era un alfeñique de cuerpo canijo* (slogan publicitario de un curso de gimnasia en los años cincuenta)
Alfiler. adj. y sust. Extremadamente delgado. Usualmente dirigido a las mujeres que carecen de formas sinuosas.
Alicate. adj. (Esp) Persona capaz de cualquier cosa. Intrépido.
Alindado. adj. Amanerado, de gestos femeninos. Afectado.
Aliñado, a. adj. (Chi) Achorado, atrevido, osado, envalentonado, desafiante.
Almarroto. adj. y sust. Tacaño, amarrete, que no gasta nada.
Alocado, a. adj. (De loco) Se aplica a la persona falta de aplomo o sensatez en su manera de obrar. Aturdido.
Alparcero, a, adj. (Esp) Persona excesivamente curiosa, chismoso.
Alpedólogo, a. adj. y sust. (Arg) Que habla demasiado, que filosofa sobre cosas intrascendentes.
Alpispita. adj. y sust. (Esp) Pizpireta, ligera, casquivana.
Alpistero. adj. y sust. (Arg) Borracho, ebrio, curda.
Alternadora. adj. y sust. f. Argot. Mujer de alterne, empleada de salones y bares para inducir al consumo de bebidas.
Alquilón, a. adj. Despectivo hacia el destinado a ser alquilado o que se alquila.
Altaricón, a. adj. y sust. Despectivo hacia la persona muy alta.
Alterado, a. adj. (Del latín *alterare*) Perturbado, trastornado, aturdido, turbado, enfadado, irritado o encolerizado. Persona alterable, irascible, irritable. Nervioso, rabioso, de sangre caliente.
Altercador, a. adj. Se aplica al que alterca o es inclinado a altercar o reñir.
Altercante. adj. Altercador.
Altisonante. adj. m. Persona grandilocuente. Excesivamente solemne o elevado. De gestos afectados o exagerados.
Altivo, a. adj. Dícese del que trata a los otros con desprecio. Al-

tanero, orgulloso.
Alucinado, a. adj. Ofuscado, que desvaría, achispado por el consumo de drogas.
Alumbrado, a. adj. y sust. (Méx) Ebrio.
Alunado, a. adj. (Guat, Nic) Enojado. *No te acerques a Juan que está alunado.*
Alzado, a. adj. (Col, Méx) Rudo, tosco. También insolente o soberbio. En Argentina se aplica a la persona urgida por deseos sexuales. Afrechado.
Alzafuelles. adj. Adulador.
Amachinado, a. adj. (CA) Amancebado.
Amachorrada. adj. (Uru) Mujer de aspecto varonil. Poco femenina. Marimacho, tortillera.
Amaestrado, a. adj. Despectivo hacia el que obedece ciegamente.
Amancebado, a. adj. Que convive en unión ilegítima.
Amanerado, a. adj. Afectado, falto de naturalidad o espontaneidad. Afeminado.
Amargado, a. adj. Se aplica al que tiene amargura o resentimiento. El que se siente maltratado, lo que le hace tener un carácter desabrido. Desilusionado, desengañado.
Amargo, a. adj. y sust. (Arg. Uru) Malhumorado, poco generoso, hostil. Que no tiene entusiasmo, amargado, pesimista. Que carece de dinamismo.
Amaricado, a. adj. Grosero, También amariconado.
Amariconado, a. adj. Grosero. Afeminado.
Amariposado. adj. Afeminado, mariposón.
Amarrado, a. adj. (Méx) Tacaño.
Amarrete, a. adj. y sust. (Arg, Bol, Uru) Tacaño, que no gasta. Agarrado, amarro, machete, pijotero, ranfañoso, rafañoso, rasca, rasposo, roñoso, escatimador.
Amarretear. Tacañear, escatimar, *pijotear*.
Amarro, a. adj. y sust. (Arg) Amarrete.
Amarrocador, a. adj. y sust. (Arg) Tacaño, avaro, mezquino,

ahorrativo.
Amarroto, a. adj. (Arg) Amarro, amarrete, tacaño
Amateur. adj. y sust. Ineficaz, poco profesional.
Ambidiestro. adj. (Arg) Homosexual.
Ambiguo, a. adj. y sust. Invertido. Bisexual.
Amermelado, a. adj. (Chi) Torpe, inepto.
Amishado, a. adj. (Guat) Huraño. Proviene de *mish*, palabra con que se designa al gato. *Víctor se ha vuelto muy amishado desde que quedó viudo.*
Amocepado, a. adj. (Nic) Tonto.
Amojosado, a. adj. Envejecido. Herrumbrado, oxidado. Envejecido.
Amolado, a. adj. (Esp, Bol, Méx) Fastidioso, dañino. Fastidiado, perjudicado.
Amufado, a. adj. Irritado, enojado, molesto.
Amujerado. adj. y sust. m. Afeminado.
Amurado, a. adj. Solo, abandonado. Detenido, preso.
Amurador, a. adj. (Arg) Que estafa a los demás. Ladrón, defraudador.
Amurrado, a. adj. (Chi) Taimado, desanimado. Enojado, desesperanzado.
Amusgado, a. adj. (Col) Tímido, zanahorio.
Anacrónico, a. adj. Anticuado. En desacuerdo con la época presente o con la época de que se trata o a la que se atribuye.
Anafrodita. adj. y sust. f. Se aplica al que carece de apetito sexual o se abstiene de placeres sexuales. Ver *Casto*.
Anal. adj. De la familia de ano. Dícese del que no superó la etapa infantil.
Analfa. adj. y sust. (Arg) De analfabeto, bruto, bestia, ignorante.
Analfabestia. adj. y sust. Unión de *analfabeto* y *bestia*. Dícese del tosco, estúpido, embrutecido.
Analfabeto, a. adj. y sust. Se aplica al que no sabe leer. Hiperbó-

licamente ignorante, bruto, tonto. (Del latín *analphabetus,* gr. A*nalphábetos,* derivado negativo de *alphábetos* de donde *alfabeto.*)

Anárquico, a. adj. Desorganizado o no sometido a autoridad.

Ancheteador. adj. m. (Ecu) Que mira lascivamente a mujeres desnudas. *La estuve ancheteando a mi vecina cuando se bañaba.*

Anchicorto, a. adj. Persona ancha y corta.

Ancho, a. Sufijo despectivo poco usado: *Corpancho.* A veces particulariza el nombre sin añadirle sentido despectivo: *garrancho, rodancha.*

–anco, a. adj. Sufijo despectivo: Burranco. Cojitranco.

Andá a cagar. (Arg, Uru) Típico insulto que consiste en enviar a alguien a algún lugar más o menos ofensivo. Andá a la mierda; andá al demonio; andá al diablo; andá a freír papas; andá a lavar platos; andá a la concha de tu hermana; andá a la puta que te parió.

Andado, a. A*dnado.* Hijastro, corriente u ordinario.

Andadora. adj. y sust. (Méx) Prostituta.

Andar abrazando postes. (Chi) Borracho.

Andar de maleta. (Chi) Malhumorado, enojado.

Andar en pelota o en pelotillehue. (Chi) Estar desnudo. (Arg) No tener nada.

Andar punto. (Esp) Borracho.

Andar caliente. Enojado, malhumorado. (Arg) Afrechado.

Andorra. adj. y sust. f. Mujer callejera.

Andorra

Campana, travilla, alcahueta, nin porra,
jáquima, adalid, nin guía, nin andorra,
nunca le digas trotera, aunque por ti corra:
creo, que si esto goardares, que la vieja te acorra.
Arcipreste de Hita, El Libro del Buen Amor, s. XIV.

Andorrero, a. adj. y sust. Se aplica a las personas, particularmente mujeres, que se dedican a callejear.
Andrajoso, a. adj. y sust. Vestido con andrajos.
Andrógino, a. adj. y sust. Hermafrodita, que reúne en un mismo individuos los dos sexos. Afeminado. (Del lat. A*ndrógynus*, gr. A*ndrógynos*, compuesto de *anér*, andrós, hombre, y *gyné*, mujer)
Androide. adj. y sust. Autómata de figura de hombre. Robot.
Anfótero. adj. y sust. (Méx) Homosexual. (Que entrega el ánfora.)
Angelito, a. adj. y sust. fig. (Arg, Uru) Persona inocente, ingenua. Bobalicón, bonafide, cachirulo. chorlito. *Pero viejo, vos te tragás cualquier mentira, sos un angelito.*
Angurriento, a. adj. y sust. (Arg, Col) Que come demasiado, también afán desmedido de posesión, hambriento, glotón, comilón, egoista, tacaño.
Angurrioso, a. adj. (Col) Agarrado, avaro, tacaño, también hambriento.
Anieblau. adj. (Esp) Alelado, atontado.
Aniñado, a. adj. (Ecu) Engreído, especialmente hablase de los "niños(as) de papá". *Ese man es aniñado, no rueda con la people.*
Animal. adj. y sust. Bruto, torpe.
Animalejo. adj. y sust. Bicho.
Animalucho. adj. y sust. Despectivo de animal. Animalejo.
Anodino, a. adj. Inocuo, insignificante, insustancial, insulo, soso. Falto de expresión o de gracia. Sin interés o sin nada por lo que llame la atención. (Del gr. A*nódynos*, y de *odyne*, dolor)
Anómalo, a. adj. Anormal. (Del latín *anómalus*, griego *anómalos*, derivado de *homalós*.)
Anormal. adj. y sust. Deficiente mental. (Del fr. *anormal*, alteración, por influencia de normal, de *anomal*, del mismo origen que anómalo)

Ansioso, a. adj. y sust. Avaricioso, codicioso. Se dice del que tiene un afán exagerado de tener u obtener cosas. *Es un ansioso y lo quiere todo para él.*

Antañón, a. adj. (no frec.) Muy viejo.

Anteojito. (de la revista infantil). Despectivo: niño que usa gafas.

Antenado, a. adj. (ant.) Hijastro.

Anticlerical. adj. y sust. Se aplica a las personas que tienen animadversión contra el clero o son contrarias a la intervención de la Iglesia en asuntos no religiosos.

Anticristo. adj. y sust. Ser que, según la profecía, aparecerá cerca del fin del mundo, persiguiendo a la Iglesia Católica y a sus fieles. Se aplica hiperbólicamente como nombre calificativo a alguien de influencia desastrosa o nefasta en las costumbres o en la sociedad.

Anticuado, a. adj. Persona de ideas o usos que ya no se estilan.

Antimoral. adj. Contrario a la moral; generalmente, se emplea en su lugar «inmoral».

Antinatural. adj. Contranatural. Contrario a lo natural.

Antipapa. adj. y sust. Se aplica a algunos que actuaron ilegítimamente como papas a la vez que otro legítimo.

Antiparabólico, a. adj. (Ven) Que no le importa nada. Que todo le da igual.

Antipático, a. adj. Se dice del que causa antipatía en otros.

Antisemita. adj. y sust. Que alberga sentimientos de animosidad, odio o resentimiento contra los judíos.

Antisocial. adj. Contrario, por sus ideas o conductas, al orden social. En Argentina: que no se relaciona con la gente. Hosco.

Antojadizo, a. adj. Caprichoso. Propenso a sentir antojos.

Antojado, a. adj. Encaprichado con alguna cosa.

Antor. adj. y sust. (Esp) Vendedor de quien se ha comprado de buena fe una cosa hurtada.

Antropófago. adj. y sust. (Arg) Maricón, comilón, puto.

Antropoide. adj. y sust. Con "algunos" caracteres humanos.

Aojador, a. adj. y sust. Que hace mal de ojo, que causa daño a alguien con sólo mirarlo.

Añapadora. adj. y sust. f. (Arg) Mujer que se aprovecha de los hombres ingenuos para engañarlos. Mujer que atrapa a los tontos.

Apabullado, a. adj. Abrumado. Persona que se siente insignificante o impotente. (Del leonés *apagullar*, cruce de *apalear* y *magullar*)

Apache. adj. y sust. Nombre aplicado a los ladrones y gentes de mal vivir de los bajos fondos de París, que cometían particularmente agresiones nocturnas.

Apachorrado, a. adj. y sust. (Arg) Lento, siempre cansado. Desganado, excesivamente tranquilo. Que tiene pachorra.

Apachurrado, a. adj. (Méx) Triste, deprimido.

Apagado, a. adj. Falto de animación, de entusiasmo, de alegría.

Apagar la tele. (Chi) Perder la conciencia o la noción por efecto de la ingestión alcohólica.

Apampado, a. adj. (Arg) Desorientado, distraído, boleado. Confundido. Lelo.

Apampirolado, a. adj. (Esp) Atontado, alelado.

Apamplau. adj. (Esp) Soso, lelo.

Apamplinau. adj. (Esp) Apamplau.

Aparatero, a. adj. (Esp, Chi) Se dice del que hace las cosas con muchos aspavientos o aparato. Exagerado.

Aparato. adj. y sust. Persona demasiado "armada", fatuo, engreído, ostentoso de presuntas virtudes.

Aparatoso, a. adj. Complicado, enfático, exagerado, fachendoso, grandilocuente, hinchado, hueco, impresionante, llamativo, lujoso, magnífico, ostentoso, pomposo, pretencioso, retumbante, rimbombante.

Aparentador, a. adj. y sust. Que aparenta.

Apático, a. adj. y sust. Se aplica a la persona que padece apatía o displicencia. Que difícilmente se entusiasma o enardece.

Abúlico. (Del gr. A*pátheia*, derivado negat. de *épathon*, padecer.)
Apátrida. adj. y sust. Se aplica a la persona sin patria. Traidor.
Apatusco. adj. (Esp) Torpe.
Apedado, a. adj. (Arg) Borracho, empedado.
Apendejado, a. adj. (Col, Méx) Ligeramente tonto, acarajado, tuturuto, abombado, atembado, ahuevado, turuleto, tembo, atulampado.
Apéndice. adj. y sust. Satélite. Con respecto a una persona, otra que la acompaña o la sigue por obligación o por gusto. (Del lat. A*ppéndix*, deriv. de *péndere*.)
Apergaminado, a. adj. Acartonado. Delgado y con la piel seca y arrugada, por ejemplo a causa de la vejez.
Aperreado, a. adj. Agobiado de trabajo.
Apestado, a. adj. Enfermo. (Chi) Enojado, disgustado. Aburrido.
Apestoso, a. adj. Que sufre alguna enfermedad. Contagioso.
Apichonado, a. adj. (Arg, Uru) Debilitado psíquica y orgánicamente. Achicado, retraído por timidez o temor. Asustado, que tiene miedo. *Abrigate bien, te veo medio apichonado.*
Apiolado, a. adj. Avivado, despabilado. (Arg) Advertido respecto de alguna cuestión.
Apitonado, a. Susceptible.
Apitutado, a. adj. (Chi) Que tiene buenos contactos y consigue favores a través de ellos.
Aplastado como sapo. (Chi) Cansado, reventado.
Aplatanado, a. adj. (Méx) Sin energía, lento, pasmado. *Fernando perderá el trabajo si sigue tan aplatanado.*
Aplebeyado, a. adj. Que se vuelve plebeyo, grosero o vil.
Apocado, a. adj. Tímido o excesivamente humilde. Pusilánime.
Apolillado, a. adj. f. Dormido.
Aporrado, a. adj. Persona que no puede hablar o responder en ocasión en que debía hacerlo. Enmudecido.
Aponderau. adj. (Esp) Exagerado.

Aporreado, a. adj. Falto o escaso de dinero. Apurado. Granuja o desvergonzado.

Apóstata. adj. y sust. Persona que abjura o abandona expresamente ciertas creencias, particularmente el catolicismo o el cristianismo, o la orden a que pertenece, o la condición de religioso.

Aprendiz de cuatro kilos. Novato, inexperto. (De la jerga del turf.)

Apretada. adj. (Ecu, Méx) Que no quiere tener relaciones sexuales. *Ya, mijita, no te hagas la apretada o te bajas del carro.*

Apretado, a. adj. Tacaño, avaro.

Aprovechado, a. adj. Se aplica a la persona que sabe obtener provecho de las cosas en perjuicio de otros.

Apuntador, a. adj. y sust. Ex ladrón que actúa de informante de la policía.

Apurete. adj. Persona que actúa precipitadamente y sin mucho cuidado.

Aquejoso, a. adj. Afligido o angustiado. Quejicoso.

Aranero, a. adj. y sust. Embustero o estafador.

Aranoso, a. adj. Embustero o estafador.

Araña. adj. y sust. f. (Méx) Mujer libertina, generosa con sus favores sexuales. *La Sutte es bien araña y los muchachos se aprovechan.*

Arbitrista. adj. y sust. Persona que imagina sistemas que cree infalibles pero que no tienen fundamento sólido.

Archiganzúa. adj. y sust. Ladrón muy hábil.

Arbolito. (por la práctica de esperar a los clientes, inmóvil y de pie) m. Levantador clandestino de apuestas de quinielas, carreras, etc. Traficante ilegal de dólares en la calle.

Ardido, a. adj. (Méx) Que siente envidia y despecho por vanidad herida. *Lupita está ardida porque a su hermanita le echaron un piropo y a ella no.*

Argadillo. Persona bulliciosa, inquieta, intrigante o entrometida.

Argolla. adj. y sust. (Ven) Homosexual masculino.

Argollero, a. adj. (Col) Ventajista, aprovechador.
Argolluda. adj. f. despect. Que tiene vagina grande. *Conchuda.*
Argolludo, a. adj. (Méx) Miedoso, timorato, pusilánime. También afortunado.
Argüellado, a. adj. (Esp) Persona de mal aspecto, muy sucio.
Argüendero, a. adj. (Méx) Chismoso, correveidile.
Arisco, a. adj. Se aplica a las personas que rehúyen el trato con otros y no son amables.
Arlequín. adj. y sust. Se aplica a una persona falta de la seriedad debida en su comportamiento. Ver *Ridículo.*
Arlote. adj. y sust. (Esp) Holgazán o granuja. Se aplica a la persona descuidada en su aspecto.
Armatoste. adj. y sust. Persona demasiado grande o pesada. Corpulento.
Armífero. adj. (fig.) Belicoso.
Armígero, a. adj. y sust. Armífero.
Arpía. adj. y sust. f. Mujer perversa, mala, envidiosa.
Arquitonto, a. adj. y sust. (Méx) Despectivo hacia arquitecto. *El arquitonto que diseñó este edificio mezcló el estilo gótico con el barroco.*
Artero, a. adj. Taimado. Se aplica al que causa daño a otros con engaño o hipocresía.
Artificioso, a. adj. Artificial. Falto de naturalidad o espontaneidad. Que simula.
Artizado, a. adj. (ant.) Artificioso.
Arpista. adj. y sust. m. (poco usual) Ratero, ladrón.
Arrabalero, a. adj. y sust. Persona descarada y de modales groseros.
Arranado, a. adj. (Chi) Flojo, aletargado, que carece de motivación.
Arrancado, a. adj. (Ecu) Arruinado. Que no tiene dinero.
Arrancapinos. adj. Se aplica al hombre de muy baja estatura. Petiso.

Arrapiezo. adj. Se aplica a una persona a la que se da poca importancia.

Arrastrado, a. (Bol) adj. y sust. fig. Degradado, inmoral. Que carece de orgullo. Adulador, chupamedias. Se aplica más a mujeres, y vale por meretriz. (Ecu) usurero, roñica. (Esp) obsecuente y servil. *Es un arrastrado, sólo me dio 20 duros por vigilarle el coche.*

Arratonado, a. adj. (Chi) Acobardado, arrepentido.

Arrebatado, a. adj. Alocado, aturdido o irreflexivo. Encolerizado o irritado.

Arrebatoso, a. adj. Arrebatado, aturdido, impulsivo o irreflexivo.

Arrechado, a. adj. (Bol, Col, Méx, Perú) Excitado sexualmente. Lascivo, concupiscente, encelado. *Esa actriz sabe cómo arrechar a los hombres.* (Nic) Enojado.

Arrechentida. adj. (Ecu) Mujer que no llegó a tener un orgasmo. *Esa man está arrechentida porque anoche yo estaba pluto y acabé enseguidita.*

Arrejuntao. adj. (Esp) Dícese de la persona que vive con una pareja cuando no está casada.

Arrendajo, a. adj. (desp.) Persona que remeda o copia mal las palabras o acciones de otra.

Arrepticio, a. adj. Endemoniado. (Del lat. A*rreptitius*, de *rápere*)

Arrevesado, a. adj. Revesado. Enrevesado. Difícil o complicado.

Arribista. adj. y sust. Persona ambiciosa y poco escrupulosa en los medios que emplea para mejorar de posición.

Arriesgado, a. Atrevido. Aventurado. Expuesto. Peligroso.

Arrimado, a. adj. y sust. (Méx) Persona que vive en casa ajena sin pagar su parte. *El sobrino de Carlos lleva tres meses de arrimado en la casa de su amigo.*

Arritranco, a. adj. (Esp) Trasto, cachivache, también inútil. *Tiene un marido que es un arritranco.*

Arrivista. Ver *Arribista*.

Arrocero, a. adj. y sust. (Ven) Dícese del que entra a fiestas sin ser invitado. Colado. *Fui de arrocero a una fiesta.*
Arrocinado, a. adj. Embrutecido. También Enamorado.
Arrogante. adj. m. Orgulloso o insolente.
Arrotado, a. (Chi) adj. Se aplica a la persona que tiene aspecto o modales de *roto* (persona de la clase miserable).
Arroz con chancho. (Ecu) Mariconada. *Lo del chavo ya es arroz con chancho.*
Arrufado, a. adj. Engreído.
Arrufianado, a. adj. Derivado de rufián.
Arrugado, a. adj. (Arg, Chi) Asustado, con miedo. Persona cobarde, que se echó atrás. Acoquinado.
Arrugón, a. adj. Arrugado.
Arruinado, a. adj. y sust. Que se quedó en la ruina, que perdió la fortuna.
Asaltacunas. adj. y sust. (Esp) Dícese del que mantiene relaciones sentimentales o sexuales con personas mucho más jóvenes. *Cuando esa chica me invitó a salir temí que me llamaran asaltacunas.*
Asaltante. adj. y sust. Se aplica al que asalta. Ladrón.
Asco, (me da). Expresión utilizada para denigrar a otra persona. Ver *asqueroso, sucio.*
Ascoroso, a. adj. (ant). Asqueroso.
Asediador, a. adj. Se aplica al que asedia.
Asesino, a. adj. y sust. (Voz árabe) *Hash'shashín*: el que es adicto al hashis. Sujeto que se drogaba y asesinaba a la gente.
Asexuado, a. adj. Neutro, sin diferenciación de sexo.
Asistonto, a. adj. (Méx) Despectivo hacia el asistente. *No sé dónde guardó los expedientes mi asistonto.*
Asnino, a. adj. (culto) Asnal.
Asnal. adj. De [*Como de*] asno.
Asno. adj. y sust. (fig) Se aplica a la persona torpe o grosera.

Asno

Asno eres, y asno has de ser, y en asno has de parar cuando se te acabe el curso de la vida; que para mí tengo que antes llegará ella a su último término que tú caigas y des en la cuenta de que eres bestia.
> *Cervantes,* Don Quijote de la Mancha, *Madrid, 1935, Espasa-Calpe.*

Asoleado. adj. (Arg) Tonto, chabón, chambón.
Asopado, a. adj. (Chi) Tonto, lento, que carece de agilidad.
Aspado, a. adj. ("ir") Se aplica al que va cohibido en sus movimientos o mortificado por un vestido estrecho o al que no está acostumbrado.
Aspamentero, a. adj. (Arg) Que alardea al hablar. Exagerado.
Aspamentoso, a. adj. y sust. (Arg) Que exagera sus expresiones, que hace aspaviento.
Asqueroso, a. adj. Se emplea como insulto aplicado a una persona que disgusta por su comportamiento o por sus palabras y acciones. Sucio, mal hablado, de aspecto tosco, de mal olor. (De un supuesto latín vulgar *escharosus*, derivado de *eschara*, costra, antecedente también escara.)

Asqueroso

Gozará de todos sus momentos; los salvará y los entregará a la vez, Tiene ganas de gritarle a Sofía: "Tu próximo amante será un asqueroso peronista. Mirá, el secretario de tu marido tiene la edad que te gusta, ¿acaso no te acostaste con media embajada en Londres, antes del 45?"
> *Beatriz Guido,* El incendio y las vísperas, *Buenos Aires, Losada, 1964.*

Asquiento, a, adj. (Col) Asqueroso.
–astro. Sufijo despectivo: politicastro.
Astroso, a. adj. Andrajoso, desaseado. Vil o despreciable.
Astudo, a. adj. y sust. (Arg.) Que sufre la infidelidad de su pareja. Cornudo, gorreado, guampudo.

Astuto, a. adj. Ladino. Listo, vivo. Hábil para lograr lo que quiere con engaños y ardides.

Asustado, a. adj. (Ecu) Drogado con base de cocaína. *Me pegue unas tolitas y estoy asustado.*

Atacado, a. adj. (Arg) Enojado, furioso, excesivamente excitado.

Atado, a. (fig) Se aplica a la persona encogida, cohibida, pusilánime o falta de desenvoltura.

Atanasia. adj. f. (Méx) Concubina, amante, querida, amasia.

Atajasolaces. adj, y sust. Aguafiestas.

Atarantado, a. adj. (Arg) El que actúa precipitadamente. Torpe, alocado, atropellado. (Méx) Atontado, mareado o aturdido.

Atajador, a. adj. y sust. Atajador de ganado (ant.). Hombre que roba ganado con engaño o violencia.

Atascado, a. adj. (Esp) Obstinado.

Atediante. adj. Tedioso, que causa tedio.

Atembado, a. adj. y sust. (Col) Tonto, lelo.

Atemorizado, a. adj. Amedrentado, asustado, intimidado. Que carece de valor para hablar, moverse o actuar.

Atenazado, a. adj. (fig) Torturado por los pensamientos o los remordimientos.

Atestado, a. adj. Testarudo, obstinado.

Atiplado, a. adj. Agudo, como de tiple. Se aplica peyorativamente a la voz masculina.

Atizacandiles. adj. y sust. Se aplica una persona entrometida.

Atolondrado, a. adj. Aturdido. Que momentáneamente no puede coordinar sus pensamientos por un golpe muy fuerte en la cabeza. Que realiza actos atropelladamente.

Atómico, a. adj. y sust. (PR) Dícese de la persona que se pasa el día borracho.

Atontado, a. adj. Distraído, alelado, embobado. Aturdido, pasmado.

Atontolinau. adj. (Esp) Atontado, alelado.

Atorado, a. adj. Atropellado, confundido, atolondrado.
Atormentado, a. adj. Que padece mucho. Angustiado.
Atortolado, a. adj. Amartelado. Se aplica al que está muy enamorado o en actitud de estarlo. Aturdido, turbado, intimidado.
Atorra. adj. m. Apóc. De *atorrante*.
Atorrante, a. adj. y sust. Vago, que vive de los demás, ladronzuelo de poca monta. Ver *crosta, vago, esquenún, faninte, garabito, linyera. pelandrún, pelandra, rante, rantifuso.*

> *Atorrante*
> Marcelo y Lucrecia se miran desde cierta distancia. Se miden. Se calculan: en nudos, peso mosca y walter o artimañas. Se sonríen. "Como dos atorrantitos de la calle, César."
> David Viñas, Cuerpo a cuerpo, México, Siglo XXI, 1979.

Atrabiliario, a. adj. Irascible o irritable. De genio desigual o de carácter violento. Se dice del que se enfada sin motivo, dejándose llevar por accesos de mal humor.
Atrasado, da. adj. Situado más atrás de lo normal. También, ignorante, torpe. *Atrasado mental.*
Atracachatas. Homosexual. Ver *comilón*.
Atrasapueblos. adj. (Ecu) Persona retrógrada. *No seas atrasapueblos, no tires la basura en la calle.*
Atravesado, a. adj. Bizco. (fig) Maligno, de mala intención. Enconoso. Propenso a sentir animarversión. En Andalucía: mulato o mestizo.
Atravesador, a. adj. y sust. Acaparador.
Atreguado, a. adj. Maniático.
Atrevido, a. adj. Se aplica al que tiene atrevimiento en cualquier situación. Insolente, descarado.
Atreviente, a. adj. Atrevido.
Atrofiado, a. adj. Disminuido físicamente.

Atronado, a. adj. Que actúa precipitadamente. Alocado. Aturdido.

Atropellado. adj. Que obra con aturdimientos o precipitación. Atolondrado, irreflexivo. (no frec.) Maltratado por la edad, los sufrimientos. *Atropellado por la vida.*

Atropellador, a. adj. Se aplica al que atropella. Al que obra precipitadamente. También al que agravia.

Atropellaplatos. adj. Atropellador. Se aplica particularmente a las mujeres que, por hacer atropelladamente las faenas caseras, rompen muchas cosas.

Atroz. adj. Cruel o inhumano. Muy malo por sus efectos o consecuencias. (Del lat. *Atrox,* de *ater,* negro)

Atruhanado, a. adj. [Como de] truhán. Granuja.

Atulampado, a. adj. y sust. (Méx) Apendejado.

Aturdido, a. adj. Atolondrado. Se aplica a la persona que obra sin reflexionar o sin serenidad.

Aturullado, a. adj. Aturdido o embarullado. Que no puede desenvolverse o expresarse, por turbación o por excesiva prisa.

Autero, a. sust. adj. (Arg) Que trae mala suerte. Fúlmine, mufa, mufoso, yeta, yetatore, yetudo.

Autócrata. adj. y sust. (Comb. del gr. *auto* y *krateo.*) Persona que gobierna con su sola voluntad y autoridad. Déspota.

Autómata. adj. y sust. (fig) Se aplica como término de comparación o como nombre calificativo a una persona sin voluntad propia, que se deja manejar por otra. También a alguien que obra sin tener la atención puesta en lo que hace. Ver *Distraído.*

Autoritario, a. adj. (Aplicado a gobiernos o personas y a su manera de actuar) Inclinado a imponer su voluntad. Que dirige sin dejar a otros participar en sus determinaciones.

Avaricioso, a. adj. Ambicioso, codicioso. Afanoso por acumular cosas para él o en su provecho.

Avariento, a. adj. Avaro.

Avaro, a. adj. y sust. Avaricioso. Avariento. Ansioso por adquririr riquezas, sólo por placer de poseerlas. *Judío*, urraca, usurero. Acaparador, buitre, mezquino. Miserable o ruin. Tacaño. Exageradamente parco en lo que da o gasta.

Avasallador, a. adj. Se aplica al que avasalla, domina, oprime, tiraniza, sojuzga.

Avechucho, a. adj. y sust. (Quizás de avezucho, despectivo de ave.) Se aplica con desprecio a una persona tonta e inoportuna.

Avenado, a. adj. Algo loco, que tiene vena de loco.

Avenedizo, a. adj. (ant) Advenedizo.

Avenegra. adj. (Arg) Despectivo de abogado. Buscapleitos, manyapapeles.

Avenidero, a. adj. Advenidero, advenedizo.

Avenidizo, a. adj. Advenidero, advenedizo.

Avenido, a. adj. Con mal, se aplica a dos o más personas para significar que viven en desarmonía unos con otros. También aplicado igualmente con mal a una sola persona, significa que se encuentra insatisfecha con algo.

Aventado, a. adj. (Méx) Atrevido, osado, que no se avergüenza por nada.

Aventurado, a. adj. Arriesgado, expuesto. Peligroso.

Aventurero, a. adj. Persona que vive irregularmente, a la ventura. Vagabundo. También persona que se gana la vida o se enriquece con medios ilegales.

Averiguao. adj. (PR) Entrometido. *Carla es bien averiguá. No se le escapa nada.*

Averrugado, a. adj. Con verrugas.

Averso, a. adj. y sust. Maligno.

Avestruz. adj. y sust. Se aplica con desprecio y como insulto a una persona falta de amabilidad o insociable.

Aviador, a. adj. y sust. (Méx) Persona que figura en una nómina y percibe sueldo, pero no se presenta a trabajar. Ñoqui, paracaidista.

Ávido, a. adj. (Estar, ser) Afanoso, ansioso, codicioso.

Aviejado, a. adj. Avejentado, envejecido. Con aspecto–, cansancio, achaques de viejo.

Avieso, a. adj. (Del lat. *aversus*, participio de *avértere*, apartar, derivado de *vértere*, volver, verter. (fig) Maligno, inclinado a hacer daño.

Avinagrado, a. adj. (Arg) Huraño, persona intratable. Que siempre está de mal humor. Sombrío.

Aviona. adj. y sust. f. (Col) Mujer fácil. *Marta es una aviona. La corrieron de su casa por esa razón.*

Avisador, a. adj. y sust. (ant) Denunciador.

Avispado, a. adj. Escamado, desconfiado. En Chile: asustado.

Avivado, a. adj. Avispado, avisado. *Estar avivado*. Hallarse al corriente, conocer, especialmente cuestiones escabrosas.

Avivato, a. adj. (pseudoitalianismo) adj. y sust. A*vivado*. Personaje de historieta de Lino Palacio. (Arg) Que se aprovecha de los demás. Vivillo.

Avucastro. adj. (no frec) Persona pesada y molesta.

Ayuno, a. adj. y sust. (Del lat *jejunus*, vulgar *jajunus*.) Carente, falto. Horro. Sin nada de cierta cosa, como instrucción, educación, principios. Ajeno, ignorante. Se aplica al que no sabe nada de cierto asunto.

Azacán. adj. (Esp) Empandullador, que empieza muchos trabajos pero no los termina.

Azacanado, a. adj. Ajetreado o baqueteado. Muy agobiado por el trabajo o por tener que ir de un lado para otro.

Azaroso, a. adj. Aplicado a personas, propenso a que le ocurran percances.

Azogado, a. adj. Inquieto. Se aplica a la persona que se mueve incesantemente.

Azonzado, a. adj. (Arg. Uru) De poco seso, zonzo.

Azorrillado, a. adj. (Méx) Asustado, escarmentado. *Alberto está azorrillado porque sabe que en su casa lo van a castigar.*

Azote. adj. y sust. Malo, que actúa mal. Malvado.

Azotea. (Pajaritos en la) (Arg) Que tiene demasiadas ínfulas, que se cree superior. Fanfarrón.

Azumagado. (Ecu) Cabizbajo, deprimido. *Pepe anda azumagado por que la pelada le puso los cachos.*

Azumbrado, a. adj. Borracho.

Azurumbado, a. adj. (Méx) De la misma familia que zurumbático; lelo, pasmado. Atolondrado, aturdido.

Azuzador, a. adj. y sust. Se aplica al que es amigo de azuzar o enemistar a otros.

B

Babanca. adj. y sust. m. y f. (Esp) Persona boba.
Babasfrías. adj. y sust. m. y f. (Esp) Zonzo, pavote, papanatas.
Babazas. adj. y sust. m. Estúpido, zopenco. Bobo. Su origen es catalán y deriva de *babaza*, el humor espeso y pegajoso que despiden los animales y las plantas.
Babazorro, a. adj. y sust. (Esp) Hombre tosco y rústico. También chico atrevido y arriscado.Su origen proviene del nombre que jocosamente se daba a los nacidos en la provincia de Álava.
Babia. adj. y sust. Distraído, que vive en otro mundo. Desconcentrado.

> *Babia*
>
> —¿Qué tal? ¿Viniste por la Rambla o por Canelones?
> —Por Canelones, pero había un tránsito infernal. Un imbécil cruzó a la altura de Magallanes, tan en babia como si estuviera en Paso de los Toros.
> *Mario Benedetti,* Gracias por el fuego, *Editorial Alfa, Montevideo, 1966.*

Babieca. adj. y sust. m. y f. Distraído, zonzo, que vive en las nubes, que *está en babia*. Probablemente su origen sea italiano (*babbione*) aunque también se atribuye a *baba* por el parentesco entre el infantilismo y el capricho. Lope de Vega utiliza *babilón* como sinónimo de bobo, referido al natural de Babilonia. En la literatura es el nombre del caballo del Cid.
Baboso, a. adj. Cargoso, pesado, pegajoso. Dícese también del

obsesivo sexual, particularmente asociado con los ancianos que gustan de mujeres jóvenes: *viejo baboso, viejo verde*. En catalán *babós;* francés, *baveux;* italiano, *bavoso*.

Babosuelo, a. adj. Diminutivo de baboso.

Babuino. adj. m. Hombre contrahecho, enano, imbécil. También, cobarde. Proviene de Bäppe, forma de los dialectos alemanes que significa hocico.

Baca. sust. m. y f. Persona perezosa, de poco ánimo, floja. Que no le gusta trabajar. Su origen es árabe: *baca,* que designa a quien "llora como un pusilánime".

Bacalao. adj. y sust. m. (Arg) Excesivamente delgado. Flaco de carnes, alfiler. No se conoce el origen aunque su aparición se remonta a Flandes, en 1163.

Bacallar. adj. (ant.) Villano u hombre rústico.

Bacán. adj. y sust. (it. dial. *baccan,* patrón de barca, capitán; por ext., padre) m. Hombre adinerado, afecto al lujo y al buen vivir; hombre que mantiene una querida; elegante, petimetre, cogotudo, forrado, galerudo, platudo. Su origen es catalán y se remonta a 1547.

Bacana. adj. y sust. f. mujer adinerada o que ostenta serlo; mantenida de un *bacán,* que generalmente lleva alto tren de vida.

Bacante. adj. y sust. f. Del lat. *bacchans.* Mujer que tomaba parte en las bacanales (no frec.) Mujer desenfrenada.

Bachicha, e. adj. y sust. m. y f. (*gordo bachicha*) (Arg) Obeso, demasiado gordo. Del gen. *Baciccia*: Juan Bautista.

Bachiche. adj. y sust. (Perú) Nombre peyorativo que se da a los italianos.

Bachiche

[...] la abundante yapa de galletas, nueces y confites que acompañaba al recado, exclamando invariablemente:
—¡Pero qué carero se está volviendo este bachiche!
      Esteban Pavletich, *"El Pelao",* en Tres relatos, *Ediciones Demos, Lima, 1959.*

Badajo. adj. y sust. m. El que habla demasiado, charlatán, el hombre necio y tonto. Proviene del latín *badare*, aturdir, asombrar.

Badea. adj. y sust. Del ár. *batiha*. (fig. e inf.) Persona de pocas fuerzas u holgazana.

Badulaque. adj. y sust. Atolondrado, zonzo, de escasa inteligencia. Botarate o majadero. Originalmente usado para denominar manjares que mezclados con otros productos se usaban para el rostro, su origen es mozárabe (*berdolaca*), voz que podría provenir del latín *portulaca*.

Bagasa. adj. y sust. f. Prostituta, ramera. Su origen es árabe: *bagi*, prostituta; *bager*, vergonzoso. También catalán: *bagassa*, mujer perdida. En el francés antiguo *baiasse*: sirvienta.

Bagayero. adj. y sust. Aquel que seduce a mujeres feas.

Bagayo. adj. y sust. (it. *bagaglio*, bagaje, equipaje) m. Lío de ropas y objetos personales, *linyera*, *mono*; mercadería de contrabando o de robos, fútb: Equipo de pobre calidad; turf. *Batacazo*, triunfo inesperado; (it. *Bagascia*, meretriz) f. Mujer fea y gastadora, bodrio, bagre, cacatúa, callo, cucaracha, paquete.

Bagre. adj. y sust. m. mujer fea, *bagayo*. También concha, coño. (Bol, Perú, Ven) Homosexual pobre, de clase baja.

Bagrero. adj. y sust. m. *bagayero*, que gusta enamorarse de mujeres feas.

Bagual, a. adj. Bruto, grosero, tosco.

Bahúno, a. adj. Vil o soez.

Bajoneado. (*de bajón*) adj. Decaído, deprimido. con mala suerte.

Bala. adj. (Bol) Pícaro, inescrupuloso, irresponsable.

Baladrón, a. adj. Bravucón o fanfarrón. Probablemente relacionado con *baladrar*: gritar, lanzar alaridos y con el latín *balatro*: palabra insultante.

Baldado, a. adj. y sust. De origen ár. *bátal*: hacer inútil, lisiar. También fue usado por los judíos en 1219. Impedido, inválido, paralítico. Tullido. Imposibilitado de mover las piernas o los brazos. Hiperbólicamente, rendido, muy cansado.

Baldero, a. adj. (ant) Inútil.

Baldío, a. adj. Vagabundo o inútil.

Baldonada. adj. y sust. Prostituta. Su origen se remonta al francés antiguo (s. XIII) *bandón*, tratamiento insultante, humillación.

Baldono, a. adj. Barato.

Baldosa. adj. f. Del ár. *balat*. Cabeza, balero. Adoquín, cuadrado, persona torpe y estúpida. turf. Boleto de apuestas.

Baldragas. adj. y sust. Hombre de carácter débil o abúlico. Su origen se remonta al s. XIX y a la ciudad de Bagdad. En port. *boldrego*: hombre puerco.

Balín, a. adj. y sust. (Méx) Falso, postizo.

Balurdero, a. adj. y sust. (Arg) Que confunde a los demás. Que gusta de complicar los asuntos.

Balurdo. adj. y sust. (Arg) Tonto, bobo, lelo. Que le falta inteligencia. Bambarria. adj. y sust. Persona boba.

Bambaco, a. adj. y sust. (Arg) De poca inteligencia, zonzo, bodoque, melón. Proviene de *bamba*: bobo, voz del s. XVII. Deriv. *bambarria*: tonto.

Bambarria. adj. y sust. Persona boba.

Bamboche. adj. y sust. Persona rechoncha y coloradota. Se aplica al que es de baja estatura, de cuerpo grueso y rostro abultado y encendido. Del fr. *bamboche*, derivado del it. *bamboccio*.

Bambuco. adj. (Bol) Tonto.

Banana. adj. y sust. Que le gusta lucirse con la ropa. Caquero, finoli.

Bandeado. (Arg) Viejo, cansado, achacoso, palmado.

Banderizo, a. adj. Aturdido.

Banderola. adj. y sust. (Arg) Persona ostentosa, *que hace bandera*. Fanfarrón.

Banderudo, a. adj. (Arg) Banderola. Fanfarrón, ostentoso, diquero.

Bandido, a. adj. y sust. Delincuente fugitivo de la justicia, llamado por bando. Bandolero, malhechor que roba o mata en despoblado. (inf) Granuja. Hombre que engaña o estafa, aunque sus actos no lleguen a constituir delito.

Bandolera. adj. y sust. Mujer que vivía con los bandoleros.

Bandolero. adj. y sust. Bandido, malhechor que se dedica a robar en despoblado, generalmente formando parte de una banda. Facineroso, forajido, monfi, sacomano, salteador. Derivado de bando: facción, partido. Y de banda: grupo de gente armada. Su origen es incierto, aunque los romanistas le otorgan origen germánico.

Banido, a. adj. y sust. (del mismo origen que bandido) Bandido, malhechor llamado por bando.

Baqueteado, a. adj. Muy usado o gastado. Mujer promiscua.

Baquetón, a. adj. (Méx) Cínico, grosero.

Baratador, a. adj. (ant) Que hace cambios de cosas. Mentiroso o estafador.

Baratero, a. adj. (ant) Engañoso. Que hace trampas. Del catalán antiguo: *barater*; moderno, *baratera*, prostituta; italiano, *barattiere*.

Baratieri. adj. (pseudoitalianismo y también apellido it.) adj. com. Algo barato, *baratongo*. despect. Grosero. De baja calidad. Se aplica a cosas.

Barato. adj. m. despect. Persona vulgar.

Baratongo, a. adj. *Baratieri*.

Barbarizante. adj. Se aplica a las personas que dicen barbaridades o disparates.

Bárbaro, a. adj. y sust. Del lat. *barbarus*, originalmente del griego. Bruto. Se dice del que utiliza la fuerza y no la inteligencia. *El muy bárbaro se ha empeñado en arrancar el clavo con los dientes*. Bruto, descortés, irrespetuoso o desconsiderado con otras personas. Del latín *barbarus*.

Barbatán. adj. y sust. (Méx) Se aplica a un hombre tosco o brutal.

Barbero. adj. (fig) (Méx) Que adula a las personas. Chupamedias.
Barbie. adj. y sust. (de la marca de muñecas) Joven de aspecto y modales afectados similar a la muñeca.
Barbilampiño. adj. Que tiene poca o ninguna barba. Carilampiño, imberbe.
Barbilindo. adj. y sust. m. Barbilucio.
Barbilucio. adj. y sust. m. Afeminado.
Barbitonto, a. adj. Con cara de tonto.
Barbullón, a. adj. Se aplica a la persona que acostumbra a hablar atropellada y confusamente.
Bardaja. adj. y sust. (del ár.) Homosexual pasivo. Invertido. En árabe: *bardag*, esclavo, cautivo. También, sodomita.
Bardaje. Ver *bardaja*.
Barrabás. adj. y sust. (De *Bar Abbás*, nombre del judío a quien indultaron con preferencia a Jesús.) Persona inquieta, que hace desaguisados y causa desasosiego. Se aplica a los niños muy traviesos.
Barragana. adj. y sust. (no frec) Concubina. (Ant) Compañera.
Barrena. adj. y sust. m. (Arg) Que se dedica a robar. Ladrón.
Barrenado, a. adj. Chiflado, loco.
Barrendero. adj. y sust. m. basurero.
Barrera. adj. y sust. m. Cómplice que se interpone entre el ladrón y los perseguidores, para evitar su detención.
Barrigafría. adj. y sust. (Uru) Que no sabe guardar secretos, correveidile. *Estómago resfriado*.
Barrigón, a. adj. Se aplica al que tiene mucha barriga. Derivado de barriga. Covarrubias afirma que barriga tiene su origen en la palabra griega *barys*, que significa peso. También se atribuye su origen al hebreo *barí*, que significa gordo.
Barrigudo, a. adj. Barrigón.
Barril sin fondo. loc. Bebedor insaciable, cuba sin fondo.
Barril. adj. y sust. Persona baja y gruesa.

Barriobajero, a. adj. Se aplica despectivamente a las personas de los barrios llamados bajos, refiriéndose a su ordinariez.
Barro. adj. y sust. m. (Col) Mal amigo, que carece de mérito o valor. La voz es de origen prerromano. En castellano significa arcilla, lodo. También grano que sale en la piel, preferentemente en el rostro. Aparentemente su origen es árabe: *barr*, que signfica campo inculto.
Bartolero, a. adj. Dícese de quien no pone seriedad ni cuidado en lo que hace. Ú.t.c.s. desprolijo, desordenado, negligente. *Que anda a la bartola.*
Bartolo, a. adj. y sust. (Méx) Zonzo, torpe, estúpido.
Barullero, a. adj. Dícese de la persona ruidosa o chillona. Del italiano *barullo*, revendedor, que vocea lo que vende.
Barzola. adj. y sust. f. (Bol, Col) Mote que se da desde 1952 a grupos de choque femeninos. Por extensión, mujer desalmada.
Barzolo. adj. y sust. m. (Bol) Matón, individuo prepotente.
Bastardo, a. adj. y sust. (Del fr. *Bastart,* posiblem. der. de *bast, albarda.* También se atribuye el origen al latín *burdus* (hijo de yegua y asno), o el árabe *baxtaridú* (el que quisiéredes) o el alemán *bres-art* (de mala ralea) aludiendo a las relaciones de los arrieros con las mozas del mesón.) Originalmente hijo ilegítimo, se utiliza como insulto genérico: miserable, maligno, odioso, innoble.
Bastorro, a. adj. y sust. (Esp) Persona grosera.
Basuquero, a. adj. (Nic) Alcohólico, borracho. Que bebe en demasía.
Basura. adj. y sust. Voz ár. *Basur: hemorroide.* Líquido que sale al apretar un abceso. Sujeto despreciable, malo, traicionero. Bazofia, que carece de valores morales. Que no tiene ética. Mala persona.
Basureado, a. adj. Maltratado, que ha sido humillado.
Basurero. adj. y sust. m. desus. Individuo que vivía agregado a los prostíbulos y servía de mandadero a las pupilas.

Bataclana. adj. y sust. Corista, que trabaja en teatro de revistas. Cabaretera.
Batallaroso, a. adj. (ant) Belicoso o marcial. También batalloso.
Batalloso, a. adj. Batallaroso.
Batata. adj. Papanatas, apocado. Persona o cosa de poca calidad.
Batea (*de los dos lados*). adj. (CA) Bisexual. Se aplica a hombres y mujeres.
Batemugre. adj. y sust. m. Alcahuete policial, delator, batidor.
Batidor, a. adj. y sust. (Arg) Delator policial, alcahuete, botón, alcachofa, soplón, batilana, botonazo, batilio.
Batifondero, a. adj. Persona que produce bochinche, quilombero, alborotador.
Batifondero, a. adj. (Arg) Quilombero, que hace líos, alborotador. Persona que produce bochinche.
Batilana. adj. y sust. (Arg) Alcahuete, batidor. Informante de la policía, *botonazo*, delator.

> *Batilana*
>
> Tus mesas, favoritas de los ranas, /gastadas por los naipes y los dados,/ aguantan a pulastros batilanas. / Tu mugre y mi dolor, entreverados, / en el orden del día de los canas, / de bronca, alguna vez, serán citados.
> Daniel Giribaldi, Canero, Sonetos mugres, *Torres Agüero, 1982.*

Batilio. adj. y sust. m. Batidor, soplón.
Batista. adj. y sust. (Arg) Delator. Batilana.
Batistela. adj. y sust. (*batistella*, apellido it.) m. Batidor, batilio.
Batistín. adj. y sust. (Arg) Batilana.
Batitú. adj. y sust. m. (Arg) Batidor, batilio, delator.
Bato. adj. y sust. (Posiblem. der. regresivo de *batueco*). Hombre rústico, tonto, torpe.
Batuquero, a. adj. y sust. bullanguero, ruidoso.

Baturro, a. adj. (fig.) Obstinado, obcecado.
Bausador, a. adj. y sust. (ant) Embaucador.
Bausán. adj. y sust. Bobo. Proviene del antig. *bausana, babusana*.
Bayunco. adj. y sust. (Nica) Persona grosera, brusca. De malos modales.
Bazagón, a. adj. y sust. Charlatán. Muy hablador.
Beato, a. adj. y sust. Del lat. *beatus*. Se aplica a la persona exagerada en las prácticas religiosas, o de religiosidad afectada. (Ver *beatuco, camandulero, devotería, endevotado, mísero, misticón, mojigato, pío, rezador, santón, santurrón, timorato, tragasantos*. Hipocresía.
Beatuco, a. adj. y sust. Diminutivo atenuadamente despectivo de beato.
Bébedo, a. adj. y sust. (ant.) Bebido, borracho.
Bebedor, a. adj. y sust. Se aplica al que toma bebidas alcohólicas. Se dice mal bebedor para significar que las tolera mal. Del lat. *bibere*. Derivados *bebedizo, beberría, beberrón, beberrear*.
Beberrón, a. adj. y sust. Muy bebedor.
Bebido, a. adj. Borracho o casi borracho.
Bebote, ta. adj. m. y f. Adolescente, aunque grande físicamente, que es todavía infantil en ideas y comportamiento.
Beguén. adj. (fr. *beguín*) m. Mujer que despierta pasiones desmesuradas.
Beine. adj. y sust. (Despectivo derivado del canto de vendedores ambulantes) m. *Turco* o *árabe*.
Beineta. Ver *Beine*.
Bejarano. adj. y sust. (Arg) Anciano, viejo, achacoso.
Belcebú. Lucifer. Es uno de los nombres propios aplicados al diablo o principal de los espíritus malignos.
Belfo. Que tiene el labio inferior caído. Cuyo labio inferior es considerablemente más grueso que el superior. Labio de caballo.

Belicista. adj. y sust. Partidario de la guerra.

Belicoso, a. adj. Inclinado a la guerra. Guerrero. Que entabla discusiones o riñas. Agresivo, [armígero], batallaroso. Pendenciero. Proviene del lat. bellicus, derivado de *bellum*: guerra.

Belígero, a. adj. Belicoso.

Belillo. adj. y sust. (Ecu) Pedrusco. Persona bruta.

Belinún, a. adj. y sust. (Uru) De poco seso, bobo, bobalicón, melón, papanatas, abombado, alberja, bobeta, chanta, choto, gil, gilastrún, gilún, nabo, naboncio, opa, otario, pajarón, pajuato, papafrita, pavote, salame, tarúpido, zonzo.

Belitre. adj. y sust. (del fr. *blitre*, der. de la palabra gr. *blítyri*, aplicada por los escolásticos a una expresión. adj. y sust.) (Esp) bobo. Granuja, vil.

Belua. adj. (ant) Bestia.

Bellaco. adj. y sust. (Quizá del celta *bakkallakos*, campesino) Mala persona, traidor, buscapleitos, desagradecido. Taimado, pícaro. Covarrubias define: "Vellaco es el malo y de ruines respetos: el italiano le llama *villaco*, *fortan* a Villa, porque los villanos, naturalemente tienen viles condiciones y bajos pensamientos; pero muchos hombres curiosos tienen esta palabra por hebrea, de *Belijahal*, que vale tanto como *sine iugo*, y es uno de los nombres que se dan al diablo. De manera que de *Belijahal* o *Belial*, se dijo *bellaco*; y de allí, *vellaco*".

Belloto, a. adj. y sust. (Uru) Belinún.

Bembón, a. adj. y sust. (Caribe) De labios gruesos. Hocicón, hocicudo, jetón, jetudo. Trompudo, trompón, bembudo. *Negro bembón*.

Beodo, a. adj. y sust. (culto y no frec.) Del lat. *bibitus*: bebido. s. XIII. Borracho. Ver *Bebido*, *Bébedo*, *Beudo*.

Berenjena. adj. y sust. Ár. *Batinyána*. Zonzo, bobo, persona de escasas luces.

Berraco, a. adj. y sust. (Cuba) Estúpido, inútil. Proviene de *verraco*, el animal que ha sido castrado.

Berreador, a. adj. y sust. Se aplica al que berrea o llora estridentemente. Derivado del lat. *verres: verraco,* por el aullido del animal. *Chillar como un verraco.* Berraco: niño que berrea mucho.

Berreón, a. adj. y sust. Berreador.

Berreta. adj. y sust. (deform. de barato combinado con el apellido *Berretta* e influido por *berretín*) De poca calidad. Se dice de artículos, bebidas, productos en general; hablando de personas: inculto, vulgar, poco refinado. Falso, fayuto, pichi, piojoso, rasca, rasposo, rata, ordinario, yuto.

Berretero, a. adj. y sust. que trafica con artículos de pobre calidad.

Berretinero. adj. y sust. m. desus. Falsificador, tramposo.

Berrín. adj. y sust. (fig. e inf.) Cascarrabias.

Berrinchudo, a. adj. Se aplica a la persona que se emberrenchina fácilmente. Ver cascarrabias. Derivado de berrinche: enojo, y del lat. *verres* (Ver *berreador*) Persona de mal genio, terco. También, emperrarse.

Bestia. adj. y sust. (Deriv. del latín *bestia;* ver, *bicho.*) Bruto, ignorante, violento. Que hace uso de la fuerza. Torpe.

Bestial. adj. Propio de bestia y no de hombre. Instintos bestiales. Apetito bestial.

Besugo. adj. y sust. (Posiblem., hermano del oc. *Besuc.* Y éste, a su vez, del esp. *bisojo,* explicable por los ojos de este animal. *Ojos de besugo.* Se aplica como apelativo despectivo a una persona.

Beudo, a. adj. (ant) Beodo, borracho.

Bezudo, a. adj. *Befo.* Belfo. Se aplica al que tiene los labios abultados. Bembón.

Biabado. (Arg) Falopeado, drogado.

Biabista. adj. m. Asaltante que aplica la *biaba.*

Bicharraco. adj. y sust. (inf) Bicho de forma rara o desconocida. Se aplica como insulto.

Bichejo. adj. y sust. Diminutivo. Despectivo.

Bichero, a. adj. Díc. de la persona muy afecta a los animales. Ú.t.c.s. fig. *bagayero*.

Bichicome. adj. y sust. (Uru) (Del inglés *beachcomber*) Se aplica al que no tiene domicilio fijo y vive en la calle, generalmente con deficiencia mental.

Bicho, a. adj. y sust. (Del lat., vg. *bestius*) Se aplica a la persona muy fea. (Arg) Bagayo. También pene.

Bicho colorado. Despectivo. Comunista.

Bichoco, a. adj. y sust. (Uru) Que está viejo, achacado. Decrépito, endeble. También que ve muy poco, ciego, cegato, chicato.

Bichote. adj. y sust. m. (PR) Vendedor de drogas. Narcotraficante.

Bicicleta. f. Operación financiera que demora el pago de vencimientos para sacar utilidad al dinero adeudado en base a la alta inflación. (Gua, Méx) Homosexual, joto, lesbiana.

Bicicletero, a. adj. y sust. Que no devuelve el dinero prestado en la fecha acordada.

Bien servido, a. (Arg) Mujer satisfecha sexualmente (Méx) m. y f. Ebrio, borracho.

Bienudo, a. (*de gente bien*) adj. y sust. Díc. del que pertenece a la alta sociedad o actúa como si perteneciese. Cogotudo. (Arg) que tiene dinero, bacán, finoli.

Bigardo, a. adj. y sust. Se aplicaba al fraile licencioso. Persona viciosa, holgazana. También granuja.

Bilioso, a. adj. Der. del lat. *bilis*. De rostro huraño, amarillo. *Cara de bilis*.

Bilioso

—Ya lo encontraron.
Cardona, el vicepresidente, no chista. Tiene los mismos bigotes pendientes que el Mariscal, pero es flaco, bilioso, y no muy inteligente.
    Jorge Ibarguengoitia, Maten al león, *México, Joaquín Mortiz, 1987.*

Biromista. adj. y sust. Apuntador de juegos, *faber*.
Birria. adj. y sust. Mamarracho, persona vestida ridículamente para hacer reír. Se aplica a una persona de mal aspecto, sin mérito o fea. (Col) perra.
Bisagra. adj. y sust. Fig. genuflexo, adulador.
Biscochón. adj. (Méx) Hombre al que le gustan los hombres. Homosexual, puto.
Bisexual. adj. y sust. Se aplica al organismo que reúne los dos sexos en un solo individuo. Que mantiene relaciones con personas de ambos sexos.
Bisojo, a. adj. y sust. (De *bis*, partícula expresiva de imperfección y *ojo*.) Ver besugo. Bizco.
Bisuto, a. adj. y sust. Sucio, sobado o grasiento.
Bizco, a. adj. fig. Azorado, aturdido, alelado. Úsase con el verbo *quedar*.
Bizcorneado, a adj. (Cuba) Bizco.
Bizcorneta. adj. y sust. (Col) Bizco.
Blancote. adj. (fig) Cobarde.
Blandengue. (Uru) Que tiene poco carácter. Blanducho, débil. Deriv. de blando, del lat. *blandus*: tierno, lisonjero. Lo contrario de duro, fuerte.
Blandicioso, a. adj. (ant) Adulador, lisonjero.
Blando, a. adj. En sentido figurado. Falto de dureza, fuerza o fortaleza. Que carece de energía o severidad. Débil, sin voluntad. Sumiso. Afeminado.
Blanducho, a. adj. (no frec) Despectivo de blando.
Blandujo, a. adj. (no frec) Blanducho.
Blanduzco, a. adj. Despectivo de blando.
Blanquiñoso, a. adj. Despectivo que se aplica al hombre blanco.

Blanquiñoso

—¿Qué te pasa, blanquiñoso? –dijo–. ¿Estás queriendo que te suene o qué?
Mario Vargas Llosa, La ciudad y los perros, México, Seix Barral, 1977.

Blanquito, a. adj. y sust. (Cuba) Despectivo de los negros hacia la persona de piel blanca.

Blasfemador, a. adj. y sust. Blasfemo. Se aplica al que dice una blasfemia.

Blasfemo, a. adj. Deriv. del lat. *blasphemus*: difamador. El que blasfema.

Blenorreico, a. adj. y sust. Concerniente a la blenorragia. Enfermo. Persona que padece una enfermedad sexual.

Blofero, a. adj. y sust. (Méx) Que aparenta ser más de lo que es. Fanfarrón.

Bluf. adj. y sust. (Del inglés bluff) Persona que atrae el interés sin tener mérito para ello. Simulador.

Bobalías. adj. y sust. (inf) Persona muy boba.

Bobalicón: Aumentativo de bobo, sin inteligencia, tonto.

Bobarrón, a. adj. Bobalicón.

Bobatel. adj. y sust. Hombre bobo.

Bobazo. adj. Aumentativo de bobo. "El bobo, si es callado, por sesudo es reputado".

Bobeta. adj. y sust. Poco inteligente, bobo, zonzo, belinún, bobalicón.

Bobete. adj. Diminutivo de bobo.

Bobo. adj. y sust. (Del latín *balbus*, tartamudo, palabra posiblemente de origen imitativo) Alelado, atontado, babanca, bambarria, belitre, bobalicón, boceras, bozal, camote, cándido, cantimpla, chirote, cipote, cuitado, débil, deficiente mental, estúpido, idiota, imbécil, insulso, lelo, majagranzas, melón, memo, menguado, mentecato, modurria, mondrego, motolito, necio, oligofrénico, pánfilo, panfilote, papamoscas, papanatas, paparote, pasmado, retrasado mental, sandio, sansirolé, simple, simplón, simplote, tilingo, zampabodigos, zampabollos [tortas], adobado, embobado, engañabobos, infeliz, ingenuo, insustancial, patoso, soso, tonto. Débil mental. De escasa inteligencia, torpe.

Bobomierda. adj. (Ecu) Tonto del carajo.

Bocabierta. adj. y sust. (Uru) Distraído, que no logra concentrarse, que no pone atención. Papamoscas, papahuevos, papamoscas.

Bocasucia. adj. y sust. malhablado, que emplea con frecuencia malas palabras. Grosero.

Bocaza. adj. y sust. Persona que habla más de lo que debe. Indiscreto.

Boceras. adj. y sust. Se aplica a la persona que habla más de lo prudente o que presume de lo que es incapaz de hacer. Se aplica con desprecio a una persona por boba o inoportuna.

Bocha. adj. y sust. f. fig. cabeza, espec. la redondeada o calva.

Boche. adj. y sust. Verdugo. Despectivo francés hacia los alemanes.

Bochín. adj. y sust. Buchín, boche (verdugo)

Bochinchero, a. adj. y sust. Que alborota, que causa ruido, caos. También pendenciero.

Bochornoso, a. adj. Causante de bochorno. Vergonzoso. Posiblemente derivado del latín *vulturnus*, viento entre el Euro y el Noto. También se atribuye su origen a la composición de boca y de horno.

Bocina. adj (Arg) Que habla demasiado y no sabe guardar secretos. Indiscreto. Delator, alcahuete, bocón.

Bocaza. adj. y sust. fig. Alcahuete, correveidile, delator, *chusmón*.

Bocón. adj. y sust. (Arg) Botón, que delata. Que habla más de lo que debe. Murmurador, lenguaraz, boquirroto.

Bocudo, a. adj. De boca grande.

Bodoque. adj. y sust. (ár.) *Bunduq*: avellana. Persona de pocas luces, rústico, bruto. Carente de inteligencia. Atrasado mental. Ladrillo.

Bodoquero. Contrabandista.

Bodrio. adj. y sust. m. Persona aburrida. Deriv. del lat. *brodium*, caldo, y del germ. *brod*: cría empollada. Se denomina así a cualquier cosa aburrida, espectáculos, obras teatrales, conciertos, etc. Se denominaba bodrio al caldo cocinado con sobras de papas y mendrugos que se les daba a los pobres en los conventos. También se llama así a cualquier comida sin aderezo.

Bofe. adj. y sust. (Arg) Aborto. Persona muy fea. Bagayo. *Feto*.

Bogólico. adj. y sust. (Arg) Tonto, zonzo, boludo y mogólico.

Bola de grasa. adj. y sust. Persona excesivamente gorda. Gordinflón, pedazo de carne.

Bolacero, a. adj. y sust. El que miente para darse importancia. Cuentero, boletero, globero, macaneador, macanero, mulero, versero. Que dice muchos *bolazos*.

Bolas. adj. y sust. Sujeto cándido, distraído, que *vive en las nubes*, torpe.

Bolastrín, a. adj. y sust. Bolas. Variación de bolastrún.

Bolastristes. adj. y sust. (Arg) Bobo, tonto, medio mamerto, aquel que tiene poco entendimiento. Torpe.

Bolatero. adj. y sust. Ladrón que arrebata y corre para escapar.

Bolche. adj. y sust. com. Despectivo de bolchevique. Zurdo, bicho colorado, comuna.

Boleras. adj. y sust. (inf) Bolero. Mentiroso.

Bolero, a. adj. y sust. (fig) Mentiroso. También se aplica al que falta a la escuela u otro sitio.

Boleta. fig. Estar muerto. Se aplica como amenaza de asesinato, dar a alguien por muerto. Úsase con el verbo *ser*.

Boletero, a. adj. y sust. (Arg) Bolacero. Mentiroso.

Bolichero, a. adj. y sust. El que se dedica a negocios de poca importancia.

Bólido, a. adj. y sust. (de un personaje de historieta). Dícese irónicamente del individuo que es lento en el pensar o reaccionar; bobo, *boludo*. También lento, zonzo. Procedente del lat. *bolis*, objeto que se lanza.

Bolinero, a. adj. y sust. (Chi) Alborotador.

Bolinga. adj. y sust. (Esp) Ebrio, borracho.

Bolita. adj. y sust. Despectivo al oriundo de Bolivia. Achinado, moreno, cabecita, cabecita negra.

Bolo. adj. y sust. (Nica) Borracho, alcohólico. *Anda bolo por la calle.*

Bolsa. adj. y sust. f. (Col) Bobo, tonto, pendejo.

Bolsa de inmundicias. adj. y sust. Se aplica a la persona sucia, maloliente. Desarrapado, vagabundo. También obeso.

> *Bosa de inmundicias*
>
> ...Y evitaremos las escenas. Para algo somos gente bien nacida. La madre lloraba ahora a gritos, y entre sollozos, insultaba al padre y lo llamaba "adúltero, corrompido, bolsa de inmundicias"...
> Mario Vargas Llosa, La ciudad y los perros, México, Seix Barral, 1977.

Bolsifay. sust. Poco inteligente. Boludo.

Bolsudo, a. adj. y sust. (Col) Bobo. Ver *Bolsa*.

Bolonio. adj. y sust. (fig) Tonto o ignorante.

Bolu. adj. m. Apóc. de *boludo*.

Boludazo, a. adj. (Arg) Aumentativo de boludo.

Boludo alegre. adj. m. individuo poco avispado aunque simpático o inofensivo.

Boludo. adj. (Arg) Poco inteligente, ridículo. Abombado, balurdo, belinún, bogólico, boludón, brígido, buenudo, chaucha, chauchón, chichipío, chitrulo, codeguín, fanega, fesa, frilo, froilán, gil, jilguero, lonyi, lonyipietro, melonazo, papafrita, paparulo, pastenaca, pavo, pavote, pelotudo, perejil, queso, salame, salamín, vichenzo, zanagoria, zonzo.

Boludón, a. adj. (Arg) Aumentativo de boludo.

Bolúmetro, a. adj. (Arg) Boludo.

Bombachudo. adj. Maricón, que anda siempre entre mujeres. *bombachón.*

Bombero. adj. y sust. Generalmente usado para insultar al árbitro de fútbol que favorece a otro equipo, también se utiliza para el que perjudica los negocios de alguien. delict. Observador, espía. Terrorista, que pone bombas. En Cuba mujer marimacha.

Bonafide. (Arg) Excesivamente ingenuo, zonzo, cándido.

Boncha. adj. y sust. (Arg) Vesre de chabón. Chabón.

Boniato. adj. y sust. (Valencia, fig) Se aplica a una persona tonta, sosa, que desagrada por lo que dice o lo que hace.

Boñato. Boniato.

Boquetero. adj. y sust. m. Ladrón que se especializa en perforar paredes y cavar túneles para llegar al sitio del robo.

Boquera. adj. y sust. (Esp) Boceras: persona habladora o persona a la que se encuentra molesta o despreciable.

Boqueriento, a. adj. (Chi) Miserable, despreciable.

Boquiabierto, a. adj. y sust. (fig) Pasmado, distraído, *que vive en las nubes.* También deslumbrado.

Boquimuelle. adj. y sust. (fig) Dócil.

Boquino, a. adj. y sust. (Esp) Se aplica a las personas que habitualmente no cierran la boca del todo.

Boquirroto. adj. y sust. Que habla demasiado, que no sabe guardar secretos, lenguaraz.

Boquirrubio. adj. y sust. Petimetre. Joven presumido.

Boquitorcido, a. adj. y sust. Boquituerto.

Boquituerto, a. adj. y sust. El que tiene la boca torcida.

Borde. adj. (Esp) Mal educado, grosero.

Border. adj. y sust. Propenso a la locura, al *borde* de la locura, lunático.

Bordiona. adj. y sust. Prostituta.
Bordonero, a. adj. y sust. Vagabundo.
Boruquiento, a. adj. (Méx) Alborotador, bullicioso.
Borrachín, a. adj. y sust. Diminutivo despectivo de borracho.
Borracho, a. adj. y sust. Con la mente trastornada por haber tomado bebidas alcohólicas. Se aplica al que tiene el vicio del alcohol. Persona en estado de exaltación. Si bien su origen es incierto, se le atribuye como derivación del lat. *burrus*: rojizo, debido al color de la piel del que abusa de la bebida. También podría derivarse de *borracha*, bota que contiene vino, s. XV. Algunos le atribuyen su origen a *borra*, por las heces que causa el vino cuando se lo bebe inmoderadamente. En árabe, borraja significa "padre del sudor", y se denomina así a una planta que hace sudar. En México: pipa, pepe, sonámbulo, tapiado de copiosas, tícuro, traviato, trinquis, troley, trompeta, zumbo, pegando programas, pedernal, más pando que un riel, mamado, jetón, jalado, intróspido, hoguiche, hasta el once, en la uva, firulais, chuco, enchispado, gis, bien servido, entrado en copiosas, alumbrado, bien parejo, con una pedicurista repadre.
Borrado, a. adj. y sust. (Perú) Picado de viruelas. Con el rostro marcado.
Borraja. (CR) Mierda. Eres una–.
Borrascoso, a. adj. Se aplica a la persona que ha tenido una vida signada por sucesos tales como delitos, encarcelamientos o aventuras difíciles.
Borrasquero, a. adj. y sust. Amigo de reuniones donde puede haber riñas. Derivado del catalán *borrasca*.
Borrego. adj. y sust. m. fig. niño, muchacho. También inexperto.
Borrero. adj. y sust. (ant) Verdugo.
Borrico, a. adj. y sust. (ár) *borrekos*, lat. tardío *burricus*. Ver burro. Torpe, bruto, obstinado.
Bosta. adj. y sust. (Ecu) Persona obesa. De aquí viene emboste, embostado.

Bostazo. adj. y sust. (Uru) De bosta. Ser un–.

Bostero, a. adj. y sust. ruin, afecto a lo inmundo. *Boquense.* Hincha de Boca Juniors.

Botado. adj. (Ecu) Chupado, fácil. Perdido, tirado.

Botafuego. adj. y sust. Se aplica a la persona pronta a enfadarse y promover alborotos. Irascible. Peleador.

Botarata. adj. y sust. m. (Col) Botarate, manirroto, despilfarador, calavera.

Botarate. adj. y sust. m. Persona alocada, sin rumbo ni objetivos. Inmaduro de condición inestable. Posiblemente derivado de *boto*: necio y de *patarata*: mentira. s. XVIII.

Botella. adj. y sust. f. (Pana) Persona que recibe sueldo del gobierno sin trabajar. En Argentina, ñoqui.

Botiondo, a. adj. y sust. fig. *Butiondo.* Dominado por el deseo sexual.

Botón, a. adj. y sust. (Arg) Delator policial, chivato, alcachofa, alcahuete, alcaucil, batidor, batilana.

> *Botón*
>
> —Te matan igual, huevón –dice el Dos–. Te matan acá y te sacan muerto, por más periodistas que haya... son todos botones los periodistas.
> Ricardo Piglia, Plata quemada, Buenos Aires, Planeta, 1997.

Botonazo. adj. y sust. (Arg) Cana, alcahuete.

Botudo. adj. m. (Bol) Injuria para designar a los militares.

Bozal. adj. y sust. m. Bobo.

Boya. adj. y sust. (ant) Carnicero que mataba a los bueyes. (fig) Verdugo que ejecuta a los condenados.

Braco, a. adj. y sust. Se aplica las personas que tienen la nariz roma y respingada.

Bragado, a. adj. y sust. Por alusión a las mulas bragadas, a las que se atribuye ser falsas, se aplica a las personas de mala intención.

Bragazas. adj. y sust. (fig) Calzonazos. Hombre sin carácter, que se deja dominar fácilmente por su mujer.

Bragueta (*cara de*) Demasiado serio, excesivamente circunspecto. *Más serio que bragueta de cura*. También dícese del individuo que habla tonterías.

Braguetero. adj. y sust. Mujeriego. En Barcia: "El que es dado al vicio de la lascivia".

Bravatero. adj. y sust. m. Balandrón, el que amenaza descaradamente. Fanfarrón.

Braveador, a. adj. y sust. Se aplica al que fanfarronea o bravuconea.

Bravonel. adj. y sust. Fanfarrón.

Bravucón. adj. y sust. Chulo, matón. Hombre que echa bravatas y continuamente amenaza con agredir o pelear. Pendenciero.

Brechero. adj. y sust. m. El que hace trampa con los dados.

Breguero, a. adj. y sust. Pendenciero.

Bretero, a. adj. y sust. (Cuba) Chismoso, argüendero.

Bribón, a. adj. y sust. Del catalán *briba, bribó*. Malo, de bajos instintos, de mal carácter, peleador.

Brígido. adj. y sust. (Arg) Zonzo, boludo. En lenguaje carcelario, despiadado, brutal. *Ojo, no hagan lío que hoy la guardia está brígida.*

Brisco. adj. y sust. m. (Arg, Uru) Homosexual, puto, maricón. Alusión al durazno prisco, que puede abrise fácilmente.

Bronca. adj. y sust. *Buscabroncas*. Pendenciero.

Bronco, a. adj. y sust. (Quizá lat. *bruncus,* gancho de rama rota, nudo de la madera, cruce de *broccus*, objeto puntiagudo y *truncus*, tronco. De mal carácter, bronco de genio. De mal genio.

Broncón, a. adj. y sust. *broncoso, roncador*. Persona cascarrabias.

Broncoso, a. adj. Que se enfada fácilmente.

Broquelero, a. adj. Pendenciero.
Brotado, a. adj. (Arg) Furioso, muy enojado.
Bruja. adj. y sust. f. Mujer a la que se atribuye poder de hechicería. Fea y chismosa. Mujer vieja, desastrada o de aspecto repugnante. Arpía, maligna. De origen desconocido, probablemente prerromano, podría derivar de *bruxa* y *broxa*. También se le atribuye una derivación de lechuza, ya que las brujas, según las creencias populares, podían convertirse en lechuzas o cuervos.
Brujo. adj. y sust. Hechicero, nigromante. Que hace brujerías. Ver *Bruja*.
Brutal. adj. Persona falta de delicadeza o consideración. Agresivo.
Bruto, a. adj. y sust. Del lat. *brutus*, bárbaro, bestial. Sin inteligencia, sin cultura, rudo, grosero, de lenguaje rudimentario.
Bucéfalo. adj. y sust. Nombre del caballo de Alejandro Magno. (fig.) Hombre torpe e ignorante.
Bucha. adj. y sust. f. (PR) (De la jerga en inglés *butch*) lesbiana. Mujer que gusta de las mujeres.
Buche (*tener algo en el*) Fr. Estar a punto de dominarlo o vencerlo.
Buchín. adj. y sust. (ant) Boche. Bochín. Verdugo.
Buchón, a. adj. y sust. (Arg) *Botón*, delator, alcahuete, *buzón, bocina*.
Buenudo, a adj. y sust. (Arg) (de *bueno* y la term. *udo*, que recuerda a *boludo, pelotudo*) adj. estúpidamente bueno, buenazo al extremo.
Buey. adj. y sust. (Méx) Puede utilizarse en sus dos acepciones. Como insulto significa tonto, estúpido: *pinche buey*. También se usa como modo de saludo: *Quihubo buey*.
Bufa. adj. y sust. m. Apóc. de *bufarrón*. Homosexual que hace el papel del varón durante las relaciones sexuales. Bujarrón.
Bufacho. adj. y sust. m. bufarrón; cigarrillo maloliente.
Bufarra. adj. y sust. m. *bufarrón*.

Bufarreta. adj. y sust. f. lesbiana, *tortillera*.
Bufarrón. adj. y sust. Dícese del homosexual activo, el que actúa como varón en relaciones entre hombres. *Bufa, bufeta*.

> *Bufarrón*
>
> Entre la banda de chongos y bufarrones que andan por la Plaza Zavala en Montevideo hay a menudo algunas muchachas perdidas.
> Ricardo Piglia, Plata quemada, Buenos Aires, Planeta, 1997.

Bufo, a. adj. y sust. Cómico y grotesco. Que inspira risa y desprecio. Se aplica a las personas que hacen reír poniéndose en ridículo a sí mismas.
Bufón. adj. y sust. m. delict. *Bufoso*, revolver; payaso. Que trata de divertir a otros por servilismo.
Bufoncillo. adj. y sust. m. Diminutivo de bufón.
Buitre. adj. y sust. m. *gavilán*, busca-mujeres, seductor. También bufarrón. Avaro o rapaz. Derivado del latín: *vultur, vulturis*.
Bujarra. adj. y sust. (Esp) Bujarrón.
Bujarrón. adj. y sust. Homosexual. Sodomita. Del lat. *bulgarus*, nombre de los búlgaros que era utilizado como insulto debido a su adhesión a la Iglesia Ortodoxa Griega.
Bullanguero, a. adj. y sust. Alborotador, que provoca bullas.
Bullebulle. adj. y sust. Persona bulliciosa, excesivamente activa o entrometida.
Bullicioso, a. adj. y sust. Se aplica al que hace bulla, se mueve mucho, juega o alborota.
Burdallo, a. adj. y sust. (ant) Burdo.
Burdo. adj. y sust. Voz de origen árabe: *Burd: manto rústico*. Grosero, de modales toscos. Falto de delicadeza, finura o sutiliza.
Burgués, a. adj. y sust. Por oposición a proletario, persona perteneciente a la burguesía. Se aplica despectivamente a quienes disfrutan sin inquietudes ni preocupaciones una posi-

ción económica acomodada. Su origen proviene del bajo latín *burgensis*, compuesto del latín *burgus*, burgo, y *gensis*, alteración de *gens*, gentis, gente: "gente de burgo".

Burladero, a. adj. y m. Proxeneta. Ver *Alcahuete*.

Burlador. adj. y sust. Seductor. Hombre que seduce a una mujer y la abandona después.

Burócrata. adj. y sust. Empleado público.

Burral. Brutal.

Burrero. adj. y sust. m. Aficionado a carreras de caballo. Ladrón de cajas fuertes.

Burriciego, a. adj. y sust. Cegato, checato. Se aplica a la persona que ve muy poco.

Burro, a. adj. y sust. (Der. regres. de *burrico*, variante de pronunciación de *borrico*. *Animal, asno, bestia, borrico, bruto*. Poco inteligente, zonzo. Ignorante, analfabeto.

Busca. m. (Arg) Buscavidas, vividor, que se mañana para vivir.

Buscona. Ramera, prostituta.

> *Buscona*
>
> Sacaron las espadas y, tirándose unos a otros, hicieron pedazos cuanto había en la casa. Las busconas, a las ventanas, desgañitándose, pregonaban el que se matan y ¿no hay justicia? Al ruido subió un alguacil con todos sus arrabales, con el favor al rey, ténganse a la justicia.
> Francisco de Quevedo, Los sueños, *Espasa-Calpe, Madrid, 1931.*

Buscabroncas. adj. y sust. Pendenciero.

Buscaglia. adj. y sust. (Arg) Busca, buscavidas, avivato.

Buscapleitos. adj. y sust. (Arg) Abogado.

Buscarroña. adj. y sust. m. (Arg) Peleador. Pendenciero.

Buscarruidos. adj. y sust. Pendenciero. Persona inquieta.

Buscón, a. adj. y sust. En el género masculino, el que anda de un sitio al otro buscando changas, dinero fácil. También el que busca relaciones sexuales con desconocidos. En el género femenino, la ramera, prostituta, mujer de amores efímeros.

Butifarra. f. fig. falo, pene, *chorizo*, *morcilla*. Derivado de la longaniza catalana y formado por el latín *butyrum*, manteca, y *farcire*, rellenar: *butyrum-farcire*, relleno de manteca.

Butiondo, a. adj. y sust. (Del lat. tardío *buttis*, posiblem. un sust. ant. del macho cabrío. Botiondo. Dominado por el apetito sexual.

Buzaque. adj. y sust. Borracho.

Buzo. adj. y sust. m. homosexual, *trolo*.

Buzón (*cara de*) Que tiene la boca grande. Bembón. También homosexual, maricón, comilón, trolo.

C

Cabaletero. m. (Arg) Carterista, ladrón. Que practica el cabalete, consistente en introducir dos dedos en el bolsillo de la víctima para sacar el dinero.

Caballo. adj. y sust. (Cuba) Tonto, estúpido.

Caballona. adj. y sust. (Méx) Mujer muy alta y corpulenta.

Cabaretera. adj. y sust. f. (Col) Que frecuenta los cabarets. Puta, ramera, vagamunda. Que tiene relaciones sexuales por dinero.

Cabecita. adj. y sust. Moreno de aspecto humilde que emigra desde el campo a la ciudad. Cabecita negra, cabeza, bolita.

Cabeza de bacinilla. (Ecu) Vigilante, tombo. Policía del Guayas que usa casco.

Cabeza de chorlito. Distraído. Atolondrado.

Cabeza de güevo. (Ecu) Persona falta de entendimiento, idiota, tonto. Terco, estúpido.

Cabeza de rodilla. Expresión despectiva hacia el calvo.

Cabeza fresca. Olvidadizo, distraído.

Cabezón, a. adj. y sust. Del it. *cavezzone*. Aumentantivo de cabeza. El que tiene una cabeza grande, desproporcionada con referencia a su cuerpo. (Ecu) órgano sexual masculino. *¿Por qué no te me prendes del cabezón?*

Cabezudo, a. adj. y sust. Cabezón. También porfiado y terco.

Cabro. adj. y sust. (Méx) Cornudo. Marido engañado por su esposa. (Perú) Afeminado.

Cabrón. adj. y sust. Marido engañado. Cornudo, cornelio.

También dícese del hombre malo, rufián, que vive de las mujeres. También el que consiente el adulterio de su mujer. Derivado de *cabra*, del latín *capra*, existe una creencia popular que, fundada en el comportamiento caprichoso de las cabras, afirma que dicho animal está poseído por el demonio. (Cuba) Tipo escurridizo, jodedor, astuto.

Cabrón

O me ma-
O me matará un cabrón
Desos que an-
Desos que andan a caballo
Validós
Validós de la ocasión.
Y ha de ser pos cuando no.
    Julio Torri, De fusilamientos y otras narraciones, México, Fondo de Cultura Económica, 1983.

Cabronazo. Aumentativo de cabrón. Cornudo.
Cabulero, a. adj. y sust. (Méx) Que miente, mentiroso, engañador, tramposo.
Caca. adj. y sust. (Arg) Tartamudo.
Caca (*cara de*) adj. y sust. Persona de gesto feo, antipático, que nunca sonríe. Orgulloso, presumido. En el Noroeste argentino el que tartamudea al hablar. (del griego *kakáo*; latín: *cacare*)
Caca de diablo. adj. y sust. (Perú) Despectivo. Que no es nadie, que no es nada.

Caca de Diablo

Cada vez que su marido tomaba un trago, la hacía rodar por el suelo a puntapies llamándola "caca de diablo". Él, un jorobadito con un mechón de puercoespín en el cráneo, juró que era falso.
    Mario Vargas Llosa, Lituma en los Andes, *Buenos Aires, Planeta, 1993.*

Cacareador, a. adj. y sust. m. y f. El que exagera y habla con arrogancia.

Cacatúa. adj. y sust. f. Mujer muy fea. Loro, escracho. Derivado del malayo *kakatuwa*, alude al pico del ave del mismo nombre.

Cacerola sin fondo. Homosexual anciano, de larga experiencia en su condición. También se aplica en la prostituta o mujer que a lo largo de su vida tuvo muchos amantes.

Cachaciento, a. adj. y sust. (Arg) Lento, haragán, que no le gusta el trabajo.

Cachaco, a. adj. y sust. En la costa atlántica (Col) se usa con connotación despectiva: lechuguino, petimetre, peripuesto. Demasiado fino.

> *Cachaco*
>
> —Me casé hace tres meses –dijo Gamboa.
> —Yo hace un año. Y malditas las ganas que tengo de hablar con ella. Es un energúmeno, igual que su madre. Si la llamara a esta hora se pondría a gritar y me diría cachaco de porquería.
> Mario Vargas Llosa, La ciudad y los perros, *México, Seix Barral, 1977.*

Cachafaz. adj. y sust. (Arg) Caradura, careta, fachatosta, desfachatado.

Cachalandraco, a. adj. y sust. (Col) Mal vestido, andrajoso.

Cachanchán. adj. y sust. (Ecu) Alguien que no sirve para nada, que es un desastre.

Cachapera. adj. y sust. f. (PR, Ven) Lesbiana. Mujer que mantiene relaciones con mujeres. Tortillera.

Cachazudo, a. adj. El que es lento en su forma de obrar, cansino, de aspecto cansado. (Del lat. *cunstatio*: tardanza, lentitud.)

Cachero. adj. y sust. (Ecu) Varón que mantiene relaciones con otros varones. *Que le corre verga a los maricones. Ese man es tu cachero.*

Cachetón, a. adj. y sust. (Chi) Persona que alardea demasiado de sí misma o de sus capacidades. *La cachetona de Marta dice que es la mejor actriz de Santiago.*

Cachilo, a. adj. y sust. (Bol) Excitado sexualmente. *Los muchachos se vuelven cachilos con María.*

Cachirulo, a. adj. y sust. (Arg) Cruce con cachivache. Tonto, poco inteligente. Melón. Ingenuo, boleado, pavo.

Cachivache. adj. y sust. Mujer muy fea.

Cachón, a. adj. y sust. (Ven) Persona cuya pareja le es infiel. Cornudo, gorreado.

Cachondo. adj. Persona que se excita fácilmente, obsesivo del sexo, también el gracioso, el que se divierte haciendo bromas.

Cachuco. adj. (Méx) Poco creíble, falso, mentiroso.

Cachudo, a. adj. (Uru) Que no sabe vestirse. De mal gusto, vulgar. (Perú) Persona cuya pareja es infiel. Cornudo.

Cachulero, a. adj. y sust. (Arg) Persona humilde, campesino, Cabecita negra, chino, cholo.

Cachusiento, a. adj. y sust. (Arg) Cachuzo.

Cachuso, a. adj. y sust. Viejo, arruinado, palmado.

Cachuzo, a. Ver *Cachuso*.

Cacle (variación de caco) (Méx) Ladrón, delincuente.

Caco. adj. y sust. m. Ladrón. *Mitología*: Hijo de Vulcano, Caco vivía en los alrededores del Monte Aventino y robó a Hércules sus bueyes y los guardó en su caverna. Hércules lo descubrió y luego de derribar la puerta mató al ladrón. (Del griego *kákos*: malo)

Cacomiztle. adj. y sust. (Méx) Ladrón de gallinas.

Cacoquimio. adj. y sust. m. Se dice de la persona melancólica y triste que por su condición está pálida y demacrada. (Del griego *kákos*, malo y *chymos*, sustancia vital)

Cacorro. adj. y sust. m. (Col) En las relaciones entre hombres homosexuales, el que desempeña el papel masculino. Bujarrón, cucarrón, cigarrón.

Cacreco. adj. y sust. (Nic) Endeble, raquítico, excesivamente flaco.
Cacuma. adj. y sust. (Méx) La amante del hampón.
Cadavérico, a. adj. De aspecto mortal, rostro pálido. Flaco, desnutrido.
Cadenero. (Arg) Cafishio, proxenetta. También amante que usufructúa a su mujer, *tira el carro*.
Caderona. adj. Caderuda: que tiene caderas voluminosas.
Cafaña. adj. y sust. (it. *cafone*, tosco campesino) f. Persona despreciable, ruin. ralea.
Caferata. (Arg) Que pasa mucho tiempo en el café. Cafishio, rufían.
Cafife, cafifero. adj. y sust. m. *cafishio, canflinfero*.
Cafiolo. (Arg) Cafishio. Proxeneta. Sujeto que obtiene dinero del trabajo de las prostitutas. (deform. de *cafishio*, tal vez cruzado con *pipiolo*) m. Proxeneta, *cafishio*.
Cafishio, cafisho: (it. *Stoccafisso*, merluza o bacalao seco) m. (Arg) proxeneta, chulo. vividor, aprovechador. También cadenero, fioca, fiolo, canflinflero, macró, palangana, rufino, rufo, sultán.

Cafishio

—¿Lástima? –continuó el otro–. Amigo, a la mujer de la vida no hay que tenerle lástima. No hay mujer más perra, más dura, más amarga que la mujer de la vida. No se asombre, yo las conozco. Sólo a palos se las puede manejar. Usted cree como el noventa por ciento que el cafishio es el explotador y la prostituta la víctima. Pero digamé: ¿para qué precisa una mujer todo el dinero que ella gana?
Roberto Arlt, Los siete locos, Buenos Aires, Losada, 1997.

Cafre. adj. y sust. (ár) *Kafir*. Blasfemo. Que insulta a Dios. Incrédulo, cruel. Hombre malo y bárbaro, de costumbres bárbaras. (Méx) Conductor que maneja a excesiva velocidad y con peligrosas maniobras.
Caften. m. (Arg) Cafishio. Que explota a las mujeres.

89

Cagadito, a. adj. y sust. (Méx) Persona malhumorada, desagradable.
Cagado. adj. (Arg) Asustado, con miedo.
Cagador, a. adj. y sust. (Arg) Aquel que juega una mala pasada. Traidor, poco confiable, el que traiciona a los amigos. Tramposo. Proviene de *caca*, del latín *cacare*, y sus derivados son *cagachín, cagada, cagadero, cagado, cagajón*.
Cagaleche. adj. y sust. (Bol) Cretino, imbécil.
Cagante. adj. y sust. (Méx) Desagradable, antipático. Ver *cagadito*.
Cagatinta. adj. y sust. Abogado, periodista, empleado gubernamental. También periodista de poca monta, el que escribe artículos de chismes.
Cagón, a. adj. y sust. (Arg) Asustadizo, maricón, cagueta, tímido, irresoluto.
Cagueta. adj. y sust. (Arg) Cobarde, cagón.
Caguinche. adj. y sust. (Arg) Persona cobarde, miedoso, cagón.
Caifán. adj. y sust. (Méx) Proxeneta, mantenido por prostitutas. Pachuco, padrote.
Caimán. adj. y sust. (Bol) Taimado, socarrón.
Cajetilla. adj. y sust. m. (Arg) Persona presumida, que desea ostentar su pertenencia a una clase social alta, afectado, pituco, bienudo, paquete.
Cajetuda. adj. f. despect. hacia la mujer. Conchuda.
Cajetudo, a. sust. adj. (Arg) Poco hábil. Torpe. También despreciable. Hijo de puta, conchudo, culeado.
Calabacita. m. y f. Cabeza vacía. Persona vacua.
Calandraca. adj. y sust. m. (de calandraco, persona ridícula) (Arg) Persona despreciable, que no tiene valor. También deteriorado, achacoso, deprimido.
Calandraco, a. adj. (Col) De poco juicio, indolente y descuidado.
Calavera. m. (Col) Despilfarrador, botarate, maniflojo, manisuelto, que despilfarra el dinero. En Argentina se denomina al que se dedica a los placeres de la noche. Cabaretero,

persona irresponsable. Del latín *calvaria*, derivado de *calvus*: calvo.

Calamitoso, a. adj. Persona infeliz y desdichada. (Del lat. *calamitosus*)

Calculador, a. adj. interesado, especulador.

Calderita de lata. adj. y sust. (Uru) Persona que se irrita y pierde los estribos muy rápidamente. Irascible. *Rocío es muy calderita de lata, no le puedes hacer ni una broma.*

Calentón, a. adj. Argot. Que se enoja fácilmente, cascarrabias, chinche, cabrero. Rijoso, lujurioso.

Caleta. adj. y sust. f. (Ven) Egoísta, amarrete, persona que no invita a nada y esconde sus pertenencias para no convidar.

Caliche. adj. y sust. (Ven) Denominación despectiva con la que se designa a los nacidos en Colombia.

Calié. adj. y sust. (RD) Chismoso, charlatán. Que no sabe guardar un secreto.

Calientabancos. adj. y sust. Alumno indiferente que sólo hace acto de presencia en el aula. Pretendiente que se eterniza en el noviazgo.

Calientahuevos. adj. y sust. (Ven) Dícese de la mujer que provoca sexualmente sin llegar a nada.

Calientapijas. adj. y sust. f. (Arg) Mujer que excita a los hombres pero se niega a tener relaciones sexuales. Ver *calientapollas*.

Calientapollas. adj. y sust. (Esp) Mujer que excita a los hombres y permite que acaricien su cuerpo pero que se niega al coito.

Calientasilla. adj. y sust. Que tiene una actitud desinteresada en su trabajo o actividad. Empleado público.

Caligüeva. adj. y sust. Aburrido, falto de sentido, desganado. Fastidiado.

Calorro, a. adj. y sust. (Esp) Despectivo de gitano.

Caloteador, a. m. adj. y sust. (Arg) Estafador. Que no paga lo que ha gastado.

Calotero. adj. (Arg) Caloteador.
Callo. adj. y sust. (Esp) Mujer fea y antipática. *Nadie sale con Lucía porque es un callo.*
Callorda. adj. y sust. m. Persona que sufre de los callos.
Calzonazo. adj. (Bol) Débil de carácter. También hombre subyugado por una mujer y que se deja dominar por ella. (Esp) Calzonazos.
Calzonudo, a. sust. adj. Persona débil de carácter, que se somete a la voluntad de los demás, que es dominado por la mujer. El sometido por su esposa.
Camaján, a. adj. y sust. (Col) Individuo vicioso, disipado, holgazán. Vago, descuidado en el vestir.
Camaleón. adj. y sust. m. (Arg) Ladrón que se disfraza para robar.
Camandulero, a. adj. (Col) Rezador, falso beato, de religiosidad afectada, Iglesiero, lambeladrillos, rezandero. También persona hipócrita, traicionera. El que *enrosca la víbora*, el embustero. (Del catalán: *camaldulense*)
Camba. adj. y sust. m. (Arg) Vesre de *bacán*, acaudalado, rico.
Cambalachero, a. adj. y sust. (Arg) El que compra objetos robados para su reventa, el reducidor. También el que gusta guardar trastos.
Cambusa. adj. y sust. f. desus. Vesre irregular de *bacana*.
Cambujo, a. adj. y sust. Despect. Hijo de indio y negra.
Cambuyero, a. adj. y sust. (Esp) Persona que se dedica a la compra y venta de artículos de dudosa procedencia.
Camelero, a. adj. y sust. (Arg) Persona mentirosa. Que engaña mediante un discurso elaborado.
Camello. adj. y sust. Ignorante, poco inteligente. Bestia. También se denomina así al traficante que transporta drogas en su cuerpo. (Del sánscrito *kram*, dar alcance; *kramailas*, el camello: hebreo, *ghamal, ghimel,* nombre de una de las letras del alfabeto hebraico.)

Camisulero. adj. y sust. m (Arg) Carterista, el que roba de los bolsillos.
Camorrero, a. adj. y sust. Que acostumbra a pelearse. Peleador, camorrista, pendenciero, provocador.
Camote. adj. y sust. m. Bobo.
Campana. adj. y sust. (del it. jergal *campana*, orejas) m. Espía de ladrones, que vigila mientras éstos roban.
Campaneador. adj. y sust. m. mirón, observador, espía.
Campechano, a. adj. y sust. Indolente, despreocupado.
Camuca. adj. y sust. f. Vesre irregular de mucama. Voz despectiva hacia la mujer.
Cana. adj. y sust. Agente de policía, *chafe*, botón, delator de la policía. (Del fr. *canne* o it. dial. *canna*, bastón) Cárcel, prisión. condena, encarcelamiento.
Canalla. adj. y sust. Malvado, de bajos sentimientos, capaz de traicionar, miserable. También hincha del Club Rosario Central.
Canario, a. adj. y sust. (Uru) Provinciano, que no sabe comportarse en la ciudad. Pajuerano.
Canchero, a. adj. y sust. Ducho, experto, hábil. Fig. sobrador, suficiente, engreído.
Cándido, a. adj. y sust.Ingénuo, inocente. También bobo.
Canfinfla. adj. y sust. Rufián, proxeneta, canfinflero.
Canfinflero. adj. y sust. Cafishio. Que vive de las mujeres. Canfli.
Canfle. adj. y sust. m. *canfinfla*.
Canfli. adj. y sust. (Arg) Rufían, que vive de las mujeres.
Canfunfa. adj. y sust. m. (Arg) *canfinfla*. Canfinflero, proxeneta, que vive de las mujeres.
Cangrejera. adj. y sust. Mujer con la habilidad (muy apreciada por los hombres) de contraer y dilatar los músculos vaginales.
Cangrejo. adj. y sust. (Arg) Maricón, homosexual, puto. (Ecu) Persona lenta y tonta.
Canguela. adj. y sust. m. (Arg) Persona pusilánime y floja, de poco carácter. Miseria extrema, decaimiento.

Cangujo, a. adj. *Boludo*, tonto.
Canica, (*se le botó la*) (Méx) Loco, orate. Que *perdió un tornillo de la cabeza.*
Canijo. adj. y sust. Hombre débil, de cuerpo enclenque, sujeto achacoso y sin fuerzas. Probablemente de la voz latina *canícula*: perrito. "Muy flaco, como perro hambriento". (Méx) Hombre malvado, perverso. Infame.
Cansón, a. adj. y sust. (Col) Persona que fastidia, molesta. A *Víctor no lo tolero, es tan cansón que me pone nerviosa.*
Cantimpla. adj. y sust. Bobo.
Cantimplora. adj. y sust. m. (Nica) Hombre homosexual.
Cantor. (Arg) Delator, soplón, batidor.
Capanga. (Arg) Tirano, autoritario, mandamás.
Capiro, a. adj. y sust. (Ecu) Persona de costumbres feas. De mal gusto. Se relaciona generalmente con la gente de campo.
Capitalista. adj. y sust. m. El que recibe y abona las apuestas clandestinas.
Capitán araña. adj. y sust. (Ecu) Persona que entusiasma a los demás con un propósito y luego se echa atrás. *Norberto es capitán araña, nos citó a todos y no vino.*
Capón. adj. y sust. Miedoso, asustadizo, castrado, que carece de testículos. Vinculado con la obesidad de los gatos castrados puede utilizarse la expresión *gordo capón*.
Caprichoso, a. adj. Se denomina así a la persona antojadiza, terca, que cambia de parecer intemspestivamente. (Del it. *capriccio*, que antiguamente significaba horripilación, escalofrío)
Capullo. adj. y sust. (Esp) Despectivo de bisoño.
Caquero, a. adj. y sust. (Arg) (de *caca*) Cursi, estirado, afecto a las modas. Petimetre, joven cursi. Banana, fifí, petitero.
Carachinonga. adj. y sust. f. (Arg) De rostro achinado. Chinita.

Carachinonga

Si tardás en llegar tengo pavura / de que te hayás peleao en la milonga / vos sabés que no falta un caradura... / y yo te manco bien, carachinonga.
Celedonio Flores, Biaba, *Buenos Aires, Torres Agüero, 1982.*

Caracúlico. adj. (Arg) Que tiene cara de culo.
Caradeguante. adj. y sust. (Cuba) Atrevido, descarado. Persona desvergozanda. *Eres un caradeguante, no cumples las promesas que haces.*
Caradenalga. adj. y sust. m. (Col) Persona de cara muy grande.
Caradeverga. adj. y sust. (Ecu) Persona con rostro de órgano genital.
Caradura. adj. y sust. Sinvergüenza, descarado, fanfarrón, chantapufi, que carece de pudor. Que no tiene vergüenza.
Caraepalo. adj. y sust. (Nic) Sinvergüenza.
Caraepapa. adj. y sust. (Cuba) Descarado, que no tiene vergüenza.
Caraepicha. adj. y sust. (CR) Persona malvada, traicionera. Cara de pene.
Carajito, a. adj. y sust. (Col) Crío, granujilla, mocoso. También cagón.
Carajo, a. adj. y sust. (Col) Sujeto despreciable.
Caralisa. adj. y sust. (Arg) Rufián, proxeneta.
Carantón. adj. y sust. (Bol) Persona con la cara muy grande.
Cararrota. adj. y sust. (Arg) Caradura, que no siente vergüenza de sus actos.
Cararrota. adj. y sust. (Arg) Caradura, que no tiene vergüenza.
Carranclán. adj. y sust. m. Ladrón. Su origen se remonta a los soldados de Venustiano Carranza, que presuntamente robaban en los poblados.
Carbonero. adj. y sust. (Col) Persona que incita a otra a cometer una acción reprobable. Cizañero, instigador.

Carcamán. adj. y sust. m. Despect. Individuo pretencioso desprovisto de méritos, aparato. También persona decrépita, achacoso, viejo. A veces se dice *carcamal*.

Careta. adj. y sust. m. y f. (Arg) Caradura, desvergonzado, desfachatado, descarado.

Cargador, a. adj. y sust. bromista, cargoso.

Cargosiento, a. adj. y sust. Persona fastidiosa, cargoso, denso, secante, molesto.

Cargoso, a. adj. y sust. Cargante, molesto, *cargosiento*.

Cariagrio, a. adj. y sust. (Col) Que tiene cara de enfado o de cólera. Ceñudo, malacaroso.

Caribe. adj. y sust. (Ecu) Variación de *caraeverga*.

Cariduro, a. adj. y sust. (Col) Desfachatado, caradura, descarado, fresco, caripelado, conchudo, carón.

Carifruncido, a. adj. y sust. fam. El que tiene la cara fruncida.

Carinegro, a. adj. y sust. Despect. El que tiene la cara negra.

Caripelado, a. adj. y sust. (Col) Cariduro.

Carininfo. adj. y sust. m. Afeminado.

Carishina. adj. y sust. (Ecu) (voz quechua). Machona, mujer que parece varón. Marimacha.

Caritate. adj. y sust. (Cuba) Se le dice a la persona descarada, que se da lija o es orgullosa.

Caritriste. adj. y sust. (Col) Melancólico, cariacontecido.

Carnero, a. adj. y sust. m. y f. Esquirol, persona que no adhiere a huelgas ni protestas.

Carniza. adj. y sust. m. inus. Carnicero.

Carnuzo, a. adj. (Esp) Despreciativo hacia la persona que está llena de achaques.

Carón, a. adj. (Col) Mofletudo, papujo, cachetón, bofetudo, jetón. También desfachatado, descarado, fresco. Caripelado, pechugón, conchudo.

Carranchoso, a. adj. (Col) Receloso, hosco, de mal genio.

Carranclán. adj. y sust. (Méx) Ladrón. Su origen se remonta a los soldados de Venustiano Carranza que presuntamente robaban en los poblados.

Carrero, a. adj. y sust. Que tiene un lenguaje y comportamiento groseros.

Carretillero, a. adj. (Col) Mentiroso, exagerado.

Carrilludo, a. adj. (Méx) Que se burla de los demás, criticón. *Eres muy carrilludo con alguna gente.*

Carroza. adj (Esp) Persona de ideas anticuadas. Que no admite el cambio de los tiempos. *Mis padres son muy carrozas, no me dejan salir de noche.*

Cartelero, a, adj. y sust. que se da mucho autobombo.

Cartonero, a. adj. y sust. m. desocupado que gana algún dinero recogiendo por las calles en un carrito cartones y papeles, que luego revende.

Cartucho. adj. y sust. (Chi) Tradicionalista, anticuado, chapado a la antigua. (Bol) Mujer que mantiene su estado virginal. *Oye, ya eres grandecita para ser cartucho.*

Casatero, a. adj. y sust. (Arg) de *cassatta*. Que practica el *cunnilingus*.

Cascajo. adj. y sust. Que está viejo y achacoso. Mujer fea.

Cascán. adj. y sust. (Esp) Achacoso, en estado deplorable.

Cáscara. adj. y sust. (Col) Persona entrometida y chismosa.

Cascarero, a. adj. (Col) Ladrón que roba cosas de poca monta. Ratero.

Cascarudo, a. adj. fig. Adinerado, ponderoso.

Cascarriento, a. adj. (Arg) Persona sucia. Mal vestido, harapiento.

Cascote. adj. y sust. Fig. Adoquín, *cuadrado*, chocho, verde, cortejador de muchachas. Úsase como *viejo verde. Bichoco*, achacoso.

Caspiento, a. adj. y sust. Que tiene mucha caspa. Casposo, caspudo. Sucio.

Caspudo, a. adj. y sust. Caspiento.

Casquillero, a. adj. Persona que mete cizaña. Ponzoñoso, dícese de aquel que mete el chisme para que dos personas peleen.

Casquivana. adj. y sust. f. Prostituta.

Castrado. adj. y sust. También es posible que derive de *capar*. Se denomina así al cobarde, que carece de testículos. (Del lat. *castrare*.)

Cataplasma. adj. y sust. (Arg) Plomazo, pesado, aburrido, latoso.

Cateado, a. adj. y sust. (Méx) Arruinado, cansado, en muy malas condiciones.

Catete. adj. y sust. (Chi) Fastidioso, insistente, pesado. *Clarisa es tan catete que me aburre.*

Cateto, a. adj. y sust. (Esp) Persona inculta que proviene del campo y deambula por la ciudad.

Catinga. adj. y sust. m. Que despide un olor fuerte y desagradable. *Negro catinga.* Catingoso, catingudo.

Catingoso, a. adj. y sust. Que tiene mal olor.

Católico. adj. y sust. Que roba en los días festivos cuando se reunen procesiones de fieles. (Del lat. *catholicus*.)

Catrasca. adj. (Arg) Torpe, que todo lo hace mal, inútil. Deviene de la expresión *ca(gada) tras ca(gada)*.

Cayetano, a. adj. y sust. (Arg) Persona callada, tímida. Demasiado silencioso. Individuo reservado y poco amigo de charlar.

Cazcorro, a. adj. y sust. (Col) De piernas torcidas, de rodillas muy separadas. Patiabierto, garetas, chueco. cambado, curvo, patuleto, changaco, patizambo.

Cazolero, a. adj. y sust. Afeminado. Lesbiana.

Cazurro. adj. y sust. (Esp) Persona de pocas palabras. Hosco, reservado, malicioso y mal pensado.

Cenizo. adj. y sust. m. Mufa, que trae mala suerte.

Cepillero, a. adj. y sust. (Col) Persona aduladora o servil. Lameculos, pelotillero, adulón, lambón.

Cepilletas. adj. y sust. m. (Col) Lameculos, adulón, cepillero.

Cepo. adj. y sust. (Esp) Torpe.
Ceprén. adj. y sust. (Esp) Cepo.
Cerdo, a. adj. Sucio, maloliente, bocasucia. Sujeto grosero y de mal aspecto.
Cerero, a. adj. (Esp) Dícese de la persona que no trabaja y se dedica a pasear.
Cerote. adj. (Méx) Avaro, tacaño.
Chabacano. adj. Persona poco seria. De gestos groseros. (Del ár. *shabbak*: embaucador, desmoralizador)

Chabacano

Decir que le mató el Cid,
por fer el Conde Lozano
disparate chabacano.
    Góngora, Letrillas Lyricas 1.

Chabeta, (*mal de la*) (Esp) Trastornado. Dícese de la persona que está mal de la cabeza.
Chabón. adj. y sust. (Arg) Torpe, zonzo.
Chabonazo. adj. (Arg) Chambón.
Chacabuco. adj. (Arg) Viejo, achacoso, palmado.
Chacado. adj. (Arg) Achacoso.
Chacador. adj. y sust. (Arg) Chorro, ladrón.
Chacal. adj. y sust. (ár *Áshkal:* animal de color blanco o amarillento.) Impiadoso, capaz de cometer cualquier acción, maligno.
Chacarero, a. adj. y sust. Persona vulgar, de poca cultura.
Chachalaca. adj. y sust. (Méx) Persona excesivamente locuaz y dicharachera. *La chachalaca de tu amiga no me deja en paz con sus historias.*
Chacotón, a. adj. chacotero. Bullanguero. Ú.t.c.s.
Chafa. adj. (Méx) De mala calidad, poco confiable.
Chafalote. (Arg) Botarate, ordinario.
Chafardero, a. adj. (Esp) Entrometido, chismoso.

Chafe. adj. y sust. (Arg) Policía.
Chafo. adj. y sust. (Arg) Policía.
Chalado, a. adj. (Esp) Loco, que desvaría. Que dice o hace disparates.
Chamagoso, a. adj. (Méx) Sucio, pegajoso. Persona mugrienta. (Del náhuatl *chiamahuia*)
Chambón, a. adj. y sust. (Col) Poco hábil, torpe, chapucero. Abodocado, abombado, bobalicón, bodoque, melón, papanatas, tonto, zonzo.
Champoso, a. sust. adj. Que tiene el cabello desgreñado.
Chamullero, a. adj. hablador, charlatán, mentiroso.
Chamulleta. adj. y sust. Charlatán, conversador; fig. charla, conversación.
Chamuscado, a. adj. (Arg) Persona molesta, que fastidia. Cargoso.
Chamuyador, a. adj. y sust. (Arg) Chamuyero. Que habla con facilidad para impresionar a los demás. Charlatán. Falso, chanta.
Chamuyero, a. adj. y sust. (Arg) Que utiliza la palabra para conquistar o desorientar a otro. Falso, chanta.
Chamuyeta. adj. y sust. (Arg) Que habla demasiado. Alpedólogo, charlatán de feria.
Chanchero. adj. y sust. m. persona que tiene por oficio matar chanchos y preparar chacinados y fiambres con la carne.
Chanchiroso, a. adj. (Col) Que se viste con prendas viejas y rotas. Andrajoso, harapiento, chanchiriento, chiroso.
Chancho, a. adj. (Arg) Pornográfico, obsceno. Sucio, roñoso.
Chancla. adj. y sust. f. (Méx) Mujer que tiene relaciones sexuales con otras mujeres.
Chanclera. (Méx) Mujer que tiene relaciones con otras mujeres. Lesbiana. Tortillera.
Chancleta. adj. y sust. (Arg) Afectado, afeminado, merengue. También mujer.
Chancletero, a. adj. y sust. (Méx) Despectivo hacia las personas

de baja condición social. *En el baile de egresados intentaron colarse unos chancleteros.*
Chancluda. adj. y sust. (Méx) Despectivo de mujer.
Chandro, a. adj. y sust. (Esp) Vago, perezoso.
Changaco, a. adj. (Col) Que tiene las piernas torcidas, con las rodillas separadas. Estevado, patizambo, cazcorvo.
Chano, a. adj. (Chi) Persona vulgar, ordinaria.
Chanta. adj. y sust. (Arg) Voz de origen genovés: *ciantá*. Persona que simula tener poder o influencias que no tiene. Chantapufi, chantún, farabute. También tramposo, cagador.
Chantapufi. adj. y sust. m. Deudor, tramposo. Simulador, farsante, fingidor, *farabute*, *snob*. (genovés *ciantapufi*, planta clavos, deudor).
Chantún, a. adj. (de *chanta*) m. Fantasmón, fingidor, *chanta*.
Chapaco, a. adj. (Bol) Despectivo hacia las personas oriundas del Chaco boliviano, por su poca prisa y su lentitud. *Eres un chapaco y llegas tarde a todas partes.*
Chaparrastroso, a. adj. (Gua) Persona desaliñada, sucia, que se viste mal.
Chaparro, a. adj. y sust. (lat) Persona de baja estatura, enano, petiso.
Chapero. adj. y sust. m. (Esp) Hombre homosexual que se dedica a la prostitución.
Chapeta. adj. y sust. m. (Arg) Chambón, zonzo, chambón, sin suerte. Chapetón. Derivado de *chapetón*, originariamente aplicado al inmigrante que llegaba al suelo americano y desconocía la realidad del país que lo adoptaba. Inexperto, bisoño.
Chapchosa. adj. y sust. f. (Bol) Mujer extremadamente fea y desagradable. *A ti sólo te hacen caso las chapchosas.*
Chapucero, a. adj. y sust. (Esp, Arg) Persona poco seria, no confiable, que hace las cosas de cualquier manera. (Cuba, Méx) Tramposo, que engaña.

Chapulín. adj. y sust. (CR) Ladrón joven, niño que se dedica a robar.
Chaquetero, a. adj. (Méx) Persona que se autosatisface sexualmente. Onanista, pajero.
Charabón. adj. y sust. (de *charabón*, pichón de ñandú) m. joven inexperto.
Charlatán, a. adj. Que habla demasiado. Falso. Que se da aires de sabelotodo. Alpedólogo.

Charlatán

Así discuten publicistas de opiniones extremas, pues sólo un charlatán establece como incuestionable base de partida lo que su adversario le niega. Esas tretas son buenas para los diarios que usted escribe, periodista de profesión, y abogado además.
     Domingo F. Sarmiento, Las ciento y una, *Buenos Aires, Claridad, sin fecha.*

Charleta. adj. y sust. (Arg, Uru) Que habla mucho, charlatán, parlanchín, parlatutti. Derivado de charlar, voz de origen italiano: *ciarlare*.
Charmuto. adj. y sust. m. Homosexual decrépito.
Charoso, a. adj. y sust. (Col) Que tiene legañas en los ojos, Legañoso, pitañoso, lagañoso, pichoso.
Charrán. adj. y sust. (Esp) Mala persona, cínico, sinvergüenza capaz de traicionar al amigo. Tramposo.
Charro. adj. y sust. Del portugués *charro*: vil, despreciable, tosco, aldeano. En Méx. se designa al jinete vestido con ropas típicas y también al que viste con mal gusto y colores cursis.
Charretas. adj. y sust. (Esp) Charlatán, que habla demasiado.
Chascón, a. adj. y sust. (Chi) Aquel que tiene el cabello desordenado. Desgreñado, champoso, chascudo.
Chascudo, a. sust. adj. Chascón.
Chato, a. adj. (Chi) Borracho, ebrio. Que bebió demasiado alcohol.

Aburrido, amodorrado. *Estoy chato de estudiar esta materia.*
Chaucha. adj. y sust. (Arg) Zonzo, tonto. Chauchón.
Chauchón, a. adj. y sust. (Arg) Inhábil, lento, poco inteligente. Nabo, Bobalicón, bodoque, melón, papanatas, tonto.
Chemecón, a. adj. y sust. (Esp) Persona quejosa.
Cheo. adj. y sust. (Cuba) Payo, ridículo en el vestir y en el hablar
Cheposo, a. adj. y sust. (Esp) Jorobado, giboso.
Cherna. adj. (Cuba) Maricón, homosexual.
Chernilla. adj. (Cuba) Putillo.
Chero. adj. (Méx) (Abreviación de ranchero) Persona no acostumbrada a tratar con la gente. Poco refinado, brusco.
Chesño, a. adj. (Arg) Camorrero, peleador.
Cheto, a. adj. y sust. (Arg) (de concheto) Petimetre, copiador de las últimas modas. Que viste o habla como la gente adinerada. Afectado en su vestimenta y gestos. Concheto, finoli, facha, mersita.
Chevo, a. adj. (Gua) Tonto, lelo. De escaso entendimiento. *(Derivado del nombre Eusebio, de la localidad de Quetzaltenango. Dice la leyenda que el señor Chevo, invitado a una fiesta durante un día de lluvia, caminó hasta la casa donde se realizaba el evento y comunicó que no podría concurrir a la misma porque llovía mucho)*
Chicanero, a. adj. (Col) Que alardea de lo que no es o de lo que no tiene. Fanfarrón, cañero, chismoso. Que utiliza muchas chicanas, enredista. (Méx) Despectivo de abogado.
Chicato, a. adj. (Arg) Persona corta de vista, miope, ciego.
Chicharrero. adj. y sust. (Méx) Ladrón. Especialista en entrar en casas vacías.
Chicharronero. adj. y sust. m. (Méx) Ladrón especialista en abrir puertas, romper candados. Chorlero.
Chichifo. m. adj. y sust. (Méx) Macró, que explota a mujeres sexualmente. Gigoló.
Chichipate. adj. y sust. m. (ES) Borracho, vagabundo.

Chichipío, a. adj. y sust. (Arg) (apellido it. *Cicipio*) m. tonto, bobo, inocentón, *chorlito*, *pipiolo*. Que carece de picardía. Lelo, zonzo.

Chicho. adj. y sust. m. Aféresis de *pichicho*.

Chichón de piso. adj. y sust. Persona de baja estatura, petiso. Enano.

Chiflado, a. adj. y sust. Loco, orate.

Chiflamicas. adj. y sust. (Col) Persona de poco juicio, falto de formalidad. Chiguilicuatre, mequetrefe.

Chiflis. adj. y sust. m. y f. (Col) Que tiene un comportamiento raro, extravagante. Chalado, chiflado, deschavetado.

Chifloreto, a. adj. y sust. Chiflis.

Chiguilicuatre. adj. y sust. (Col) De poco juicio. Chiflamicas.

Chilapastroso, a. adj. (Méx) Andrajoso, mal vestido.

Chilindrina. adj. y sust. (Gua) Niña llorona y fastidiosa. (En alusión al personaje de televisión *El chavo del Ocho*.)

Chiliposo. adj. (Sal) Legañoso.

Chilote. adj. y sust. (Arg) Despectivamente al chileno.

Chilposo, a. adj. (Col) Andrajoso, harapiento, chanchiriento, chanchiroso, chiroso.

Chimentero. adj. (Arg) Chismoso.

Chimpapo, a. adj. (Nica) Persona de mentón prominente.

Chimuelo, a. adj. y sust. (Méx) Persona a la que ostensiblemente le falta un diente.

China. adj. y sust. f. (Arg) Despectivo: mestiza. Chinita, chirusa, cabecita. En Cuba se denomina a la descendiente de mestizo y negro. En Ecuador, a la empleada doméstica.

Chinau. adj. y sust. (Esp) Loco, orate. De poco juicio.

Chinche. adj. y sust. (Arg) Malhumorado, enojado, siempre predispuesto a molestarse por lo que digan. *Chinchudo*. (Méx) Persona fastidiosa y encimosa.

Chinchudo, a. adj. (Uru) Que se irrita facilmente. Cascarrabia, chinche, calentón, estrilado, mufado.

Chingado. adj. (Méx) Que ha sido cogido. Homosexual pasivo. Que cumple el rol femenino en la cópula entre hombres. También arruinado, destruido.

Chingaquedito, a. adj. (Méx) adj. Mentiroso, que culpa a otros por su malas acciones. Acusador, que chinga a los demás y lo hace en voz baja.

Chingar. (Méx) Copular, coger, introducir el pene. *Me la — a Guadalupe*. También se utiliza como insulto de alto voltaje: *Chinga a tu madre*, generalmente acompañado del adjetivo *cabrón*. Hijo de la chingada equivale a hijo de puta. Si se desea utilizar la expresión con su verdadero acento de origen, pronúnciese *jijo de la chingada*.

Chingo. adj. y sust. (Ven) Persona que no tiene nariz.

Chingolo. m. fig. Persona inocente y candorosa, *chorlito*. Colita de cuadril.

> *Chinita*
>
> Estaban en medio del cuarto, en pie. Los ¡*né-i*! insistían, pero menos firmes, hasta que el capitán, mediante una zancadilla, cayó con la chinita sobre el catre.
> —Dejame, malo... ¡*Né-i*! –susurraba la voz asmática.
> Manuel Gálvez, Los caminos de la muerte, Buenos Aires, Losada, 1957.

Chino, a. adj. y sust. Persona humilde, de escasa cultura. Campesino, cabecita negra, cachulero, cholo.

Chiqueón, a. adj. (Méx) Que ha sido mimado, excesivamente consentido. Caprichoso.

Chiquilín. adj. y sust. m. Bolsillo delantero pequeño del pantalón.

Chirle. adj. y sust. Blando, pastoso, poco consistente. Persona de poco carácter. Flojo.

Chirolita. adj. y sust. Títere, que es manejado por otro, que no tiene personalidad, marioneta.

Chirote. adj. y sust. Bobo.

Chirusa. adj. y sust. f. (Arg) despect. Mujer del pueblo, *china*. Cabecita, sirvientita, chinita.

Chiruza. adj. y sust. Ver *Chirusa*.

Chismorrero, a. adj. (Esp) Hablador de chismes, chismoso. Cotilla.

Chismoso, a. adj. Correveidile, que lleva y trae chismes. Alcahuete. En México se usa despectivamente hacia el periodista.

Chitrulo, a. adj. y sust. Tonto, mentecato, *zanahoria*. Lento, poco inteligente. Bobalicón, bodoque, melón, papanatas, tonto, abombado, bobeta, boncha, cachirulo. (Del it. *citrullo*, por *cetriolo*, pepino, pero fig. bobo.)

Chitrula

Cuando estés en la vereda / y te fiche un bacanazo / vos hacete la chitrula / y no te le deschavés / que no manyen que estás lista / al primer tiro de lazo / y que por un par de leones / bien planchados te perdés.
Celedonio Flores, Atenti pebeta, *Buenos Aires, Torres Agüero, 1982.*

Chiva. adj. (Nica) Persona peligrosa, de cuidado. *Ese hombres es muy chiva, mejor no te juntes con él.*

Chivato, a. adj. (Arg) Soplón, informante de la policía, alcahuete, botón adj. inus. Enojado, *chivado*. Delator, botón.

Chivo, a. adj. (de chivarse) Malhumorado, enojado, *chivado*. (Col) Hombre lujurioso, mujeriego. También el que acusa o delata, soplón, chivato. (CR) Hombre que es mantenido por una mujer. (RD) Fraudulento, tramposo.

Choborra. adj. y sust. m. (Arg) Vesre de borracho.

Chocho, a. adj. Viejo, anciano, que chochea.

Choco, a. adj. (Gua) Tuerto, que le falta un ojo. También corto de vista. *Me estoy quedando choco, debo usar lentes.*

Cholero. adj. (Bol) El que prefiere a los cholos para mantener relaciones sexuales.

Cholifacio. adj. y sust. (Perú) Cara de cholo. De rostro aindiado.

Cholifacio

—¿En Lince? –dijo Pluto, malicioso–. ¡Ah, tienes un plancito, cholifacio! Buen provecho. Y no te pierdas, anda por el barrio, todos se acuerdan de ti.
Mario Vargas Llosa, La ciudad y los perros, México, Seix Barral, 1977.

Cholo, a. adj. (Bol) Término usado para designar al mestizo. Se utiliza en sentido despectivo. Indio mestizo, cabecita negra, chino, cabeza.

Cholula, o. adj. m. y f. Admiradora enloquecida por astros de TV, cine o radio, *fan*. (De la historieta *Cholula, loca por los astros*, de Horacio Meyralle y dibujo de Tiño Gallo, a fines de los años 50.)

Chómpiras. adj. y sust. (Méx) Caco, ladronzuelo (de un personaje popularizado por el programa de televisión de Chespirito)

Choncho, a. adj. (Méx) Regordete, obeso. *Sigue comiendo dulces y te pondrás choncha.*

Chongo, a. adj. y sust. Voz originaria del Caribe: *caballo ordinario*. Que tiene aspecto desagradable, de mal gusto, grasa, groncho, mersa, mersún, grasún. También persona de bajo nivel cultural. En Uruguay, persona de aspecto desagradable. También dícese del homosexual activo.

Chorero, a. adj. (Méx) Mentiroso. También ladrón, delincuente.

Choricero, a. adj. (CR) Dícese de la persona que hace trampas. Embustero.

Chorifaite. adj. y sust. m. (Méx) Ladrón, chorero.

Chorizo. adj. y sust. (Arg) Ladrón de poca monta, ladronzuelo, ratero.

Chorimangui. adj. y sust. (Méx) Ladrón, delincuente.

Chorlero. adj. y sust. (Méx) Chicharronero. Ladrón especialista en abrir puertas y romper candados.

Chorlito. adj. y sust. m. (Arg) Persona ingenua e inocente, *merlo*. Demasiado crédulo. *Cabeza de chorlito.*

Choro, a. adj. y sust. (Arg) Ladrón, chorro, chorizo, afanador, afanancio. (Chi) Persona violenta o agresiva.

Chorreado, a. adj. (Méx) Persona muy sucia, mugriento, que huele mal.

Chorro, a. Ladrón, asaltabancos, estafador, que vive del dinero ajeno.

Chorra

Hoy me entero que tu mama, / "noble viuda de un guerrero" / es la chorra de más fama / que ha pisao la treinta y tres... Enrique Santos Discépolo, Chorra, *Cancionero*, Buenos Aires, Torres Agüero Editor, 1984.

Chorrón, a. adj. (Esp) Despreciativo.

Chota. adj. y sust. (Bol) Mujer muy fea. De mal aspecto.

Choto, a. adj. (Arg,) Feo, sin gracia, ridiculo. Zonzo, tonto, de pocas luces. Bolas, bolastristes, boludo, huevón, pelotudo. También achacoso, viejo.

Choyado, a. adj. Loco, demente, retrasado. *Siempre sospeché que Luis estaba choyado.*

Choyudo, a. adj. (Arg) Lento, perezoso. Sin iniciativa.

Chuchero, a. adj. (Cuba) Estrafalario, corriente, vulgar. Pachuco.

Chuchi. adj. y sust. m. (Uru) Persona de gestos amanerados, que se comporta afectadamente. Hombre afeminado.

Chuchón, a. adj. (Guat) Tragón, que come exageradamente. Comilón. *Eres tan chuchón que vas a reventar.*

Chuchumeco, a. adj. (Col) Viejo, achacoso, muy enfermo. Cachuzo, clueco.

Chúcaro. adj. y sust. m. Probablemente de la voz quichua *cúkru*, se denomina así a la persona arisca, montaraz, hosca. Se utiliza en Arg. y todos los países lindantes con el Pacífico en Latinoamérica.

Chuco, a. adj. y sust. (Méx) Borracho, ebrio.

Chueco, a. adj. y sust. Torcido, oblicuo. (Chi) Persona desleal, traidora. *No te fíes de Jacinto, es muy chueco.*

Chulo. adj. y sust. (Cuba) Vividor, proxeneta. Que administra prostíbulos o vive de la explotación sexual de mujeres. (Esp) Pícaro, desvergonzado, de gran simpatía, que viste en forma afectada.

Chuminga. adj. y sust. f. (Uru) Pobre. Persona de escasos recursos.

Chundo, a. adj. (Méx) Vago, persona poco recomendable. Desconfiable. *Te dije que no invites a ese chundo a casa.*

Chúntaro, a. adj. (Méx) Huraño, hosco. Se asocia con bronco. *Es tan chúntaro que cuando llegan visitas se encierra en su cuarto.*

Chupa. adj. y sust. m. (Arg, Bol, Col) Persona aduladora y servil. Lameculos, pelotillero, adulón, lambón. También chivato, soplón.

Chupacirios. adj. y sust. m. Cura, sacerdote, miembro de la iglesia. Dícese también del que se pasa todo el día en el templo.

Chupaco, a. adj. (Bol) Borracho.

Chupaconcha. adj. y sust. m. despect. *minetero.* La persona que practica el *cunnilingus.*

Chupado, a. adj. y sust. Ebrio, borracho, mamado, abotagado, adobado, curdeli, encurdado, encurdelado, escabiado, machado, tomado.

Chupamedias. adj. y sust. m. (Arg) Obsecuente, servil, que adula a los demás, alcahuete del patrón, lameculo.

Chupandino, a. adj. (por beber mucho vino) Apodo de los unionistas federales de Buenos Aires. Borrachín, ebrio consuetudinario. Modernamente se usa *chupandín.*

Chupapija. adj. y sust. Dícese de quien que practica la *fellatio.*

Chupasangre. adj. y sust. m. y f. Patrón explotador que paga bajos salarios. Sanguijuela, usurero, explotador.

Chupatintas. adj. y sust. (Méx) Empleado de una oficina. Burócrata de oficina pública.

Chupavalva. adj. y sust. Dícese del que practica el *cunnilingus*. Chupaconcha.

Chupavelas. adj. y sust. Persona afectadamente religiosa. Chupacirios, comehostias, comevelas, manyahostias, manyavelas.

Chupitegui. adj. y sust. (deform. de chupar + pseudoapellido) m. chupandín, borracho.

Chupóptero, a. adj. y sust. (Esp) Persona corrupta, parásito. *La administración está llena de chupópteros.*

Chuqui. adj. (Méx) Cursi, de muy mal gusto.

Churido, a. adj. (Méx) Persona muy envejecida, arruinada. Arrugado.

Churrioso, a. adj. (Cuba) Mugroso, sucio, que no se baña.

Churrutera. adj. y sust. (Esp) Cochina, sucia.

Chuschudo, a. adj. y sust. (Col) Persona que tiene el cabello enredado, desaliñado. Greñudo, crenchudo, crinudo, mechudo.

Chusma. adj. y sust. Voz de origen árabe *Shurzuma:* gente de baja calidad. Que transmite chismes, intrigante, que habla mal de los demás en su ausencia. Chismoso, conventillero, cuentero. También, gentuza, chinada, chusmerío, negro, cabecita negra.

Chusma

—Aquí estoy yo, el chino...
—¿Vos? ¿Mi marido?
—Yo, Fermín Contreras.
—¿Y has estado escuchando, chusma?
—Casualidad... Quise hablar con él, con ese hombre falso. Aura sé que es tu amante...
—¿Ahora lo sabés? ¡No me hagás reír! Calláte, vividor, cornudo, cafisho...

    Manuel Gálvez, La pampa y su pasión, *Buenos Aires*, Losada, 1958.

Chusmeta. adj. y sust. Que tiene inclinación a contar cosas. Chismoso, chimentero.

Chusmón. adj. y sust. (Arg) Murmurador, chismoso.

Cigarrón. adj. y sust. m. (Col) Entre homosexuales masculinos, el que desempeña el papel de varón. Bujarrón, cacorro, cucarrón.

Cinturita. adj. y sust. (Méx) Proxeneta, explotador de prostitutas.

Cipayo, a. adj. y sust. De *cipayo*, soldado de la India al servicio de Inglaterra. Persona que defiende los intereses de las grandes potencias en desmedro de las nacionales.

> *Cipayo*
>
> —Tiene exactamente cinco minutos para recoger sus papeles –gritó Escalada amenazante.
> El decano comenzó a repartir insultos e improperios.
> —¡Yo no recibo a cipayos... imperialistas!
> Beatriz Guido, Fin de fiesta, *Buenos Aires, Losada, 1960.*

Cipote. ad. y sust. m. y f. Bobo.

Cirolo, a. adj. (Col) Ignorante, ridículo, también ingenuo. Bobo, tonto, pendejo.

Cirquero, a. adj. Circense, aparatoso, fanfarrón.

Ciruja. adj. y sust. (posible apóc. de cirujano) m. Menesteroso que revuelve la basura para hallar desechos vendibles. Vagabundo, croto.

Cirujano. adj. y sust. (Arg) Ciruja, pobre, croto. Que vive en la calle, vagabundo.

> *Cirujano*
>
> Te manyo que vivís de contramano, / que estás, por no yugar, siempre en la vía, / metido en una pilcha shomería / y hecho un croto cualunque, un cirujano.
> Daniel Giribaldi, El consejo, Sonetos mugres, Buenos Aires, *Torres Agüero Editor, 1982.*

Cismático, a. adj. y sust. (Col) De gestos excesivamente afectados. Melindroso, remilgado, regodeón, pechichoso. También, cizañoso.

Cizañero, a. adj. El que siembra cizaña. Que difunde rumores para enemistar a otros. (Del lat. *zizania*, grano negro y podrido que nace entre el trigo)

Cizañoso, a. adj. (Col) Cismático.

Clefa. sust. (Bol) Persona que se introduce en donde no ha sido invitada. *Alberto es un clefa que se cuela en todas las fiestas.*

Clinudo, a. adj. y sust. (Arg) De pelo muy largo. Creñudo.

Cloaca. f. adj. Mal hablado, que pronuncia insultos, soez.

Clueco, ca. adj. y sust. enfermo, achacado, decaído.

Cobarde. adj. m. del fr. Antiguo *coart* (hoy *couard*), derivado de *coe*: cola, porque muestra la cola cuando huye. De escaso valor, temeroso, medroso. Que le teme a todo.

Cobejero, a. adj. y sust. Proxeneta. Ver *Alcahuete*.

Cobertero, a. adj. y sust. El que induce a la mujer a amores ilícitos.

Cobita. adj. f. (PR) Mujer fácil. Promiscua. Que se entrega con facilidad.

Cobero, a. adj. y sust. (Ven) Mentiroso, persona que no dice la verdad. Acción de cobear.

Cocadú. adj. (Ecu) Persona vaga e indolente. En alusión a que sólo come, caga y duerme.

Cochamandrera. adj. f. (Esp) Persona a la que le gusta meterse en todo.

Cochambroso, a. adj. (Méx) Viejo, muy feo, desgastado.

Cocheche. adj. y sust. m. (Nica) Hombre homosexual.

Cochino, a. adj. Sucio, mugriento. Que tiene mal olor. Que no se baña. También se dice del hombre que gusta de adolescentes.

Cocinillas. adj. y sust. (Esp) Hombre que se entromete en la cocina o en cosas de mujeres. Afeminado.

Coco. adj. y sust. m. Amarrete, que no gasta. Enfermizamente ahorrativo. (Del lat. *cubitus*: codo) (CR) Pelado, calvo, pelón. (Ecu) Despectivo a la mujer virgen. (Esp) Feo, fea. *Esa mujer es un coco, nadie quiere salir con ella.*

Cocoliche. adj. y sust. m. Variedad de castellano italianizado resultante de la gran inmigración itálica en el Río de la Plata. Persona mal vestida o grotesca. Jerga que hablaban los italianos inmigrantes que aprendían el español. También mersa, que se viste con colores de mal gusto. (De *cocoliccio*, apellido de peón de circo que hablaba de esa manera)

Cocorito, a. adj. y sust. gallito, jactancioso, impertinente y pedante. (Del it. *cocorita*, deformación de cotorrita)

Cocota. f. adj. y sust. (Arg) Puta, ramera.

Cocotte. adj. y sust. Cortesana elegante.

Cocote. adj. y sust. f. (Arg) Prostituta.

Codeguín, a. adj. (Arg) Zonzo, tonto, boludo. Persona de escasas luces. (Del gen. *Codeghin: embutido*)

Cogedor, a. adj. Díc. de la persona rijosa que gusta mucho del coito.

Cogote porcino. adj. y sust. (Méx) Se aplica al que tiene cuello grueso.

> *Cogote porcino*
>
> ...con mucho de langosta voladora al mover sus brazos, cuyas manos secas entresalían de las mangas de su sotana, levantábase un templete provisional donde había otro cura, muy blanco éste, de cogote porcino, rechoncho y pelado al rape...
>
> Juan de la Cabada, María La Voz y otras historias, México, Fondo de Cultura Económica, 1983.

Cogotero, a. adj. Que va con el brazo pasado por sobre los hombros de la pareja.

Cogotudo, a. adj. y sust. (Arg) De gestos arrogantes y soberbios. Que se considera superior a los demás. Bienudo, adinerado, nariz parada. (Bol) fig. Plebeyo enriquecido.

Cohen. adj. y sust. m. y f. Mediador en relaciones amorosas o sexuales irregulares.
Cohete. adj. y sust. (Cuba) Puta, prostituta.
Coimeado, a. adj. (Arg) Se aplica a la persona que ha sido sobornada.
Coimero, a. adj. (Arg.) Dícese de la persona que se deja sobornar mediante coimas y también aquella que las ofrece.
Cojoneras. adj. y sust. (Esp) Persona torpe y lenta en sus reacciones. *Ramiro es un cojoneras, no entiende lo que le dices.*
Cojudo, a. adj. (Ecu, Perú) Zonzo, bobo.

<u>Cojudo</u>
—Sólo un cojudo quiere irse antes de que le toque –afirmó Lituma–. Hay en la vida cosas bestiales, aunque no se encuentren por esta vecindad. ¿De veras querías morir?
Mario Vargas Llosa, Lituma en los Andes, *Buenos Aires, Planeta, 1993.*

Cola. adj. y sust. (Chi) Homosexual, hombre que gusta de los hombres.
Cola en funda. adj. y sust. (Ecu) Dícese de las personas que tienen cuerpos gordos y amorfos.
Colado, a. adj. Gorrón, el que se introduce en un espectáculo o una fiesta sin abonar la entrada ni tener invitación.
Colaboracionista. adj. y sust. f. Se aplicó a los franceses nativos que ayudaban a las tropas de ocupación nazi. Que colabora con las dictaduras. (*Del lat. collaborare*)
Colgado, a. adj. y sust. (Esp) Drogado, que abusó de estupefacientes. (Méx) Exagerado, ridículo.
Colgajo. adj. y sust. Persona despreciable, indeseable. También se aplica al enfermo macilento.
Colibriyo, a. adj. (Arg) (vesre de *loco* + sufijo despect.) Loco, demente, maniático, *colifato*, chiflado. Que tiene las facultades mentales alteradas.

Colifa. adj. y sust. (Arg) Colibriyo.
Colifato, ta. adj. y sust. (Arg) (vesre de *loco*, tal vez influido por el it. *cosiffatto*, tal, semejante) Loco, alocado, tarambana. Lelo, que tiene las facultades mentales alteradas. Colibrillo, colifa, deschavetado, piantadino, piantado, rayado, rechiflado, revirado, taguicho, taguirongo, tolongo, turulo, turululo, virola.
Colipato. adj. y sust. (Chi) Homosexual.
Colipoterra. adj. y sust. (Esp) Prostituta, puta.
Colisón. adj. y sust. (Chi) Homosexual.
Collón. adj. y sust. (Guat, Méx) Cobarde, pusilánime, que a todo le teme.
Coludo, a. adj. y sust. Persona de grandes nalgas. Culón, culincho, potoco, potón, potudo, trastón, trastudo.
Comecuento. adj. y sust. (Ecu) Persona que se deja engañar fácilmente. Ingenuo que todo lo cree.
Come chuzos. (Ven) Homosexual.
Comediante. adj. y sust. (Esp) Dícese de la persona que hace muchas tonterías. También, hipócrita.
Comedido, da. adj. servicial, atento.
Comehostias. adj. y sust. (Uru) De exagerada devoción religiosa. Chupavelas, chupacirios, comevelas, mayahostias, manyavelas. Comesantos.
Comemierda. sust. adj. y (CA) Despectivo hacia las personas de la alta sociedad. Presumido y ostentoso. Persona despreciable, vil, indigna. Ojete, cabrón. También tonto, estúpido. Se trata de un insulto cuyo significado es impreciso pero de alta contundencia. *Desde que Josefina entró en el Sagrado Corazón se ha vuelto una comemierda, ya no sale con nosotras.*
Comepollas. adj. y sust. (Esp) Que practica la *fellatio*.
Comevelas. adj. y sust. Comehostias.
Comilona. adj. y sust. f. (Arg) Mujer que practica la *fellattio*.
Comilón. adj. y sust. m. (Arg) Homosexual. Antropófago, atra-

cachata, brisco, buzón, cangrejo, comipini, culastro, esteta, manflora, manflorita, marcha atrás, marica, maricón, mino, morfeta, paratrás, pulastrín, pulastro, puto, trolo. El origen proviene de una antigua firma comercial: *Comi y Pini*.

Cominero, a. adj. y sust. Afeminado. Marimacho.

Comipini. Homosexual. Ver *Comilón*.

Compadre. adj. y sust. m. Arrabalero bien trajeado, arrogante y provocador.

Compadrito, a. adj. y sust. (Arg) Dícese de quien tiene hábitos y maneras petulantes. Fanfarrón, guapo, patotero, malevo.

> *Compadrito*
>
> Compadrito a la violeta / si te viera Juan Malevo / qué calor te haría pasar... / No tenés siquiera un cacho / de ese barro chapaleado / por los mozos del lugar.
>   Enrique Cadícamo, Compadrón, *Buenos Aires, Torres Agüero, 1983.*

Compadrón, a. adj. y sust. Ostentoso, farolero, provocador.

Comprador, a. adj. y sust. Adulador, conquistador.

Comprapleitos. adj. y sust. m. (Col) Que tiene tendencia a intervenir en peleas. Camorrista, peleador, peleón, pendenciero. Pelietas.

Comunacho, a. sust. adj. y sust. (Arg) Despectivo hacia el que tiene ideas de izquierda. Izquierdoso, rojo, bicho colorado, comunardo, rojo, bolche, zurdo.

Con arique. adj. y sust. (Cuba) Dícese de las personas torpes, ignorantes, poco letradas.

Con una pedicurista repadre. (Méx) Muy borracho. En pedo.

Concha. adj. y sust. f. (Col) Falta de vergüenza, abuso de confianza. Tener concha: comportarse descarada y desvergonzadamente.

Concha de tu madre (Arg) Insulto grave aunque muy utilizado, particularmente en las canchas de fútbol.

Conchera. adj. y sust. (Méx) Mujer que roba en los supermercados.

Concheto, a. adj. y sust. (pseudoitalianismo) Afectado, que aparenta pertenecer a una clase social adinerada. Pijo, cheto. Refinado, elitista, que tiene gestos y modos de vestir afectados.

Conchinfú. adj. y sust. (Arg) Unión de *concha* y *conchudo*: tonto, inútil.

Conchita. adj. y sust. m. Gurrumino, hombre dominado por su esposa o amante.

Concho. adj. y sust. (CR) Persona rústica, huraña. También grosera. *Benítez es un concho, no saluda a nadie.*

Conchuda. (Arg, Uru) Despectivo hacia la mujer.

Conchudo. adj. (Arg) Pollerudo, dominado por la mujer, poco varonil, sometido por su esposa. En Colombia, Guatemala y Perú, que se comporta con desfachatez, descarado, fresco, cariduro.

Conchudo

—Sí –dijo Alberto–. ¿Qué quiere?
—Póngase a la cola. No sea conchudo.
—Bueno –dijo Alberto–. No se sulfure.
  Mario Vargas Llosa, La ciudad y los perros, México, Seix Barral, 1977.

Conchuo, a. adj. (Ven) Caradura, sinvergüenza, se dice de aquellas personas que hacen las cosas sin importarles las consecuencias.

Conejo, a. adj. y sust. Asustadizo, poco valiente. Aplicado a la mujer, dícese de aquella que tiene muchos hijos. (Ecu) Dícese del individuo tonto, estrecho. (Ven) Persona muy ingenua.

Congalero. adj. y sust. (Méx) Hombre que utiliza los prostíbulos. Putañero.

Conserva. adj. y sust. m. (Arg) Aféresis de conservador, del partido político argentino. Oligarca, orejudo, conserveta, ganso.

Contamusa. adj. y sust. (Arg) Persona acostumbrada a mentir. Bolacero, boletero, macaneador, milanesero, tostero.
Contra. adj. y sust. (Esp) Dícese de la persona que le gusta llevar la contraria.
Contrahecho, a. adj. Se llama así al lisiado, concorvado. Que padece defectos físicos notables. (Del lat. *contractus*: contraído.)

> *Contrahecho*
>
> —En fin –dijo don Quijote– tú eres, Sancho, el mayor glotón del mundo y el mayor ignorante de la tierra, pues no te persuades que este correo es encantado, y este Tosilos contrahecho.
> *Miguel de Cervantes,* Don Quijote de la Mancha, *Madrid, Espasa-Calpe, 1935.*

Contraído, a. adj. Ver *Contrahecho*.
Contrera. adj. y sust. (Juego de palabras en base a apellido.) Contrario, opositor al partido gobernante, *contra*.
Conventillero, a. adj. y sust. (Arg) Afecto a crear intrigas, hablar mal de otros. Chismoso, chusma. Derivado de *conventillo*, vecindad en la que viven muchas familias.
Converso, a. adj. y sust. Despectivo. El que cambia radicalmente de ideología o religión y defiende con vehemencia sus nuevas ideas. Se aplicó originariamente a moros y judíos que se convertían al cristianismo. (Del lat. *conversus*: convertido)
Conversón, a. adj. y sust. (Col) Chismoso, murmurador, charlatán.
Coñado, a. adj. y sust. Hinchabolas.
Coñazo. adj. y sust. (Esp) Aburrido, pesado. Plomazo.
Coño. adj. y sust. m. (Ecu) Tacaño, amarrete, egoísta. *No sea coño, présteme unos pesos.*
Coño de la madre. adj. y sust. m. y f. (Ven) Individuo que actúa de mala fe. Mala persona, cabrón, dícese del hijo de puta, mal parido.

Copera. adj. y sust. f. Mujer que atiende a los clientes en bares y cabarets, induciéndolos a beber, *milonguita, alternadora*.
Copetudo. adj. y sust. (Arg) Nariz parada, arrogante. También adinerado.
Copuchento, a. adj. (Chi) Chismoso, que no sabe guardar secretos. Correveidile. *Mi vecina es una copuchenta, se pasa todo el día espiando a los demás*.
Corcho. adj. y sust. m. Individuo torpe y rudo. También petiso, de baja estatura.
Corcholata. adj. y sust. (Méx) Petiso, hombre de baja estatura.
Cornelio. adj. y sust. m. joc. (Arg) Cornudo.
Corneta. adj. y sust. m. (Arg) Delator policial, correveidile, alcahuete, traidor. Delincuente muy publicitado. También mamada, felación. (Nic) Dícese de quien tiene las piernas chuecas en paréntesis.
Cornudo, a. adj. y sust. Cónyuge engañado. Cabrón, que le pusieron los cuernos.

> *Cornudo*
>
> Solté a Judith. Salió corriendo, tapándose con una toalla. Fui a sentarme junto al abuelo. No me contestó. Lo ayudé a vestirse. Murmuró:
> —Ojalá, Plutarco, ojalá.
> —¿Corneó a mi papá?
> —Como venadito lo dejó.
>   Carlos Fuentes, Agua quemada, *México, Fondo de Cultura Económica, 1981*.

Cornúpeta. adj. y sust. m. Argot. cornudo.
Corotudo, a. adj. y sust. (Arg) Que carece de viveza, lento, lelo. Bolas, bolastrín, bolastrinca, bolastristes, boludo, choto, huevón, papudo, pelotas, pelotudo.
Corredero, a. adj. y sist. Proxeneta.
Corroncho, a. adj. y sust. Ignorante, tosco.

Corto, a. adj. y sust. Abombado.

Corvina, tener. (Ecu) Dícese del individuo que ha matado a una o más personas.

Cosaco. adj. y sust. m. (Arg) Policía de la montada. *Caballo abajo, caballo arriba.* Sujeto malo y cruel.

Coscolino, a. adj. y sust. (Méx) Infiel. Aplicado a la mujer casquivana, mujer fácil.

Cosifai. m. adj. y sust. (Arg) Despect. persona indefinida, de escasa importancia, zutano, *coso*. (infl. it. *cosiffatti*, tales, semejantes)

Cositero, a. adj. (Col) Excesivamente moderado en las cosas que gasta. Mezquino.

Coso. (it. *coso*, ib) (Arg) m. Persona o cosa cualquiera. Innominado. Cusifai, ñato. Que no es nadie.

> **Coso**
>
> Llegó el coso cansado del laburo y haciendo un esfuerzo inaudito en un papel leyó: "Porque estoy hasta el tope de vivir padeciendo me decido dejarte. Perdoname. Margó".
> *Celedonio Flores,* La historia de siempre, *Buenos Aires, Torres Agüero, 1982.*

Cotilla. f. (Esp) Chismosa, persona criticona y entrometida. *No te fíes de Roberto, es un cotilla que se mete en tu vida.*

Cotorra. adj. y sust. f. (Bol) Mujer habladora. En Uruguay, mujer que habla demasiado, bocona, boquirrota. Puede utilizarse como insulto en el sentido de fea, loro. También sinónimo de vagina, almeja, coño, papo, raja, argolla, cachucha, cajeta, chucha, concha, pavita, pepa.

Cotudo, a. sust. adj. (Esp) De comportamiento lento, cachaza, pachorrudo, apachorrado, pachorriento.

Coya. adj. y sust. f. (Col) Mujer que tiene relaciones sexuales con hombres por dinero. Zorra, puta, ramera, vagabunda.

Coyote. adj. y sust. (Méx) Persona dedicada a atravesar la frontera de EE.UU. a clandestinos. (Nica) El que vende dólares en la calle. También aprovechador. *Ramiro vino a nuestra fiesta a coyotear la comida.*

Crápula. adj. y sust. Originariamente denominaba al ebrio. Sujeto de mala vida, traicionero, vividor de los demás. Cagador e inmoral. (Del griego *kraipále*, de *krás*: cabeza y *pállein*, agitar) (Ecu) Persona puerca moralmente.

Crema. adj. y sust. (Méx) Despect. hacia persona adinerada, de la alta sociedad. *En esa mansión viven unos cremas que tienen varios automóviles.*

Cretino, a. adj. y sust. Malo. Capaz de traicionar al amigo, odioso, sujeto de mala entraña. (Del francés *crétin*, derivado de un dialecto suizo *chrétien* "cristiano", que se utilizaba para denominar a los cristianos como eufemismo compasivo)

Criadita. adj. y sust. f. Dim. de criada. Despectivo hacia la mujer.

Criminal. adj. y sust. Que se comporta criminalmente. Asesino. Persona violenta en su comportamiento.

Crinudo, a. adj. y sust. Que tiene cabellera cerdosa y áspera. También se dice *clinudo*. De *crin*. (Del lat. *crinis*: cabello)

Crispado, a. adj. y sust. Que vive con los nervios contraídos. También colérico.

Cromo. adj. y sust. (Ecu) Persona muy fea, de rasgos antipáticos.

Crosta. adj. y sust. m. y f. (Arg) Persona de baja condición social, que carece de educación. Ordinario, chambón, zonzo. Deformación de costra, dureza que se forma sobre algunas superficies.

Croto, a. adj. y sust. mal arreglado, mal vestido, harapiento. También quien no tiene habilidad, especialmente en deportes, *crudo*.

Crudo. adj. y sust. (Arg) Inexperto, zonzo, chambón. Agresivo.

Cruzadora. (Méx) Ladrona de supermercados. Que roba pequeñas cosas.

Cuacha. adj. y sust. (Méx) Mierda. *Eres una–.*

Cuachalote, a. adj. y sust. (Méx) Persona mal vestida, desaliñada.
Cuadrado, a. adj. y sust. (Esp) Persona de baja estatura y de cuerpo grueso. (Arg) Que no tiene inteligencia, analfabeto, ignorante, bruto, estúpido, *adoquín*. Analfabestia. (Esp) Borracho.
Cuaima. adj. y sust. (Ven) Serpiente, culebra. Por extensión mujer tramposa, despiadada y cruel.
Cuajo. adj. y sust. (Ven) Mujer muy fea.
Cualunque. adj. y sust. (Arg) Cualquiera, poco importante, no destacado, común. Que no es nadie. (Del it. *qualunque*.)
Cuarenta y uno. adj. y sust. (Méx) Homosexual, hombre afeminado.
Cuatrero. adj. y sust. m. Estudiante que aprueba las materias con solo cuatros (lo justo) Ladrón de ganado.
Cuatrochi. adj. y sust. m. y f. Despectivo a la persona que lleva anteojos. También estudiante cuyas notas rara vez superan el cuatro, *cuatrero*. (Del it. *quatrochi*, cuatro ojos.)
Cucaracha. f. El que no es nadie, persona despreciable. (Derivado del lat. *cucullus*: cogollo y *acho*: sufijo despectivo.) Mujer fea. (Col) Que tiene el rostro picado de viruelas. Picoso.
Cucarrón. adj. y sust. m. (Col) Entre los homsexuales el que desempeña el papel masculino. Bujarrón, cacorro, cigarrón.
Cuchi. adj. y sust. (Arg) Persona vulgar, que no es nadie. También sucio, puerco.
Cuchiflito, a. adj. y sust. (Arg) Cuchufleta.
Cuchufleta. adj. y sust. m. y f. (Arg) Persona de conversación fatigosa, que hace muchos ademanes. turf: caballo que paga poco. (De *cuchufleta*) m. Individuo risible y ridículo aunque simpático. También vagina, cuca, concha.
Cuco. adj. y sust. m. Persona muy fea. Bicho, escracho.
Cucú. adj. y sust. Alocado, loquito. (Del it. *cucuzza*, cabeza.)
Cueco. adj. y sust. m. (Pan) Hombre afeminado. Homosexual, maricón. *El cueco de Roberto anda vestido de mujer por las calles.*

Cuentero, a. adj. Cuentista, chismoso, mentiroso. Dícese del que engaña o estafa mediante cuentos, espec. *del tío.*
Cuereador. adj. y sust. m. criticón, chismoso.
Cuerito. m. Despectivo hacia la mujer de mala vida.
Cuerudo, a. adj. y sust. (Bol) Sinvergüenza, que no tiene diginidad.
Cuero. adj. y sust. f. (Col, Ecu, P.R.) Prostituta. Chica fácil.
Cuerudo, a. adj. y sust. (Bol, Gua) Insensible, duro, que carece de escrúpulos. Sinvergüenza, que no tiene dignidad. *Era mi íntima amiga, pero la muy cueruda se fue con mi marido.*
Cuervo. adj. y sust. m. (Arg) Despec. sacerdote. También abogado. (Del lat. *corvus.*)
Cuescudo, a. adj. y sust. (Esp) Obeso, persona excedida de peso. Gordinflón.
Cuete. adj. y sust. (Méx) Borracho, ebrio.
Cuico, a. adj. y sust. (Chi) Persona de clase alta, afectada en su forma de hablar, que desprecia a otras clases sociales. (Méx) Despectivo hacia el agente de policía.
Cuilio, a. adj. y sust. (ES) Policía, agente. *Cuidado, ahí llega la cuilia.* (Arg) Ladrón.
Cuitado, a. adj. y sust. Bobo, apocado, tímido.
Culanchero, a. adj. y sust. (Arg) Que tiene miedo, que se achica frente al adversario.
Culastro. adj. y sust. (Arg) Maricón, puto. Derivado de culo. (Del lat. *culus.*)
Culastrón. adj. y sust. Culastro.
Culatero. adj. y sust. m. (Arg) Carterista. Que roba del bolsillo trasero de la víctima.
Culeado. adj. y sust. Sinónimo de *cacerola sin fondo.* Que ha sido cogido. En el uso popular la vocal i, ha suplantado a la vocal e y ha desaparecido la d. El resultado es *culiao.*

Culiado

No estaban acostumbrados a enfrentarse con hombres que les hicieran frente y que no arrugaran. [...] Pero cuando encuentran un tipo que se planta, no se animan, hacía dos horas que daban vueltas sin atraverse a entrar.
—Vení, Silva, chancho culiado.
Ricardo Piglia, Plata quemada, Buenos Aires, Planeta, 1997.

Culero, a. adj. y sust. (Arg, Sal) Afeminado, maricón. Persona cobarde. (Méx) adj. y sust. Cabrón, capaz de ocasionar cualquier daño. Persona mala. También cobarde.
Culianguini. adj. y sust. Culón, de grandes nalgas.
Culicagado, a. adj. y sust. m.f. (Col) Granujilla, mocoso, niño de corta edad. Puede usarse en tono despectivo. Que se mete en lo que no le importa.
Culilluo, a. adj. y sust. (Ven) Miedoso, cobarde. Persona asustadiza.
Culincho, a. adj. y sust. Que tiene el culo grande.
Culipando, a. adj. y sust. (Col) Que tiene pocas nalgas, culiseco.
Culipronta. adj. y sust. f. (Col) Mujer que tiene relaciones sexuales por dinero. Prostituta, zorra, ramera, vagamunda.
Culipronto. adj. y sust. m. (Méx) Hombre homosexual. También débil de carácter, que cede rápidamente a los requerimientos de otra persona. Que carece de firmeza.
Culirroto, a. adj. y sust. (Col) Desarrapado, andrajoso. También homosexual.
Culiseco, a. adj. y sust. (Col) Culipando.
Culo. adj. y sust. Despectivo hacia la mujer.
Culocrespo. adj. y sust. Persona de ademanes soberbios, de modales afectados. Engreído.
Culón, a. adj. y sust. De nalgas grandes. También cobarde, miedoso. Puede usarse como afortunado.
Culorroto. Véase *culeado*.

Culosucio. adj. y sust. (Uru) Que oculta algo, que no tiene la conciencia limpia.

Cuma. adj. y sust. (Chi) Persona de baja cultura, que no trabaja, que no se baña. Vándalo y delincuente. *En la tribuna los cuma arrojaron proyectiles a los jugadores.*

Cuñada. adj. y sust. f. Nombre que se aplicaban entre sí las rameras de un mismo *cafisho*.

Curado, a. adj. (Bol, Chi) Borracho.Que bebió demasiado alcohol. Chupado, curdeli.

Curda. adj. y sust. Borracho, ebrio.

Curda

¡Una canción!... / que me quite la tristeza / que me duerma, que me aturda, / y en el frío de esta mesa, / vos y yo, ¡los dos en curda! / ¡Los dos en curda!...
    Cátulo Castillo, Una canción, *Buenos Aires, Torres Agüero, 1977.*

Curdela. adj. y sust. (Arg) Borrachín.

Curdelín. adj. y sust. (Arg) curdela.

Curdeli. adj. y sust. (pseudoitalianismo) m. curda, curdela, borrachera.

Curdelón. adj. y sust. m. borrachón.

Cursi. adj. y sust. m. Persona de escaso gusto para vestir, que no sabe combinar colores ni diseños. (Probablemente originario de Andalucía, del ár. *cursi*)

Cursiento, a. adj. (Arg) De *cursiar: tener diarrea*. Persona sucia, maloliente. También cobarde.

Currador, a. adj. y sust. (Uru) Persona deshonesta. Tramposo. *Que mete el curro.*

Currela. adj. y sust. (Esp) Despectivo hacia el trabajador de la clase obrera. *Mi hija no puede salir con ese currela.*

Curro. adj. y sust. (Esp) Manco, que le falta un brazo.

Cusca. adj. y sust. (Méx) Mujer fácil, puta.

Cusco, a. adj. (Arg) Persona movediza, entrometida, que se mete en vidas ajenas.
Cusifai. adj. y sust. m. y f. (Arg) Que no es nadie. Persona innominada. Coso. Cosifai. Don nadie. (Del it. *coso*, cruzado con napolitano *cussi-cussi*, más o menos y con *cosi fai tu*.)
Cusumbosolo, a. adj. y sust. (Col) Individuo que huye y se esconde de la gente. Montañero, montuno, arisco a las relaciones sociales.
Cutre. adj. y sust. (Esp) Persona muy mal vestida, con mal gusto.
Cuyabrón, a. adj. y sust. (Col) Bruto, necio, tonto, zopenco.

D

Dagor. adj. y sust. (Arg) Vesre de gorda. Obesa.
Damajuana. adj. y sust. f. Que bebe mucho. Ebrio.
Dedo. adj. y sust. m. Delator, que acusa a los demás. Alcahuete.
Datero. adj. y sust. m. Individuo que en las carreras de caballos busca incautos a quienes transmite información o datos sobre un caballo que ganará determinada competencia. informador, informante.
Dealer. (ing., negociante) m. Argot. Traficante de drogas. También se escribe *diler*.
Débil (mental). adj. y sust. Tonto, bobo.
Debilucho, a. adj. y sust. Que carece de fuerza o de voluntad. Inútil.
Dedo. (Arg) Alcahuete, delator.
Defectuoso, a. adj. y sust. Del lat. *defectus*. Imperfecto, falso.

Defectuoso

Viendo pues que Aristóteles, no en una parte sola de sus obras, da a entender que la hembra es animal defectuoso, y su generación accidental y fuera del intento de la Naturaleza, de aquí infirió que no habría mujeres en el estado de la inocencia.
    Fray Benito Jerónimo Feijóo, Defensa de las mujeres, *Biblioteca Internacional de Obras Famosas, Buenos Aires, sin fecha.*

Defeminado. adj. y sust. Afeminado.
Deficiente (mental). adj. y sust. Ver *débil*.

Delicado. adj. y sust. m. Amanerado.
Demandón, a. adj. y sust. (Arg) Delator, que denuncia a alquien. Chivato, alcachofa, alcahuete, alcaucil, batidor, batilana, botón.
Demonio. adj. y sust. m. Del lat. *daemonium*: Malo, satánico. También travieso.
Depravado, a. adj. Corrompido, que tiene costumbres perversas.

> *Depravado*
>
> No, de espaldas no está nada mal con ese culito tan self-contained. Ah, ahora sí, ahora sí esa sonrisa es dulce y buena como vos, chiquita.
> —Depravado, vos y tus culitos self-contained, tu erotismo de biblioteca negra.
> *Julio Cortázar,* Libro de Manuel, *Barcelona, Bruguera, 1981.*

Depre. adj. y sust. f. Apóc. de depresión. Persona que sufre de depresión, pesimista.
Derramaplaceres. adj. y sust. Aguafiestas.
Derramasolaces. adj. y sust. Ver *aguafiestas*.
Derrotista. adj. y sust. m. y f. Pesimista, que propaga el desaliento.
Desarbolado, a. adj. Desorientado, distraído.
Desbolado, a. (Arg) adj. Desordenado, despistado, despelotado, quilombero.
Desabrido, a. adj. Se aplica a las personas apagadas. Que no tienen sal. Aburrido.

> *Desabrido*
>
> ...¡Ay, hija de mi alma, si la cara la heredaste de tu padre, no sus modos! ¿Dime, qué escurrimiento es ese? ¡Qué desabrida y qué pan con atole estás, chula! Ven, abrázame, apriétame que somos de la misma sangre. (...) ¿De dónde te vendrá lo encogido y esa sangre de horchata?
> *Mariano Azuela,* Mala Yerba, *México, Fondo de Cultura Económica, 1984.*

Descalzurriado, a. adj. (Col) Negligente en su aspecto. Desaliñado, desgualetado.

Descangallado, a. adj. (del port. *Escangalhar*) maltrecho, desarticulado, deshecho. Que carece de gracia en sus movimientos. *Descangayado* (Arg): Ruinoso, descuajeringado, desgarbado.

Descarriado, a. adj.sust. Que perdió el rumbo. Que frecuenta malas compañías, de dudosa reputación.

Descerebrado, a. adj. Que no piensa, poco inteligente, estúpido, capaz de cualquier locura.

Deschavado, a. adj. y sust. (Uru) De conducta irresponsable, alocado.

Deschavetado, a. adj. (Col) Que no está en su sano juicio, que es extravagante. Chalado, chiflado, chiflis, desvirolado, envolatado, despalomado, ventiado, chifloreto, loco, pintado. De facultades mentales alteradas.

Descocada. (Arg) f. Se aplica a la mujer *ligera de cascos*. Desvergonzada.

Descocada

Si tu vieja, la finada, / levantara la cabeza / desde el fondo del cajón / y te viera en esa mano, / tan audaza y descocada, / se moría nuevamente / de dolor e indignación.
   Celedonio Flores, Audacia, *Buenos Aires, Torres Agüero, 1982.*

Descolado, a. adj. Maltrecho, desvencijado, *descangallado*. Achacoso, viejo.

Desconchado, a. adj. (Arg) Que es desordenado, que hace lío.

Descuidista. adj. y sust. m. descuidero, ladronzuelo que roba aprovechando descuidos de la víctima.

Desdoblado, a. adj. *despelotado*, confundido.

Desesperetti. adj. y sust. (pseudoapellido it.) desesperado.

Desgarbado, a. adj. Desaliñado, de mala figura.

Desgraciado. adj. Mala persona, desagradecido, vil. Para aumentar el valor del insulto puede utilizarse la expresión *pobre desgraciado*.

Deshilachado, a. adj. (Arg) Persona triste, deprimida. Que no tiene ánimo.

Desleal. adj. y sust. Persona que obra sin lealtad. Traicionero.

Deslenguado. adj. y sust. Que habla más de lo que debe. Que no es dueño de su lengua. Véase boquirroto.

Desmalazado. adj. y sust. Ant. Flojo, de poco ánimo, decaído. Que se viste mal.

Desmirriado, a. adj. y sust. Fam. Persona consumida, flaca, que carece de fuerza.

Desorejado, a. adj. Desvergonzado, desfachatado; gastador, derrochador, irresponsable.

Despalomado, a. adj. (Col) Que no pone atención en las cosas, deschavetado.

Desparpajado, a. adj. Que habla mucho y sin sentido. Desordenado, desbarajustado.

> *Desparpajada*
>
> [...] me parece volver a ver a Agustina arrinconada en el suelo y mirando absorta por la ventana hacia las acacias, suena el radioteléfono que la desparpajada trae en la mano y ella contesta...
> Laura Restrepo, Delirio, *Alfaguara, Buenos Aires, 2004.*

Despelotado, a. adj. (Arg) Confundido, alborotado, *empelotado. Desconchado*.

Despiolado, a. sust. adj. (Arg) Desordenado, bochinchero.

Déspota. adj. y sust. m. Que gobierna sin ley. Tirano que trata duramente a sus subordinados y abusa de su poder y autoridad.

Déspota

Aulo: Si en Roma imperas cual déspota feroz
¿por qué te allanas
a quererla ofuscar con vil cautela?
Icilio: Cumple mejor un déspota su oficio
cuando raposo y tigre al par se muestra.
Manuel Tamayo y Baus, Virginia, *Biblioteca Internacional de Obras Famosas, Buenos Aires, sin fecha.*

Desprolijo, a. adj. carente de prolijidad.
Destartalado, a. adj. Persona desaliñada, mal vestida. De poco rigor.
Desubicado, a. adj. y sust. Persona inoportuna, que dice o hace cosas en el momento menos indicado.
Desvergonzado. adj. y sust. Que carece de vergüenza, capaz de cualquier iniquidad, caradura.
Desvirolado, a. adj. (Col) Deschavetado.
Diablo, a. adj. y sust. díc. de la persona de conducta liviana, espec. la mujer.
Diabólico, a. adj. m. Perverso, malo, vengativo.
Diarrea (*cara de*) De tez pálida y enfermiza. Persona de escaso ánimo.
Dientudo. adj. y sust. m. Dícese del que tiene dientes grandes. Piano.
Diquero, a. adj. y sust. (Arg) Que ostenta lo que no tiene. Presumido, altanero. *Farolero,* fanfarrón. (Perú) Mujer provocadora.
Doblador. adj. y sust. m. El que *trucha* autos robados.
Doctorcito, a. adj. y sust. Despectivo de doctor. De escasa profesionalidad.

Doctorcito

No me enrolé en las filas de nadie, doctorcito, puesto que me retiré a Chile.
Domingo F. Sarmiento, Las ciento y una, *Buenos Aires, Losada, 2005.*

Dogor. adj. y sust. (Arg) Vesre de gordo. Obeso.
Dolape. m. adj. y sust. (Arg) Vesre de pelado. Persona calva.
Doncello. adj. y sust. m. (Bol) Dícese del hombre que todavía no ha tenido relaciones sexuales.
Donnadie. adj. y sust. (Esp) Descalificación. Que no significa nada, ninguno. Que no existe.
Draga. adj. y sust. (Méx) Travesti.
Dundo, a. adj. y sust. (ES) Tonto, bobo.
Dupa. m. Del fr. *dupe*: el que se deja engañar. Bobo, ignorante, excesivamente ingenuo.
Durazno. adj. y sust. Duro. De la expr. *largar durazno, largar duro*. También zonzo, chambón.
Durelli. adj. y sust. (apellido it.) m. Duro.
Duro, a. adj. (Pana) Avaro, tacaño.

E

Echacantos. adj. y sust. m. Ant. El hombre despreciable y que es ignorado por el mundo.
Echacuervos. adj. y sust. m. y f. Proxeneta.
Echador, a. adj. (Méx) Fanfarrón, que presume más de lo que es.
Echón, a. adj. y sust. (Méx, Ven) Jactancioso, petulante.
Egoísta. adj. y sust. m. Del latín *ego*: yo; *egomet, egomet ipse*, yo propio. Persona que atiende únicamente a su interés propio.
Egómeta. adj. y sust. m. Egoísta. El que cree ser el único ser existente.
Elemento. adj. y sust. m. (Chi, Perú, PR) Persona de pocos alcances, bobo. Que carece de inteligencia.
Elena. adj. y sust. (Méx) Petiso, de escasa estatura. De el enano.
Elevado, a. adj. y sust. (Col) Embobado, atontado. También distraido.
Elvis. adj. y sust. (Méx) Persona que ve poco o que padece de estrabismo. De *el bisco*.
El chompipe de la fiesta. adj. y sust. (Gua) Persona a quien se echa la culpa cuando hay más de un responsable. *Chivo expiatorio*.
El último mono. adj. y sust. (Esp) Que no tiene influencia ni poder. El último en la jerarquía. *Juan es el último mono en el trabajo*.
Emasculado. adj. m. Castrado.
Embalado, a. adj. (fr. *emballé*) ansioso, entusiasmado, acelerado.
Embalurdado, a. adj. (Arg) Que ha sido engañado, confundido, enredado. Que fue empaquetado.

Embarrado, a. adj. (Arg) Que está desprestigiado. Despreciado, quemado, arruinado.

Embasiceto. adj. m. (ant) Entre los antiguos se denominaba al hombre entregado a los más infames libertinajes. Se denominaba así a una vasija de forma obscena que se utilizaaba en las orgías.

Embelequero, a. adj. y sust. (Chi, Méx, PR) Se aplica a las personas que se ocupan de naderías.

Emberretinado, a. adj. Dícese del que tiene un *berretín*. Empecinado, obstinado.

Embetunado, a. adj. (Arg) Que ha sido sobornado. Coimeado. m. delict. Policía que ha recibido *coima* de los malvivientes.

Embobado, a. Bobo.

Embolado, a. adj. Embrollado, confundido. tedioso, aburrido.

Embolante. adj. Que produce aburrimiento. Que hastía.

Embolatado, a. adj. (Col) Persona que vive fuera de la realidad. Embobado, confundido, perdido.

Embotonado, a. adj. (Esp) Enojado, enfadado.

Embrollador, a. adj. y sust. El que enreda las cosas, el que confunde.

Embromado, a. adj. Difícil, peliagudo. enfermo, jorobado, jodido, intratable, hosco.

Embrutecido, a. adj. Que se ha convertido en un estúpido e ignorante. Del catalán *embrutat*: emporcado.

Empacado, a. adj. Empaquetado, emperrado, obstinado.

Empacador, a. adj. y sust. (Arg) Persona tacaña, excesivamente ahorrativa. Amarrete.

Empandullador, a. adj. y sust. (Esp) Persona que hace las cosas con demasiada prisa y mal o que realiza distintas tareas al mismo tiempo y se confunde.

Empaquetador, a. adj. y sust. (Arg) Engañador, que hace el cuento del tío.

Empédocles. adj. y sust. Borracho, ebrio, en pedo. Nombre propio del célebre filósofo de Agrigento, Sicilia, del s. V a. de C.

Empelotado, a. adj. y sust. Que carece de orden, desordenado, que provoca confusión.

Empepado, a. adj. (Chi) Que ha ingerido medicinas o anfetaminas en exceso.

Emponchado, a. adj. (Bol) Se aplica a la persona que trama algo, que es sospechosa.

Emponzoñador, a. adj. y sust. El que da ponzoña a alguno, el que echa a perder las cosas. Maledicente.

Empulpada. adj. y sust. (de pulpa) Dícese de la mujer entrada en carnes.

Empurrado, a. adj. (Nic) Persona de mal genio, que siempre está enojada.

Emputecido, a. adj. y sust. Hastiado, harto.

Emulsión de Scott. Dícese de aquel que tiene una novia fea, mal agraciada. Su origen proviene de una marca comercial de aceite de hígado de bacalao cuya etiqueta representaba a un marinero con un bacalao al hombro, que en este caso sería la novia.

En la uva. (Méx) Ebrio.

Enano, a. adj. y sust. De baja estatura, petiso. Insignificante.

Encajetado, a. adj. (de *cajeta*) Encoñado, muy enamorado.

Encajoso, a. adj. m. (Méx) Que se aprovecha de los demás, aprovechador, abusador.

> *Encajoso*
>
> —No vaya a creer que soy encajoso. Lo que pasa es que me urge llegar a casa, porque tengo que preparar un discurso. Yo me llamo Enrique Espinosa.
> *Jorge Ibarguengoitia,* Estas ruinas que ves, *México, Joaquín Mortiz, 1981.*

Encanado, a. adj. Preso, detenido.

Encandilador, a. adj. y sust. Mediador en relaciones amorosas o sexuales irregulares.
Encandilero, a. adj. y sust. Celestino.
Encarajinado, a. adj. Metido, preocupado, complicado.
Encastrado, a. adj. (Arg) Persona sucia, manchada. También denigrado.
Enchastrado, a. adj. (Arg) Persona sucia, manchada. También el que ha sido denigrado moralmente.
Enchavado, a. adj. (Ven) Desprestigiado, sin reputación. También se denomina así al que está bajo los efectos de las drogas.
Enchilado, a. adj. (Méx) Enojado, disgustado.
Enchinchado, a. adj. Que está irritado, enfadado. Cabrero, chinchudo.
Enchispado, a. adj. (Méx) Ebrio, borracho. Empedado.
Enchufado, a. adj. (Esp) Persona que a pesar de carecer de méritos obtiene cargos por influencia política o por amistad.
Enclenque. adj. y sust. Enfermizo, excesivamente flaco. Que carece de fuerza.
Encocorado, a. adj. Insolente, desafiante.
Enconoso, a. adj. Del lat. *rancor*: rencor. Perjudicial, nocivo. El que tiene mala voluntad hacia los demás.
Encrestado, a. adj. Ensoberbecido, altivo, pedante.
Encubridor, a. adj. y sust. Que cobija u oculta un delito o conducta réproba. También *Celestino*.
Encucado. adj. (Ven) Hombre sometido por una mujer. Que no puede tomar decisiones propias sin ser autorizado por ella. Expresión que viene de la palabra *cuca*: vagina, concha.
Enculado, a. adj. (Arg) Que tiene cara de culo. *Entrampado*, enojado, malhumorado.
Encurdado, a. adj. Borracho, chupado.
Encurdelado, a. adj. y sust. Encurdado.
Endevotado, a. adj. y sust. Persona de religiosidad afectada.

Endino, a. adj. (Méx) Persona malvada. De carácter perverso, ingrato, fastidioso.

Eneas. adj. (Ven) Dícese de una persona o cosa extremadamente desagradable.

Enema (*cara de*) De rostro pálido y enfermizo.

Energúmeno. adj. y sust. Sujeto de mala entraña, odioso, malvado, de espíritu necio y envidioso. Violento y grosero. Del griego *energoúmenos*: poseído por el demonio.

Enfarlopado, a. adj. (Esp) Drogado, que está bajo los efectos de la cocaína.

Enfarolado, a. adj. (de *farol*) Ebrio, borracho.

Enfermo, a. adj. y sust. De mala salud, también perverso: *enfermo mental*.

Engañabaldosas. adj. Rengo, cojo, que camina mal por algún defecto en las piernas.

Engañabobos. adj. y sust. m. y f. Persona que seduce con engaños.

Engendro (*de la naturaleza*). Dícese de aquel de rostro abortivo, sujeto deforme, de cuerpo horrible. Monstruo.

Engorilado, a. adj. Bruto, que no razona. Violento. También terco, que no entiende razones.

Engrasado. adj. (Arg) Coimeado, sobornado.

Engreído, a. adj. Persona ensoberbecida.

> *Engreído*
>
> [...] y arrojando de sí el peinador salió de la peluquería exclamando:
> —Te has vuelto un maniático, un melindroso y un engreído. ¡Quién te ha visto y quién te ve! Tan agradable como parecías cuando llegaste.
> Eduardo Mendoza, *La aventura del tocador de señoras*, Barcelona, Seix Barral, 2001.

Engrupido, a. adj. (Arg) De *engrupir*, engañado. Engreído, inmodesto, *pillado*. Nariz parada. Encopetado. Altanero y soberbio. Que se cree más de lo que es.

Engurriado, a. adj. Melancólico, triste. De personalidad apagada.

Enmerdado, a. adj. Sumido en la mierda, sucio, asqueroso.

Enquerosenado, a. adj. (Arg) Alcohólico, borracho, ebrio.

Enquilombado, a. sust. adj. (Arg) Desordenado, que carece de disciplina. Desbolado, despelotado, empelotado. Desordenado.

Enratonado, a. adj. (Ven) Entristecido, deprimido.

Enredadero, a. adj. (Méx) Despectivo de abogado.

Enredista. adj. Com. intrigante, provocador de enredos.

Ensartado, a. adj. Caído en una trampa, error o circunstancia desfavorable.

Entecado, a. adj. Se aplica a la persona enfermiza, débil, flaco. Que no posee carácter.

> *Entecado*
>
> Yo me reservo [...] dar una pincelada sobre otra facción de la prensa sudamericana, [...] escuálido y entecado de constitución, pero soñando el Bajo imperio, gobernado por soldados que levantan en los escudos los bárbaros y dirigidos por eunucos...
> Domingo F. Sarmiento, Las ciento y una, Buenos Aires, Losada, 2005.

Enterado, a. adj. (Esp) Sabelotodo, listillo, que presume sabiduría.

Entongado, a. adj. Cómplice de alguna estafa, que engaña, *cometer tongo*.

Entrado en copiosas. (Méx) Ebrio.

Entregador. adj. y sust. (Arg) Alcahuete, soplón. Persona que suministra al ladrón datos o informes para cometer un delito.

Entreguista. adj. y sust. Persona, grupo o partido que apoya la acción económica extranjera en desmendro del propio país.

Entrometido. Persona que curiosea en la vida privada de los demás. Chismoso, meterete, que usa los secretos de otros para su satisfacción personal o para causar daño.

Entrompado, a. adj. Enojado, malhumorado, trompado, enculado (de *trompa*, gesto con la boca que expresa malhumor o enojo)

Envenenado, a. adj. Amargado, resentido, pesimista; rabioso, furioso; fútb. Dícese de la pelota que por su efecto o pique resulta difícil de dominar o contener.

Envidioso, a. adj. El que desea lo ajeno. El que siente zozobra de que otra persona posea lo que él quisiera poseer.

Envilecido, a. adj. Vil, despreciable. Persona degradada moral o físicamente.

Envolatado, a. adj. (Col) Chalado, chiflado, deschavetado.

Enyetado, a. adj. Que tiene mala suerte, *yeta*.

Esbirro, a. adj. y sust. El que ejecuta órdenes para apresar a alguien. Policía. También verdugo. Persona que por dinero ejerce violencia sobre otros.

Escabiado, a. adj. (Arg) Que está borracho. Chupado, curda, curdéli.

Escabiador, a. adj. y sust. Bebedor, borrachín.

Escachato, a. adj. (Arg) Ruinoso, acabado, envejecido.

Escasany. adj. y sust. Pobre, que no tiene dinero.

Escalentada. adj. y sust. (Esp) Mujer que disfruta excitando a los hombres. Calienta-braguetas, que muestra su cuerpo y se deja tocar pero es remisa al coito. También es sinónimo de puta de baja categoría.

Escandaloso, a. (adj) Ruidoso, revoltoso, excesivamente inquieto.

Escashato, a. adj. y sust. (Arg) Persona ruinosa, acabada. Achacoso, viejo, palmado.

Esclavo, a. adj. y sust. El que está bajo dominio de otro. El que es maltratado por su jefe. También obediente, falto de carácter.

Esclerótico, a. adj. y sust. Tonto, de escasa capacidad intelectual.
Escolasador. adj. y sust. m. Jugador de cartas; tahúr, timbero empedernido. *Escolaseador.*
Escombrero, a. adj. y sust. (Arg) Altanero y soberbio.También, que hace escándalo por cualquier motivo.
Escoñado. adj. (Arg) Achacoso, deteriorado, viejo.
Escondedor, a. adj. y sust. Dícese de la persona taimada que oculta lo que sabe o disimula sus intereses o intenciones.
Escorcha. adj. y sust. m. (Arg) Escorchador.
Escorchador, a. adj. y sust. (Arg) Persona molesta, fastidiosa, que no deja en paz a los demás. *Plomo, escorchón,* pesado, plomazo, aburrido, latoso.
Escoria. adj. y sust. Basura, que no tiene ningún valor, persona despreciable. Para que alcance un mayor peso puede utilizarse como *escoria humana.*
Escrachado, a. adj. (Arg) En mal estado, inutilizado, destruido. fotografiado, retratado, puesto en evidencia, delatado.
Escracho. adj. y sust. m. (Arg) Persona fea, de mal aspecto, de rasgos desagradables.
Escruchante. adj. y sust. (Arg) Ladrón de casas, que roba a los demás. *Escrushante.*
Escrushante. adj. y sust. Ladrón de casas.
Escusón, a. adj. (Esp) Avaro, amarrete.
Esdientado, a. adj. (Esp) Persona a la que le faltan dientes. *Esdintau.*
Esgreñado, a. adj. (Esp) Desgreñado, sucio. *Esgreñau.*
Esguañingado, a. adj. (Ven) Inservible, desarreglado, rotoso.
Esgunfiador, a. adj. y sust. (Arg) De esgunfiar: hartar, hinchar, molestar. Persona que es inoportuna. Aburridor.
Esgunfio, a. adj. y sust. Esgunfiado, aburrido, *seco.*
Eslembado, a. adj. y sust. (PR) Muy distraído. Atónito.
Esmirriado, a. adj. y sust. Delgaducho, flaco. De cuerpo canijo.
Espamentoso, a. adj. Exagerado, pedante.

Espantagustos. adj. y sust. Ver *aguafiestas*.
Espantajo. adj. y sust. Persona fea y desagradable. Estrafalaria, que infunde temor.
Espectro. adj. y sust. m. Persona de aspecto horrible. Fantasma.
Espellejado, a. adj. (Esp) Persona descarada. Caradura. *Espellejau*.
Esperreque. adj. y sust. (Esp) Persona muy flaca, de cuerpo esquelético.
Esperpento. adj. y sust. m. fam. Persona o cosa extravagante y ridícula. Desatinado.

Esperpento

Huesuda, reseca, jorobada, Sanjuanita, otro esperpento, gruñendo frases de cortesía, de mala gana puso otra taza y don Jesusito se encargó de ponerle tan medido el café como desmedido el aguardiente.
    Mariano Azuela, Esa sangre, *México, Fondo de Cultura Económica, 1984.*

Espeso, a. adj. y sust. (Esp) Persona sucia.
Espiantado, a. adj. Huido, escapado, fugado. loco, orate, ido, *piantado*. Ú.t.c.s.:
Espiantador. adj. y sust. m. Ladrón, arrebatador.
Espichado, a. adj. (Ven) Demacrado, pálido. Enfermizo.
Espiro. adj. y sust. m. Huida, escape. Ladrón que comete *espiro*, arrebato.
Espitoso, a. adj. (Esp) Hiperactivo, frenético. Del inglés *speed*.
Esponja. adj. y sust. f. fig. Persona que bebe mucho, borracho.
Espumadera. adj. y sust. f. fig. persona hoyosa de viruela, *tigre*.
Esquenún, a. adj. y sust. (Arg) Que no le gusta trabajar. Vago, haragán.
Esquifoso, a (o *esquifuso*) adj. (Arg) Persona que huele mal, asqueroso, sucio. Despreciable, vil, repugnante.
Esquifuso, a. adj. (Arg) Asqueroso, que huele mal, sucio.

Está como las vacas. (CR) Persona torpe, que no entiende nada.

Está como una chota. (Esp) Que no está bien de la cabeza.

Está del tomate. (Uru) Que está loco, que carece de razón. *Josefina está del tomate, no entiende razones, la muy loca.*

Está en la inopia. (Esp) Distraído, que no se entera de nada. *Laura está en la inopia si no se entera que el marido la engaña.*

Estampilla. adj. y sust. f. Persona que sigue continuamente a otra, pegote.

Estañero, a. adj. y sust. Frecuentador de bares. Borrachín.

Estazo. adj. y sust. m. Bobo, estúpido.

Estéril. adj. y sust. m. Que no puede procrear, seco, árido.

Esteta. adj. y sust. (Arg) Comilón, invertido, homosexual.

Estiércol. adj. y sust. m. Mierda, basura.

Estómago *(resfriado)* adj. y sust. (Arg) *Alma de cántaro*, persona incapaz de mantener silencio sobre lo que se le confía. Chismoso, correveidile.

Estoposo, a. adj. (Esp) Sucio, maloliente.

Estorbado, a. adj. (Esp) Loco, orate. *Estorbau.*

Estorbau. adj. Estorbado.

Estufador, a. adj. y sust. (Arg) Persona molesta, que fastidia a los demás, cargoso.

Esturdecido, a. adj. (Esp) Aturdido.

Estrafalario. adj. y sust. Que viste ropas extrañas, de conducta extravagante, de lenguaje incomprensible. Loquito.

Estragado, a. adj. Vicioso, corrompido. Que causa ruina y daño.

Estrecho, a. adj. y sust. De escasa aptitud intelectual, miserable.

Estreñido, a. adj. fig. Amarrete, egoísta.

Estrilado, a. adj. Rabioso, muy disgustado.

Estrilador, a. adj. Dícese de la persona de malas pulgas, rabiosa, celosa.

Estrolado, a. adj. Deshecho, destrozado, abatido.

Estropeado, a. adj. Dícese del que ha sido maltratado por la vida. Ruin, despreciable.

Estufo, a. adj. y sust. Aburrido, fastidiado, hastiado, *podrido, estufado.*

Estúpido, a. adj. y sust. Persona de escaso entendimiento, de bajo nivel coeficiente, tonto, ignorante. Del lat. *stupidus*: estupor.

Estuprador. adj. y sust. m. El que viola a una doncella.

Eunuco. adj. y sust. m. Que carece de testículos. Maricón, cobarde. Del griego *eunouchos, eune*: lecho; *echeín*: tener cuidado.

Eunuco

—Dios mío, antes de que vengan a matarnos permíteme tirarme a una mujer una vecesita más –imploró Lituma. Desde que llegué a Naccos vivo como un eunuco, puta madre. Y tus cuentos con la piurana me dejan hecho un ascua, Tomasito.
 Mario Vargas Llosa, Lituma en los Andes, Buenos Aires, Planeta, 1993.

Exaltado, a. adj. Excesivamente irritado, que no sabe guardar la calma. Arrebatado.

Exantrópico, a. adj. y sust. Que odia a los hombres. Del griego *ex*: fuera; y *ánthropos*: hombre.

Exasperado, a. adj. Irritado, enfadado, que no guarda modales.

Excremento. adj. y sust. m. Persona despreciable, asquerosa.

Execrable. m. adj. y sust. Abominable, maldito, detestable.

Exhibicionista. adj. y sust. f. Que gusta mostrar sus órganos sexuales a los demás.

F

Faceto, a. adj. (Méx) Ant. Persona pagada de sí misma. Vanidoso, presumido.

Faccioso, a. adj. Inquieto, revoltoso, perturbador de la quietud pública. Dícese comúnmente del rebelde armado.

Facha. adj. y sust. (Uru) Persona que vive para lucirse. Que viste ropas caras y llamativas. Engreído, que presume de belleza. Sujeto frívolo, fanfarrón, pavo real. En España se utiliza como sinónimo de fascista.

Fachatosta, Ver *cachafaz*.

Fachero, a. adj. sust. Presumido, que se comporta con soberbia en sus ademanes y en el vestir. Ostentoso, atilado a la última moda. Facha. Engreído.

Fachista. adj. y sust. m. y f. fascista. Partidario del fascismo.

Facho. adj. y sust. m. Apóc. de *fachista*. Partidario del fascismo. Ultraderechista.

Facilona. adj. y sust. Arg. Díc. de la mujer que se entrega fácilmente a las solicitaciones sexuales.

Facineroso. Delincuente, aquel que se dedica al delito. Malviviente, ladrón, sujeto desconfiable. Del latín *facere*: hacer; *facinus*: acción culpable, delito.

> *Facineroso*
>
> —¡Ahora, carajo!
> El facineroso calculó que los rurales se habían aproximado ya lo bastante como para hacer intervenir su Winchester [...]
> *Esteban Pavletich,* El resentido, *en* Tres cuentos, *Ediciones Demos, Lima, 1959.*

Facón de palo. adj. y sust. m. fig. Sujeto cobarde que pretende imponerse o asustar con la *parada*.

Fafachero, a. adj. y sust. (Col) Que alardea de lo que no es o de lo que no tiene. Fanfarrón, cañero.

Faifa. adj. y sust. f. inus. despect. mujer, muchacha.

Faite. adj. y sust. m. (Méx) Ladrón.

Fajado. adj. (Arg) Drogado, falopeado.

Fajador, a. adj. y sust. peleador, camorrero, golpeador. Argot. Boxeador que se caracteriza por su fuerte pegada. comerciante carero.

Fallado, a. adj. con fallas, defectuoso. Se aplica a manufacturas varias.

Falluteli. m. adj. y sust. (Arg) Persona falsa, desleal. Que no cumple lo que promete. Falso, hipócrita. *Falluto*.

Falluto, a. adj. y sust. (de *fallar*, tal vez cruzado con el it. *fagliare* y terminación adecuada). Persona incumplidora, falso, fingido, desleal, deshonesto.

Falluto, a. adj. y sust. (Bol) Persona incumplidora.

Falopeado, a. adj. Drogado, bajo los efectos de alucinógenos.

Falopero, a. adj. y sust. (Arg) drogadicto. Drogadicto, papero, pichicatero.

Faltado, a. adj. y sust. (Arg) Persona despreciable. Bobalicón, bodoque, melón, mentecato, papanatas, tonto.

Falto, a. adj. y sust. Tontuelo, algo deficiente, de escasa inteligencia. Faltado.

Falsificador, a. adj. y sust. El que falsea, adultera. Corrompido.

Falso, a. adj. Engañoso, fingido, falto de veracidad. Persona contraria a la verdad.

Fana. adj. y sust. (Cuba) Persona que no sirve para nada. (Arg) Apócope de fanático.

Fanático, a. adj. y sust. El que se entusiasma ciegamente por algún motivo, sea religioso, político o deportivo. Su origen se remonta a Roma, en donde se denominaba *fana* a los que pasaban gran parte del tiempo en los templos.

Fané. (fr. *fané*, ib.) adj. y sust. (Arg) com. desus. Persona deteriorada, en malas condiciones. Marchito, achacoso, palmado, viejo, ajado, fuera de moda.

Fanega. adj. y sust. m. (Arg) Tonto, estúpido.

Fanfa. adj. y sust. m. Argot. Apóc. de fanfarrón.

Fanfarrón. adj. y sust. Bravucón, que dice ser más de lo que es. Que hace alarde de sus cualidades, soberbio, presuntuoso. *Hombre furioso con el vicio de la naturaleza y licencia del tiempo, que fanfarronea con la sangre civil entre amores faranduleros* (Quevedo).

Faninte. adj. y sust. m. y f. Vago, atorrante.

Fantoche. adj. y sust. Derivación del italiano *fantoccio*, cuyo significado es muñeco. Farolero, que luce ridículo. También hipócrita.

Fañoso, a. adj. y sust. (Cuba) Que habla con voz nasal, gangoso.

Farabute. adj. y sust. (Arg) Fanfarrón, ostentoso, diquero.

Farabute

Vos sos el farabute en esta obra, / el tony ligador que hay en la trupe. / A mí me cachetearon y lo supe / gracias al novi y la pomada Cobra.
 Daniel Giribaldi, Contrera, Sonetos mugres, Torres Agüero Editor, 1982.

Farandulero, a. adj. (Arg) Que le gusta la farándula, el ambiente de actrices y de cine. Hablador, trapacero, que gusta de engañar a otros. Del alemán *Fahrende*: cómicos de la legua.

Fardón, a. adj. y sust. (Esp) Ostentoso, presumido.

Farfullero. adj. y sust. Que enreda con las palabras, mentiroso y parlanchín, de mucho hablar. Que confunde con sus discursos.

Farolero. adj. y sust. Como el fanfarrón, alardea de sus conocimientos, hace ostentación de cualidades de las que carece.

Farolito. adj. y sust. m. Plantón, castigo de tener en pie y bien

cuadrado. vendedor clandestino de moneda extranjera, cambista callejero.
Farraguista. adj. y sust. m. El que tiene la cabeza llena de ideas confusas y mal ordenadas.
Farrandero, a. adj. y sust. *farrista*.
Farrista. adj. y sust. Aficionado a las farras, juerguista.
Farsante. adj. y sust. Que actúa. Que exagera sus cualidades. De mucha verba y poco contenido. Mentiroso.
Fastidioso, a. adj. y sust. Inoportuno, que causa disgusto, desazón. Enfadoso.
Fastuoso, a. adj. y sust. Vano, ostentoso, amigo de fausto y pompa. Del latín *fastus*: soberbia, altanería, lujo, ostentación.
Fatal. adj. y sust. Desgraciado, infeliz. Malo.
Fatero, a. adj. y sust. (Arg) Que participa en negocios turbios. Que anda en *fatos*.
Fatiga. adj. y sust. f. (Arg) Personaje cinematográfico. El que está siempre cansado, abúlico. Desganado y vago frente al trabajo. Del latín *fatigatus*: fatigado.
Fatigador, a. adj. y sust. El que fatiga a la gente. Aburrido, plomazo.
Fatuo, a. adj. y sust. Persona engreída, necia, antipática. Aquel que presume de grandes conocimientos o de irresistible belleza.
Fayuquero, a. adj. y sust. (Méx) Contrabandista.
Fayuto. adj. y sust. Ver *falluto* y derivados. (Arg) Traicionero, infiel.
Feba. adj. y sust. f. Muchacha, *mina, grela*.
Felón. adj. y sust. Se dice del traidor, del sujeto desleal, del que no vacila en traicionar a su amigo. De la peor calaña.
Felpudo. adj. y sust. m. (Arg) Obsecuente, chupamedias.
Fémina. adj. y sust. f. (it. ib.) Despectivo hacia la mujer.
Feroz. adj. y sust. m. Que obra con ferocidad y dureza. Irritable, díscolo. Del latín *ferire*: herir.

Fesa. adj. y sust. (it. *fesso*, ib.) m. y f. Tonto, estúpido.

Feo, a. adj. Deforme y falto de simetría o proporción. Desagradable a la vista.

Feto. adj. y sust. m. (Arg) Persona desagradable, de baja estatura, petiso, enano, no agraciado por la naturaleza. Feo, malformado. Aborto de la naturaleza. Del sánscrito *bhu*: nacer, existir.

Feúcho. adj. y sust. De feo, implica un grado menor de fealdad.

Fiaca. adj. y sust. (it. fiacca, ib.) f. Que no le gusta trabajar, vago. Pereza, desgano, modorra. Holgazán.

Fiacoso, a. adj. (Arg) Fiaca, haragán.

Fiacún, a. adj. y sust. Haragán, perezoso. Fiaca.

Fiambre. adj. y sust. com. Aburrido, pesado. muerto.

Fierucho, a. adj. y sust. Feo, que carece de belleza. Feúcho.

Fifí. adj. y sust. m. (Arg) De modales amanerados, exageramente delicado. Caquero, petitero, tirifilo, petimetre.

Figuretti. adj. y sust. m. Que desea figurar, que se muestra en reuniones sociales.

Figurita repetida. Persona ya conocida que aparece a menudo en reuniones.

Figurón. adj. y sust. Como el fanfarrón, hace alarde de sus cualidades. Le gusta figurar en ciertos círculos, es ostentoso.

Fileno. adj. y sust. Afeminado, homosexual.

Filiberto. adj. y sust. m. *Gil*, tonto.

Filibustero. adj. y sust. En el mundo de los negocios, el pirata. El que no vacila en arreglar negocios espurios para obtener ganancias.

Filicida. adj. y sust. El matador de su hijo.

Filipipón, a. adj. inus. Persona poco vivaz, *gil*. Ú.t.c.s.

Filtrado, a. adj. y sust. Cansado, agotado, extenuado. Loco.

Finoli. adj. y sust. Demasiado delicado, de *nariz parada*, que presume de fino. Exagerado en sus gestos, amanerado. Fifí. También sospechoso de puto.

Fintero, a. adj. y sust. (Perú) Que aparenta algo que no es. *En el trabajo Pablo pasa todo el día frente a la computadora jugando y no hace nada.*
Fioca. adj. y sust. m. (Arg) Vesre de cafiolo. Cafishio, proxeneta, que vive de las mujeres que ejercen la prostitución.
Fiolo. adj. y sust. (Arg) Proxeneta.
Firulais. adj. y sust. (Méx) Borracho, ebrio.
Flacuchento, a. adj. y sust. Excesivamente delgado, de aspecto enfermizo. Flacucho.
Fláccido, a. adj. Blando, de carnes caídas. De mal aspecto físico.
Flafleta. adj. y sust. m. y f. Se aplica a la persona que habla demasiado sin decir nada. Charlatán. Ver *Alpedólogo*.
Flagelo. adj. y sust. m. Originariamente azote o instrumento para azotar. Persona infame, mala, torpe, desvergozada.
Flato. adj. y sust. m. Pedo. Se aplica despectivamente: *esa persona es un flato.*
Fleje. adj. y sust. f. (PR) Mujer promiscua. Prostituta.
Fletero, a. adj. y sust. (Cuba) Homosexual, puto, puta. Callejera.
Fleto. adj. y sust. (Chi) Homosexual, puto.
Flojo, a. adj. (Bol) Perezoso, holgazán.
Flor de ceibo. (en alusión a la flor nacional) adj. y sust. Dícese de los productos de bajo costo e inferior calidad que la industria fabricaba en los años cuarenta y cincuenta. Por ext., profesor incompetente.
Florista. adj. y sust. (Ven) Homosexual masculino.
Foca. adj. y sust. (Esp) Mujer de cuerpo feo, sin cintura, de piernas cortas y andar grotesco.
Fodidencul. adj. y sust. (Esp) Cogido. Hombre que ha sido penetrado analmente. Voz latina *fututus in culum*: fornicado por detrás.
Foguista. adj. y sust. m. Fogonero; hombre que busca casarse con una maestra o empleada que lo mantenga.

Follado, a. adj. Cogido, penetrado.
Follón, a. adj. Perezoso y negligente. También cobarde y fanfarrón.

Follón

[...] que yo te hiciera vengado, de manera, que aquellos follones y malandrines se acordaran de la burla para siempre, aunque en ello supiera contravenir a las leyes de la caballería, que, [...] no consienten que caballero ponga mano contra quien no lo sea.
  Cervantes, El ingenioso hidalgo Don Quijote de la Mancha, Madrid, Espasa-Calpe, 1933.

Forajido, a. adj. y sust. Bandido, delincuente.
Fórceps (nacido con) Despectivo hacia la persona de aspecto desagradable.
Forfai. adj. y sust. m. (Arg) Extenuado, desahuciado. En malas condiciones físicas y mentales.
Forro. adj. y sust. Profiláctico. Fig. *boludo, pelotudo*.
Forro usado. Loc. Individuo genuflexo que se utiliza para algún propósito y luego se lo descarta sin reconocimiento ni recompensa.
Fornicado, a. adj. y sust. Que ha sido cogido.
Forúnculo. adj. y sust. Despectivo hacia la persona fea, desagradable a la vista.
Fosforito. adj. y sust. m. (Bol) Persona colérica, que se irrita fácilmente.
Fotuto, a. adj. y sust. (Arg) Enfermo, achacoso.
Fracasado, a. adj. Frustrado, ruinoso, lastimoso.
Fragotero. m. El que participa descabellada y constantemente en asonadas y golpes de Estado, *fragotes*.
Franelera. adj. despect. Dícese de la mujer que se complace con caricias, sin aceptar la culminación sexual. Ú.t.c.s.
Franelero, a. adj. Amante de las caricias sexuales. Ú.t.c.s.
Fregón, a. adj. y sust. (Pana) Persona que molesta, fastidioso. Pesado.

Fresa. adj. y sust. (Méx) m. y f. Ostentoso en su forma de vestir y hablar. Que presume de buena familia. Ver *cheto*.
Frez. (del ár. *Faz*) Excremento.
Frilo. adj. y sust. (Arg) Zonzo, tonto.
Frívolo. adj. y sust. Persona de escasa sustancia intelectual. Veleidoso. Ignorante y a la vez presuntuoso. Del latín *frívola*: fracciones, fracturas, sin cohesión ni unidad.
Froilán, a. adj. y sust. (Arg) Zonzo, tonto.
Fronterizo. adj. y sust. m. Individuo que está en el límite, ya sea de locura y cordura o de homosexualidad y heterosexualidad.
Fruncido, a. adj. y sust. (Arg) Engreído, que se conduce con arrogancia y desdén. Estirado, esquivo, orgulloso.
Ful. adj. y sust. Malo, malvado, cruel.
Fule. Ver *fulero*.
Fulero, a. (etim. Incierto, posiblemente del argot. *ful*, falso) adj. y sust. s. XIX. Malo, cobarde, desleal. feo, desagradable.

Fulero

Sé que entré en la pieza / y encendí la vela; / sé que me di vuelta / para verla bien.../ Era tan fulera / que la vi, di un grito, / lo demás fue un sueño... / ¡Yo me desmayé!
 Enrique Santos Discépolo, Justo el ¡31!, *Buenos Aires*, Torres Agüero, 1982.

Fulerón, a. adj. bastante feo o desagradable.
Fulgencio (Don) (de un personaje de historieta con ese nombre). Hombre ingenuo e infantiloide.
Fullero. adj. y sust. Tramposo, jugador que se vale de artimañas para ganar.
Fúlmine. adj. y sust. m. Pers. a la que se le atribuye mala suerte, cenizo, *yetatore*, aguafiestas, mufa, mufoso, yeta, yetatore, yetudo.
Fulo, a. adj. (Bras) Fulo de raiva, *pálido de rabia*. Enojado, furioso, enfadado.

Fumado, a. adj. (Uru) Que está bajo los efectos de la droga. Falopeado, pichicateado. Volado, que consume marihuana.

Fumasolo. adj. y sust. (pseudoapellido) m. Fumador tacaño que no invita.

Fumista. adj. y sust. m. Tramposo, cuentero.

Fumón, a. adj. y sust. (Perú) Que fuma marihuana. *No me gusta que andes con esos fumones.*

Funebrero. adj. y sust. m. Empresario o empleado de pompas fúnebres. fut. (por el cementerio de la Chacarita). Perteneciente al club de Chacarita Juniors o a sus partidarios.

Furbo, a. adj. y sust. (it.) m. y f. Astuto, pícaro, avivado.

Furcia. adj. y sust. (Esp) Prostituta barata. Mujer de mal aspecto que vende su cuerpo por poco dinero. Puta pobre.

Furfante. adj. y sust. (it, *furfante*, bandido) f. desus. Bandolero, bribón.

Furquista. adj. y sust. m. Asaltante que practica la *furca*.

Furtador. adj. y sust. m. Ladrón.

Fusilada. adj. y sust. f. Mujer de gran promiscuidad, ramera vieja y cansada.

Fuso. adj. y sust. m. inus. Apóc. de *rantifuso*.

G

Gabacho. adj. y sust. Nombre despectivo que se aplica a los franceses. De *gavach*, "montañes grosero". Su origen se remonta al latín: *gabalus,* y al hebreo: *gabal*: horca. Soez, asqueroso, puerco, ruin, eran los adjetivos que se aplicaban a habitantes de los pueblos ubicados en las faldas de los Pirineos. (Esp) Cobarde. (Méx) Persona de Estados Unidos, sinónimo de *gringo*.

> *Gabacho*
>
> Gobernando están el mundo
> cogidos con queso añejo,
> en la trampa de lo caro
> tres Gabachos y un Gallego.
> Quevedo, Musa, Romance 17.

Gabasa. adj. y sust. (Esp) Prostituta.
Gacho, a. adj. (Gua) Malvado, vil. También producto de mala calidad.
Gachupín, a. adj. (Méx) Despectivo de español.
Gagá. adj. y sust. Decrépito, viejo, anciano muy deteriorado. También viejo verde, que le gustan las muchachas jóvenes.
Gaita. adj. y sust. Gallego, español en general.
Galerudo. adj. y sust. m. (Arg) Oligarca, rico. Que tiene mucho dinero. Fino.
Galgueante. adj. y sust. Hambriento, famélico.
Gallina. adj. y sust. Persona cobarde, temerosa, que se asusta

por poca cosa. Asustadizo, medroso. También hincha del Club River Plate, de Argentina.

Gallipín. adj. y sust. (por el gallo del emblema de la Policía Federal) m. Carcelero.

Gallito (hacerse el) adj. y sust. Brabuconear, bravucón.

Gamberro. adj. y sust. (Esp) Maleducado, grosero, violento y dañino. Antipático que hace gala de su comportamiento desenfrenado. (PR) Persona molesta.

Gambusa. adj. y sust. *Gamba*, hábil, pícaro.

Gamonal. adj. y sust. m. (Bol) Potentado, cacique, terrateniente, prepotente.

Ganchero, a. adj. Dícese de la persona que oficiosamente trata de combinar noviazgos y casamientos. Que busca del predicamento de un superior o profesor, *chupamedias, cheronga*.

Gandalla. adj. y sust. (Méx) Persona haragana. Vago, vagabundo. Ocioso. También el que se aprovecha de los demás.

Gandul. adj. y sust. (Esp) adj. y sust. Que no le gusta trabajar, vago, haragán, medio sinvergüenza que vive de los demás. (PR) Despectivamente, al agente de policía municipal. Del árabe *gandur*: que pertenece a una banda, rufián.

Gandumbas. adj. y sust. (Esp) Mal trabajador, que realiza mal sus tareas.

Ganforro, a. adj. (Esp) Bribón, pícaro, persona del mal vivir.

Gangoso, a. adj. Despectivamente al que habla gangosamente.

Ganso, a. adj. y sust. (Bol) Glotón, también zonzo. Dícese del que tiene escaso entendimiento. En Cuba se llama así despectivamente al homosexual. Maricón.

Gañán. adj. y sust. (Esp) Persona mal vestida, fea. También, algo de mal gusto.

Garaba. adj. y sust. f. Mujer, amante.

Garabito. adj. y sust. XIX. Vagabundo, *atorrante*.

Garca. adj. y sust. m. (Arg) Vesre de cagar. m. fig. Sinvergüenza, cagador, follón, tramposo. Que traiciona a los demás. Garqueta.

Garcador. adj. y sust. m. (Arg) Vesre de cagador. *Garca*, tramposo.
Garetas. adj. y sust. (Col) Que tiene las piernas torcidas y las rodillas separadas. Estavado, patizambo, cazcorvo.
Garlador, a. adj. y sust. (Esp) El que habla demasiado y sin tino. Charlatán.
Garlero,a. adj. y sust. (Col) Chismoso, hablador.
Garoso, a. adj. y sust. (Col) Que come mucho y desmesuradamente. Comilón, glotón, comelón, gandido.
Garqueta. adj. y sust. m. (Arg) *Garca*, sinvergüenza.
Garrafa. adj. y sust. Voz árabe: vasija. Mujer gorda y petisa.
Garroneador, a. adj. y sust. Garronero.
Garronero, a. adj. y sust. (Arg) Pedigüeño, gorronero. Que acostumbra a pedir prestado, especialmente dinero. Sableador, sablista, garroneador, jeteador, jetero, manguero, pechador, portugués. Dícese de la prostituta que se entrega gratis y también del que disfruta de estos favores.
Garufa. adj. y sust. m. y f. Parranda, farra, diversión. Parrandero, jaranista, juerguista.
Garufero, a. adj. y sust. *Garufa*.
Garufista. m. desus. *Garufa*.
Garufo, a. adj. y sust. (Esp) Que se cree más de lo que es. Envanecido, arrogante, desenvuelto, engreído.
Gasolero, a. adj. y sust. (Arg) Que gasta poco, tacaño, amarrete. Derivado de los motores y a los vehículos que marchan con gas oil.
Gata. adj. y sust. (Méx) Despectivo por criada, sirvienta.
Gatero. m. El hombre que ofrece sus servicios sexuales a cambio de dinero.
Gato. adj. y sust. Prostituta, en especial la refinada y cara; individuo que paga los favores de una mujer, *miché*; . s. XIX. Cómplice de ladrón que se introduce en una casa para franquearle la entrada.

Gatopardista. adj. y sust. Que simula cambiar ante los demás pero que mantiene sus antiguos vicios.
Gavilán. adj. y sust. m. fig. s. XIX. Amante, concubino, *gavión*.
Gavión. Gavilán.
Gaviota. adj. y sust. (Méx) Persona que trata de obtener todo gratuitamente. *Pedro es tan gaviota que va a los supermercados para probar la comida que ofrecen como muestra.*
Gay. adj. y sust. m. Homosexual masculino, *trolo*.
Gayina. adj. y sust. (Arg) Cobarde, asustadizo. También hincha del club River Plate.
Gazmoño, a. adj. y sust. (Esp) El que simula devoción, virtudes y escrúpulos de los que carece. Del catalán *gazmonyo*: cuasi demonio.
Gaznápiro. adj. y sust. (Esp) Excesivamente modesto, afectado. Bobalicón, bobo, tontuelo, medio lelo, simplón, palurdo.
Gelfe. (Arg) Grosero y desganado.
Giboso, a. adj. y sust. El que tiene giba. Jorobado.
Gil, a. sust. adj. Zonzo, poco diestro, torpe. Abombado, alcaucil, bambaco, bobalicón, bobeta, bodoque, boncha, cachirulo, caspiento, caspudo, chambón, chauchón, chitrulo, corto, cotudo, faltado, falto, gilastro, gilastrún, gilberto, gilimursi, gilito, gilún, gilurdo, hermenegildo, mamerto, melón, mentecato, nabo, naboncio, opa, otario, pajarón, papafrita, papanatas, paparulo, pastenaca, pavote, pelandrún, perejil, salame, salamín, sota, taguicho, taguirongo, taradeli, tarúpido, tolongo, tonto, zanahoria, zanguango, zapallo.

Gil

Fui un gil / porque creí que allí inventé el honor / un gil / que alzó un tomate y lo creyó una flor. / Y sigo gil / cuando presumo que salvé el amor, / ya que ella fue / quien a trompadas me rompió las penas...
    Homero Expósito, Fangal, *Buenos Aires, Torres Agüero, 1982.*

Gilardo. adj. y sust. (Arg) Ver *Gil*.
Gilastro, a. adj. y sust. m. y f. Despect. de gil.
Gilastrún, a. adj. y sust. Ver *Gil*.
Gilastrún. (Arg) Tonto.
Gilberto. m. (Bol) Gil.
Giliberto, a. adj (Arg) (pseudoapellido) m. Deform. de *gil*.
Gilimursi. (Arg) Tonto, gil.
Gilipollas (Esp) Tonto, bobo, lelo, de escasa inteligencia.
Gilito, a. adj. y sust. Diminutivo de gil.
Gilún. (Arg) Tonto, gilastrún, gilurdo.
Gilurdo. m. *gil*.
Gillú. adj. y sust. (PR) Persona orgullosa. Vanidoso, petulante.
Giranta. adj. y sust. f. *Yiro*, prostituta callejera.
Gis. adj. y sust. (Méx) Ebrio, borracho.
Gitano, a. adj. y sust. Despectivo. Ladrón.
Globero, a. adj. y sust. (Arg) Que exagera en su narración, que infla los sucesos. Mentiroso, fantaseoso, bolacero, boletero, versero.
Glotón, a. adj. y sust. Que come en exceso, gordo. Que no se mide en sus comidas.
Gobernudo, a. adj. y sust. (Esp) Persona a la que le gusta mandar.
Godino. m. (Arg) Que abusa sexualmente de los menores de edad. Pedófilo, violador de menores (por Carlos Santos Godino, *El petiso orejudo*, condenado en 1914 por abuso y asesinato de chicos).
Golfo. adj. y sust. Vago, que vive de los otros, maleante, también vagabundo.
Gollejo, a. adj. y sust. (Cuba) Persona muy flaca y fea, *como el gajo exprimido de la naranja*.
Gomoso. adj. y sust. (Esp) Derivado de goma, pegajoso con las mujeres, baboso.
Gorila. adj. y sust. m. Matón, guardaespaldas. (De una canción

de un programa de radio.) Partidario del movimiento político que derrocó a Perón; enemigo declarado del peronismo.

Gorobeto, a. adj. y sust. (Col) Que está curvado o torcido de su posición normal. Chagueto, chueco, choneto.

Gorra. adj. y sust. (Arg) Despectivo de policía. Botón.

Gorreado, a. adj. (Arg, Chi) Cornudo.

Gorrero, a. adj. y sust. (Col) Que pretende hacerse pagar por otros. *No le digan a Juan que vamos al teatro porque querrá que le paguemos la entrada.*

Gorrina. adj. y sust. (Esp) Sucia, cerda.

Gorrindanga. adj. y sust. (Esp) Gorrina.

Gorrón. adj. y sust. Aprovechador, que vive de la gorra. Que vive de los demás. Garronero.

Gorronero, a. adj. y sust. Pedigüeño.

Goterero, a. (Col) El que aprovecha de los demás haciéndose invitar a tomar alcohol. Canalero, gorrón, vividor.

Grajiento, a. adj. y sust. (Col) Que despide mal olor de las axilas.

Grandulón, a. adj. Grandullón, muchachote.

Granfiña. m. adj. y sust. (Arg) Persona que roba, ladrón, chorro.

Granuja. adj. y sust. f. Esp) Avivado, pícaro, mal bicho.

Granuja

Engulle por su garganta
imperios como granuja,
y reinos como migajas.
    Quevedo, Musa, *Romance 69.*

Grasa. sust. adj. De modales poco refinados. Groncho, mencho, mersa, pirujo.

Grasa

Nos invadió la runfla chalchalera, / soplan en Buenos Aires malos vientos. / Rolamos con los grasas más grasientos, / grones de tierra adentro y tierra afuera.
    Daniel Giribaldi, El escarmiento, Sonetos Mugres, *Torres Agüero Editor, 1982.*

Grasiento, a. adj. y sust. Sucio, que tiene grasa, persona de mal aspecto.

Grasún. adj. y sust. (Arg) Mersa, ordinario, grosero.

Grata. (it. *grattare*, rascar) adj. y sust. m. (Arg) Ladrón, delincuente.

Grébano. (it. *grevano*, ib.) adj. y sust. m. despect. Italiano, rústico.

Grelún, a. adj. y sust. (Arg) Zonzo, gil, tonto, boludo. También sucio.

Greñudo, a. adj. y sust. Que tiene el pelo enredado y sucio.

Grifiento, a. adj. y sust. (Esp) Persona que tiene aspecto de consumir marihuana. Que tiene el pelo largo y desordenado.

Grifo, a. adj. y sust. (Esp) Que está bajo los efectos de la marihuana. *Ese muchacho está tan grifo que no puede manejar.*

Grifota. sust. (Esp) Consumidor constante de marihuana.

Grillau. adj. y sust. (Esp) Loco, persona de poco juicio.

Grillero. adj. y sust. m. *Punguista.*

Grillo. adj. y sust. (Cuba) Mujer flaca y muy mala.

Gringo, a. (posiblemente deformación del griego, usado en España en el setecientos) adj. y sust. XIX. Italiano, itálico. (Méx) Se designa así al norteamericano. (Bol) De piel clara, rubio.

Griseta, grisette. adj. y sust. (fr. ib.) f. XIX. Costurerilla de vida alegre.

Groncho, a. adj. y sust. (Arg) Grasa, mersa, grasún, ordinario. De *negroncho*.

Grone. m. adj. y sust. (Arg) Despectivo; vesre de negro.

Grosero. adj. y sust. Tosco, mal educado, basto, que dice malas palabras, que no sabe comportarse.

Grotesco, a. adj. y sust. Persona de mal gusto, chocante en su manera de ser y de vestir.

Grúa. adj. y sust. (Arg) Ramera, patín, puta.

Gruñón, a. adj. y sust. El que gruñe con frecuencia, de mal carácter. Enojado.

Grupí. (it. de *engrupir*, tal vez con influencia de *croupier*) adj. y sust. m. Postor falso de un remate.
Grupo. adj. y sust. m. Ayudante de ladrón.
Guachaje. adj. y sust. m. despect. Conjunto de niños.
Guacho, a. adj. y sust. Cría que ha quedado sin madre. Huérfano. También perverso, malo, avieso. Que no tiene madre, cabrón, turro, turrito.

> *Guacha*
>
> Me cansé de rascar con esa guacha / y de hacer zafarrancho de bandera: / una mano, que izaba una pollera, / y otra mano, que arriaba la bombacha.
> Daniel Giribaldi, La servacha, Sonetos mugres, *Torres Agüero Editor, 1982.*

Guaco, a. adj. y sust. (Col) Que ha perdido uno o varios dientes. Desdentado, desmuelado, mueco, desmueletado, labihendido, boquineto, boqueto, boquín.
Guai. sust. (Esp) Alquien que se cree superior a los demás.
Guaje. adj. y sust. (Méx) Tonto, bobo. De pocas luces.
Guampón, a. adj. y sust. (Arg) Cornudo, engañado.
Guampudo, a. adj. y sust. (Arg) Engañado por su pareja. Cornudo, astudo, gorreado.
Guanaco, a. adj. y sust. Voz de origen quichua. Que escupe al hablar, que habla demasiado. Poco inteligente, grosero, torpe. (Arg) persona que escupe al hablar. (Nica) Tonto, bobo.
Guanajo. adj. y sust. (Ecu) Tonto, pollaboba.
Guandajón, a. adj. y sust. (Méx) Persona desaliñada, que se viste descuidadamente. *Esos chavos andan todos guandajones.*
Guarango, a. adj. y sust. (Uru) Maleducado, grosero, rudo, incivil.
Guaricha. adj. y sust. (Col) Persona mentirosa. También aplicado a la mujer que se acuesta con cualquiera. Perra fácil.
Guarro, a. adj. (Esp) Cochino, sucio.

Guarro

[...] y agarrándose a un pliegue de mi falda tiró de él con inusitada energía y gruñó:
—¿Se puede saber qué coño haces a mi lado? So guarra. Y fea.
    Eduardo Mendoza, La aventura del tocador de señoras, Barcelona, Seix Barral, 2001.

Guaso, a. adj. Guarango, grosero. Chabacano, mal educado. Descortés.

Guatón, a. adj. y sust. (Arg, Chi) Barrigón, que tiene grande la guata. Gordo.

Guatusero, a. adj. y sust. (Nica) Hipócrita. Se aplica a la persona oportunista.

Gustador de arroz con popote. (Méx) Homosexual, *que le miden el aceite, le llenan la jícara, le roncan la nuca, le restriegan la conciencia, le dan jocoqui a la solitaria, le almidonan la solitaria.*

Güevado, a. adj. Güevón.

Güevón, a. adj. y sust. Huevón.

Güevón

El general se rió y pegó un manotazo en el agua. Dijo que mi papá siempre había sido un güevón que se encontró con la mesa puesta, con negocios honrados, cuando el general Cárdenas le hizo el honor a los callistas de barrerlos del gobierno.
    Carlos Fuentes, Agua Quemada, *México, Fondo de Cultura Económica, 1981.*

Güey. adj. y sust. (Méx) Buey. Idiota, zonzo. También se usa coloquialmente como amigo.

Güífaro, güífalo. adj. y sust. m. Despect. Extranjero, italiano.

Güila. adj. y sust. f. (Méx Sur) Prostituta, mujer callejera.

Guillú. adj. y sust. (PR) Persona orgullosa, vanidosa. *Ese hombre es tan guillú que se pasa el día mirándose en el espejo.*

Guiñapo. adj. y sust. De físico contrahecho, disminuido, despreciable, trapo, desecho humano.

Guiso, a. adj. y sust. (Col) Cursi, chabacano, que tiene mal gusto. *¿Cómo compras ese saco tan feo? Eres un guiso.*

Guitarrero, a. adj. y sust. Charlatán, *sanatero*.

Guiye. adj. y sust. (fr. guiche, mechón, mundo de los rufianes) m. Amante, querida gratuita.

Guiyero, a. adj. y sust. Estafador, mentiroso, simulador.

Gurrumín, a. adj. y sust. Persona pequeña y enjuta.

Guzgo, a. adj. y sust. (Méx) Glotón, que come en demasía. *Cómo eres guzgo, te has comido todo el postre.*

H

Hablichi. adj. y sust. (Méx) Chismoso, que habla demasiado.
Hachedepé. (Iniciales de *Hijo de Puta*.) (Uru) Malo, malintencionado. Persona despreciable.
Halalevita.adj. y sust. (Cuba) Adulador, lambiscón, *barbero*.
Hambre (muerto de). adj. y sust. Despectivo hacia el pusilánime. Pobre, hambriento.
Hampón. adj. y sust. Perteneciente al hampa, delincuente, ladrón. En forma hiriente puede utilizarse *hampón de juguete*.
Handicapado, a. adj. físicamente impedido, defectuoso. Ú.t.c.s.
Haragán. Voz de origen árabe: *Fargán*: vacío, sin ocupación. Vago, perezoso, que no le gusta trabajar.
Harapo. adj. derivado del portugués *Farpar*. Miserable, sucio.
Hartón, a. adj. y sust. (Col) Que come con exceso. Glotón.
Hasta el once. (Méx) Ebrio, borracho.
Hazmerreír. Ridículo, persona que genera compasión en los demás, bufón tonto, mamarracho.
Hediondo. adj. y sust. Que huele mal, fétido, que apesta. Sucio.

> *Hediondo*
>
> "Hi de puta bellaco, pintor del mesmo demonio, ¿y a estas horas te vienes a pedirme seiscientos ducados? Y ¿dónde los tengo yo, hediondo? Y por qué te los había de dar aunque los tuviera, socarrón y mentecato?"
> Cervantes, Don Quijote de la Mancha, *Madrid, 1935, Espasa-Calpe.*

Hembraje. adj. y sust. m. Mujerío.
Hermenegildo, a. adj. y sust. Bobo, gil.
Hembrerío. m. *Hembraje, mujerío.*
Hiena. adj. y sust. m. (Arg) Homosexual.
Hijo (*de Mitre*) adj. y sust. Engreído, que se cree superior a los demás.
Hijo de la pavota. adj. y sust. Loc. Hijo de la portera, persona de la que se abusa o a la que se subestima.
Hijo de puta. adj. y sust. Insulto utilizado con mucha frecuencia. *Hijueputa,* nacido de mala madre, bastardo, maligno, nacido en lenocinio. En el interior de Argentina: *ahijuna,* abreviación de hijo de una puta.

> *Hijo de puta*
>
> —¡No, no... a este hijo de puta le tengo que hacer morder el polvo... lo que ha dicho contra el Ejército no se queda así... bandido... de mierda!...
> Miguel Ángel Asturias, El señor presidente, *Buenos Aires, Losada, 1948.*

Hijo de vidriero. Persona que se interpone y no permite observar.
Hijuemadre. adj. y sust. m. (Col) Insulto que se aplica a personas de sexo masculino. Hijo de la Gran Bretaña, hijuemíchica, hijuemil, hijuepucha.
Hijuemíchica. (Col) Hijuemadre.
Hincha. adj. y sust. Molesto, cargoso, pesado, individuo molesto, *escorchón.*
Hinchabolas. adj. y sust. (Arg) Molesto, fastidioso, hinchacocos, hinchahuevos, hinchaforros, hinchapelotas, rompebolas, rompedor, rompehuevos, coñado, cargoso, jorobón, rompebolas, inflabolas.
Hinchacocos. adj. y sust. Hinchabolas.
Hinchaguindas. (Arg) Pesado, plomazo. fastidioso.
Hinchaforros. adj. y sust. m. y f. Hinchabolas.

Hinchahuevos. adj. y sust. Hinchabolas
Hinchapelotas. adj. y sust. Hinchabolas.
Hincheta. Com. inus. Persona *hincha, hinchón.*
Hinchón, a. adj. y sust. Argot. Fastidioso, molesto.
Hipócrita. adj. y sust. Persona falsa, que finge ser lo que no es. Que demuestra afectos que no siente o expresa opiniones en las que no cree.

> *Hipócrita*
>
> ¿No ves los viejos, hipócritas de barbas, con las canas envainadas en tinta, querer en todo parecer muchachos? ¿No ves a los niños preciarse de dar consejos y presumir de cuerdos? Pues todo es hipocresía.
> *Francisco de Quevedo,* Los sueños, *Espasa-Calpe, Madrid, 1931.*

Hippie. adj. y sust. (de *hipster*, jazzista, improvisador de aspecto bohemio) m. Adherente de un movimiento en contra de las convenciones sociales, caracterizado por desaliño y larga cabellera. Puede usarse como voz despectiva.
Híspido, a. adj. y sust. Persona de pelo áspero y erizado.

> *Híspido*
>
> Insistió él, suavemente, dominante.
> —Y usted es una mujer así.
> —¿Híspida yo? –ella parecía mirar el fondo del salón, el vacío–. Se puede decir todo de una, según la apariencia de un momento o de otro. Híspida...
> *Eduardo Mallea,* Todo verdor perecerá, *Buenos Aires, Espasa-Calpe, 1941.*

Histérico, a. adj. y sust. (Arg) Persona alterada, hiperactiva. También la mujer que se deja acariciar pero se niega a la relación sexual.
Hoguiche. adj. y sust. m. y f. (Méx) Ebrio.

Holgazán, a. adj. y sust. Se aplica a las personass vagabundas y ociosas que no quieren trabajar.
Homo. (Arg) Maricón, gay.
Hormiga. f. Vendedor callejero que ofrece mercaderías de contrabando, tales como cigarrillos, encendedores, etc.
Horrible. adj. y sust. Horripilante. Persona fea, de mal aspecto.
Horro, a. adj. Carente de alguna cosa. Defectuoso.
Hortiva. adj. y sust. Alcahuete, delator, que se somete al patrón, chupaculo, lameculo.
Hortelano (*cara de*) adj. y sust. (Arg) Por ano, cara de culo. *Caracúlico*.
Huachafa. adj. y sust. f. (Perú) Mujer de malos gustos, mal vestida. *Nadie quiere salir con ella porque es tan huachafa.*

Huachafa
...¿Estabas muy enamorado de esa chica?
—No –dijo Alberto–. Claro que no era una cosa de colegio.
—Es una fea –exclamó Marcela, bruscamente irritada–. Una huachafa fea.
   Mario Vargas Llosa, La ciudad y los perros, México, Seix Barral, 1977.

Huachimán. sust. (Perú) Agente uniformado de seguridad, guardián (del inglés *watchman*). *Roberto trabaja de noche, es huachimán.*
Hueco. adj. y sust. (Chi, Guat) Maricón, puto.
Huéspeda. adj. y sust. (Méx) Prostituta que trabaja en un burdel.
Hueva. adj. y sust. m. y f. (Col) Persona poco inteligente, ridículo. Bobo, tonto, pendejo, pelotas, chácaras.
Huevo. adj. y sust. Bobo, distraído, tontuelo.
Huevón. adj. y sust. (Chi) También utilizado en la zona de Cuyo. Zonzo, tonto, lelo, torpe, demasiado lento. El colmo es: *huevonazo*. En Bolivia y Colombia, sujeto cobarde, zonzo. Hueva.

Huevudo. adj. y sust. m. (Bol) Huevón.
Husmeador, a. adj. y sust. El que se mete en cuestiones ajenas. Chusma.

I

Idioso, a. adj. (Arg) Maniático, extravagante.
Idiota. adj. y sust. Falto total de entendimiento. Estúpido, tonto, imbécil. Ignorante, falto de letras. Para enfatizar puede usarse: *idiota de mierda*.

Idiota

> María Fernanda era la mujer de un bioquímico, el que, en efecto, tenía una más que regular cara de idiota. Ella era altísima, de manos góticas, le encantaban [...] los intelectuales de izquierda.
> Abelardo Castillo, *El cruce del Aqueronte,* Buenos Aires, Galerna, 1982.

Igualado, a. adj. (Méx) Irrespetuoso, desbocado. *Eres un igualado, hablas con los adultos sin respeto.*
Ignorante. adj. y sust. El que no tiene noticias de las cosas. Que carece de instrucción. Bruto.
Ilota. adj. y sust. Nombre que se daba a ciertos esclavos de Esparta. Persona abyecta, envilecida, estúpida. Del latín *ilota*: forma bárbara.
Imbancable. adj. y sust. (Arg) Molesto, cargoso, que no se soporta. Pesado, aburrido, hinchapelotas, fastidioso.
Imbécil. adj. y sust. m. y f. Idiota, tonto, estúpido, lelo.
Imbele. adj. y sust. Débil, flaco, sin fuerzas ni resistencia.
Imberbe. adj. y sust. Aplicado a un adulto: infantil, poco evolucionado, que no desarrolló su intelecto.

Impertinente. adj. y sust. Insolente, molesto, atrevido.

Impotente. adj. y sust. m. Que no puede realizar el coito. Pichablanda.

Impresentable. adj. y sust. De mala presencia, que avergüenza, indigno. De mal aspecto.

Improsulto, a. adj. y sust. (Nica) Hediondo, apestoso. Se aplica a la persona que está sucia y huele mal.

Impuro, a. adj. y sust. Que no es puro. Corrompido, lascivo, deshonesto.

Inaguantable. adj. y sust. Que no se puede aguantar. Insoportable, pesado.

Incapaz. adj. y sust. Que carece de aptitudes para cualquier cosa. Que no sabe trabajar, ni pensar, ni opinar.

Incordioso. adj. Que es molesto, pesado, insoportable. Proviene de incordio, bulbo o grano que se desarrolla en genitales.

Íncubo. adj. y sust. m. Del lat. *Incubus*. Dícese del demonio que, según la creencia vulgar, tiene trato carnal con una mujer bajo la apariencia de varón.

> *Íncubo*
>
> La Edad Media estuvo poblada por íncubos y súcubos, demonios que, en forma de hombre y de mujer, se deslizaban en los lechos y copulaban con los frailes y las vírgenes, los siervos y las señoras.
> Octavio Paz, *La llama doble, amor y erotismo*, Seix Barral, Buenos Aires, 1994.

Indigno, a. adj. Que no tiene mérito ni disposición para nada.

Indio, a. adj. y sust. fig. (Méx, Ven) Despectivo de nativo, persona inculta o con falta de higine. También niño travieso y revoltoso. Falto de educación, irrespetuoso.

Indio

[El indio] Es mañoso y no le gusta trabajar. Es la causa principal de nuestro subdesarrollo.
> *Jorge Ibarguengoitia,* Estas ruinas que ves, *México, Joaquín Mortiz, 1981.*

Indino, a. adj. y sust. (Méx) Bribón, pícaro, persona mala e ingrata.

Indiscreto, a. adj. y sust. El que es imprudente, que actúa sin discreción.

Inepto, a. adj. Sinónimo de incapaz, que carece de aptitudes, no apto.

Infame. adj. y sust. m.y f. Cobarde, traidor, persona despreciable por su baja condición moral. Sujeto degradado y vil. Que carece de honra. Del latín *infamis*: sin crédito.

Infecto, a. adj. Contagiado, pestilente, corrompido.

Infeliz. adj. y sust. Aquel que produce lástima, misericordia. Sujeto que simula ser importante. El que se da aires de rey cuando en realidad es plebeyo.

Infeliz

Barsut continuó: —Y yo, que te veía tan pobre hombre, me dije: ¿qué le habrá visto Elsa a este infeliz para enamorarse de él? Con tranquilísima voz le preguntó Erdosain:
—¿Y en la cara se me nota que soy un infeliz?
> *Roberto Arlt,* Los siete locos, *Buenos Aires, Losada, 1997.*

Infla. adj. y sust. (Uru) Molesto, cargoso, que fastidia a la gente. Pelmazo, pesado, plomo, embromón escorchador, fregón, hincha, jeringa.

Inflabolas. adj. y sust. m. y f. Pesado, hincha pelotas.

Inflado, a. sust. adj. (Arg, Uru) Que se cree más de lo que es. Creído, engrupido, pillado, petulante. En México: ebrio, borracho.

Inflador. adj. y sust. (Uru) Inflado.
Infradotado, a. adj. y sust. Que carece de inteligencia. Anormal, retrasado, mental, retardado, subnormal.
Ingrato. adj. y sust. El que muerde la mano del que le da de comer. Desagradecido, injusto, que se vuelve contra su amigo.

> *Ingrato*
>
> Cinco terribles guerreros
> tiene a la lucha emplazados,
> pues ofendieron sus deudos
> y él ha jurado vengarlos.
>
> ¿Así te olvidas, cacique,
> de tus promesas? ¡Ingrato!
> ¿Así en combates, sin premio
> digno de tu heroico brazo...
>
> Adolfo Berro, Yandubayú y Liropeya, *Biblioteca Internacional de Obras Famosas*, Buenos Aires, sin fecha.

Inhumano, a. adj. Bárbaro, cruel, que carece de humanidad.
Inmundo, a. adj. Persona nauseabunda, sucia. Puerco. También impuro, vicioso, deshonesto.

> *Inmundo*
>
> [...] hace que la náusea suba incontenible por su garganta. Sin embargo, necesita nombrarlo:
> —Falta Pradere, ya saben ustedes: siguió al padre, colaboracionista, inmundo.
> —Dicen que les expropiaban la tierra...
>
> Beatriz Guido, *El incendio y las vísperas*, Buenos Aires, Losada, 1964.

Innombrable. adj. Que no se puede nombrar. Yetatore, que al mencionarlo trae mala suerte.
Insano, a. adj. Loco, orate, que está mal de la cabeza.

Insensato. adj. y sust. Que carece de sensatez, extremadamente arriesgado, impetuoso. Que carece de cautela.
Insidioso, a. adj. Que arma asechanzas.
Insípido, a. adj. Se aplica la persona falta de gracia. Zonzo.

Insípido

—El que sí está fregado –sentenciaba la tía Manuela– es este Lorenzo; siempre ha sido muy insípido, feíllo, el pobrecito. *Juan de la Cabada,* María La Voz y otras historias, *México, Fondo de Cultura Económica, 1983.*

Insolente. adj. y sust. Desvergonzado, irrespetuoso, insultante.
Insóplido. adj. y sust. (Méx) Impotente, que no logra la erección. Estéril.
Insoportable. adj. y sust. Insufrible, intolerable, molesto para los demás.
Insufrible. adj. y sust. Persona insoportable, insufrible.
Insulso, a. adj. y sust. Ver *insípido*.
Intrépito, a. adj. y sust. (Ven) Persona excesivamente curiosa que se mete en donde no debe. Derivado de intrépido.
Intruso, a. adj. El que se introduce sin derecho en alguna casa.
Inútil. adj. y sust. Que no sabe hacer nada, incapaz, inepto. *Cero al as.*
Irascible. adj. y sust. Propenso a la ira. Que se irrita sin motivo aparente.
Irresponsable. adj. y sust. Que carece de responsabilidad.
Izquierdoso, a. adj. Con tendencia de izquierda, comunistoide.

J

Jacobo. adj. y sust. m. (Arg) Despectivo por judío.
Jacoibo. (de la pronunciación de Jacobo) adj. y sust. m. Despec. por judío, *moishe*, ruso.
Jaife. adj. y sust. (Arg) Petimetre, cajetilla.
Jailaife. adj. y sust. m. (Arg) Persona de clase alta. Petimetre, cajetilla.
Jalado, a. adj. y sust. (Méx) Borracho.
Jefa de relaciones públicas. (Méx) Madama, dueña de prostíbulo.
Jeringa. adj. y sust. m y f. (Arg) Persona molesta, aburrida. Plomazo, fastidioso.
Jeringón, a. adj. y sust. (Arg) Jeringa.
Jeta. adj. y sust. Cara, trompa, caripela. Generalmente usado para apoyar el insulto: jetaeculo, jeta de ano, jeta de indio.
Jetatore. adj. y sust. (Arg) Fúlmine, que trae mala suertte.
Jeteador, a. adj. y sust. (Arg) Pedigüeño, gorrón. Garronero.
Jetero. adj. y sust. (Arg) Jeteador.
Jetón, a. adj. y sust. (Uru) De labios gruesos, jetudo. Trompudo. También, que se inmiscuye donde no debe. También, persona que busca notoriedad. Equivalente a figurón, fanfarrón, que ansía ser conocido. Cholulo. (Méx) Borracho.
Jilguero. adj. y sust. (Arg) Tonto, zonzo, boludo, *gil*.
Jincho, a. adj. y sust. (Nica) Persona vulgar, ordinaria, de baja calidad. Mal vestida. En México, ingenuo, zonzo, bobo.
Jinete. adj. y sust. m. (ES) Bruto, de poca cultura.

Jinetera. adj. y sust. (Cuba) Prostituta cuya clientela es básicamente de extranjeros.
Jinetero. adj. y sust. (Cuba) Estafador, principalmente de turistas, a quienes saca dólares vendiéndoles mercancía adulterada o robada.
Jodedor, a. adj. y sust. que hace bromas y chistes. perturbador, molesto.
Jodido. adj. y sust. (Arge, Arg) Malo, malicioso, dañino, envidioso, de malos sentimientos. También achacoso, palmado. (Bol) Persona irresponsable y vengativa. Para enfatizar el insulto puede utilizarse *jodido culiao*.
Jodón, a. adj. y sust. Bromista, chistoso.
Johnny. (ing. Juancito) adj. y sust. m. Inglés, norteamericano.
Joni. Ver *Johnny*.
Jorobado, a. adj. y sust. Enfermo, en mal estado, jodido. difícil, intratable. Que tiene jiba.
Jorobeta. adj. y sust. *jorobón*.
Jorobón, a. adj. y sust. Cargoso, inoportuno, molesto, jodón.
Joto. adj. y sust. (Méx) Varón homosexual pasivo.

Joto

Contra vosotros siempre, Faeries de Norteamérica, Pájaros de la Habana, Jotos de México, Sarasas de Cádiz, Apios de Sevilla, Cancos de Madrid, Floras de Alicante, Adelaidas de Portugal. ¡Maricas de todo el mundo, asesinos de palomas!
    Federico García Lorca, Oda a Walt Whitman, *en* Poeta en Nueva York, *Obras completas, Madrid, Aguilar, 1955.*

Jovatelli. (pseudoapellido) adj. y sust. m. joc. *jovato*.
Jovato, a. adj. y sust. (Arg) Vesre deformado de viejo. Bejaraño, viejardo, anciano muy achacoso.
Juan Bolas. (Uru) Sujeto haragán, bolas, boludo, bólido.
Juan Lanas. (Méx) Que no es nadie, persona insignificante.

Jubilado, a. adj. y sust. (Col) Que no está en sano juicio. Chiflado, chalado.
Jubilosa. adj. y sust. (Méx) Mujer de la calle. Prostituta.
Judío, a. adj. y sust. Expresión despectiva para denominar al usurero o al avaro.
Judas. adj. y sust. (Uru) Traidor, falso, cobarde, que no muestra la cara, que vende a sus amigos.
Jueputa. adj. y sust. Hijo de puta.
Jugador, a. adj. y sust. Apostador, adicto a los juegos de azar. (Perú) f. Mujer promiscua.
Julandrón. adj. y sust. (Esp) Homosexual.
Junado, a. adj. y sust. (Arg) Demasiado conocido. Calado, fichado, manyado, rejunado. Relojeado. Mancado.
Junador. adj. y sust. m. XIX. Profesional del delito que opera por chantaje.
Junípero, a. adj. y sust. (Col) Poco inteligente tonto.
Juntapuchos. m. adj. y sust. (Arg) Atorrante, vago, azotacalles.

K

Kaften. adj. y sust. m. (Arg) *Caften, cafisho.* Que vive de las mujeres.
Kamikaze. adj. y sust. Que se arriesga sin medir las consecuencias. (Del japonés: viento sagrado, aviador suicida)
Kiluo. adj. y sust. (Ven) Obeso, gordo. Persona que está excedida de peso.
Koleado, a. adj. y sust. (Bol) Persona absolutamente drogada.
Kolynos. adj. y sust. (Arg) Desdentado, que le faltan piezas dentales. Por antífrasis.
Kinegua. adj. y sust. f. (Esp) Mujer muy fea, desagradable a la vista.

L

Lacayo. adj. m. Voz de orige árabe: *Laqiy:* encontrado. Paria, bastardo. Que carece de dignidad, sometido a los demás, sirviente, servil, alcahuete, chupamedias, adulador del patrón. En latín *leccare*: lamer, golosinear.

Lacra. adj. y sust. f. Mala persona, traicionero. Del latín *lacca*: tumor en las piernas.

Ladeado, a. adj. (Arg) Resentido, enojado.

Ladero. adj. y sust. m. Acompañante, adlátere, secuaz. Amigo que va con quien corteja a una muchacha.

Ladilla. adj. y sust. m. y f. (Arg, Perú) Individuo molesto, impertinente. Que vive de los demás, pegote, parásito. Que está donde no debe. También infeliz, *cara'e ladilla*. En México: persona de baja estatura. Petiso, enano.

Ladino, a. adj. y sust. voz de origen árabe: *La Din.* Sin religión. Astuto, malicioso, desconfiable, taimado, manipulador y rapaz.

> *Ladina*
>
> Hoy te tengo en mi cotorro / más mansa que gata fina, / más contenta y más ladina / que Pomerania cachorro, / te olvidaste del atorro / en el ruinoso convento / y tenés departamento / con muebles Luis quince y ... medio.
> Celedonio Flores, Apronte, Cancionero, *Torres Agüero Editor*, 1982.

Ladrillo. adj. y sust. Insoportable, aburrido, pesado. Dícese del que es un plomo, plomazo, inaguantable.

Ladrón, a. adj. y sust. El que roba, que vive de lo ajeno. El que *mete la mano en la lata.* Del latín *latro*: soldado mercenario de la escolta del rey; de allí *latrocinar.*

Lagañoso, a. adj. Que tiene lagañas en los ojos. Pitañoso, pitiñoso.

Lagarto, a. adj. y sust. (Nica) Persona abusiva, que vende a precios muy caros. También pícaro, taimado.

Lágrima. adj. y sust. f. fig. persona que inspira lástima, que es un infeliz. Situación triste, penosa o aburrida.

Lagrimita. adj. y sust. Despectivo por persona llorona y quejosa.

Lambeador. adj. y sust. m. Adulón, *lameculos, chupamedias.*

Lambeculo. adj. y sust. m. (Bol) Se llama así al dedo índice. También al adulador, la persona que es servil, genuflexa y obsecuente.

Lambiche. (Méx) Adulador, alcahuete. También lambiscón.

Lambón, a. adj. y sust. (Pana) Adulador. Servil.

Lameculos. (Arg) Genuflexo, obsecuente.

Lambeladrillos. adj. y sust. (Col) Lameladrillos. Que aparenta virtud, rezador, beato, iglesiero, rezandero. Que frecuenta mucho las iglesias.

Lamber. adj. y sust. m. y f. (Arg) Por lambeculos, adulador.

Lambericas. adj. y sust. m. (Col) Adulador y servil. Lameculos, pelotillero.

Lambeteado, a. adj. y sust. chorreado, mal lavado.

Lambiscón, a. (Col) Persona aduladora, lameculos, pelotillero, adulón, lambón,

Lambón, a. adj. (Col) Lambiscón.

Lameculos. adj. y sust. Servil, alcahuete, que se deja humillar por el patrón.

Lameojo (*lambeojo*) adj. y sust. (PR) Hipócrita. Se aplica a la persona que adula a otra para obtener favores.

Lameplatos. adj. y sust. Gordo, siempre hambriento, que no deja nada en el plato, ansioso por comida, obeso. Tam-

bién persona ruin, sin decoro, dispuesta a sufrir humillaciones.
Lanas. adj. y sust. (Bol) Tonto, imbécil.
Lancero. adj. y sust. (Arg) Ladrón, chorro. Carterista que practica la *lanza*. Individuo que toma riesgos confiado en su suerte. Se aplica tanto a alumnos ante las mesas examinadoras como a aventureros amorosos.
Langostero. adj. y sust. m. Empleado público que cobra el sueldo sin trabajar, *ñoqui*.
Lanudo. adj. y sust. (Bol) Lanas.
Latero, a. adj. y sust. (Arg) Que habla demasiado, cargoso, charlatán.
Lanza. m. y f. adj. y sust. (Méx) Carterista.
Lanzado, a. adj. (Arg) Decidido, atrevido, audaz. excitado, ardiente.
Lapa. adj. y sust. m. y f. Persona pegajosa.
La puta que te parió. m. y f. Insulto frecuente que alude a la madre.

La puta que te parió

A un oficial nietzscheano que gritó: "¡Primero morir que entregar el barco!", lo tiraron por sobre la borda después de largarle un insulto que, en idioma teutón, debía significar algo así como "la puta que te parió".
Alejo Carpentier, El recurso del método, *Siglo XXI editores, México, 1974.*

Lapicero. adj. y sust. m. *Quinielero*, pasador de quiniela.
Larguero, a. adj. y sust. Que habla mucho y lentamente.
Larguirucho, a. adj. y sust. Desproporcionado. Demasiado largo respecto del ancho o grueso.
Larva. adj. y sust. f. Pegajoso, pesado. Persona viscosa. (ES) Avaro, tacaño.
Lascivo, a. adj. y sust. Licencioso en el sexo. Excesivamente sensual.

Lastimero, a. adj. y sust. Se aplica a los que se quejan, gimen y realizan otras muestras de dolor dignas de compasión.
Lata. adj. y sust. f. (Col) Persona molesta.
Latoso. adj. Pesado, aburrido, sin gracia.
Latrofaccioso. adj. y sust. (De latrocinio: hurtar. Faccioso: perturbador) Ladrón, que acostumbra a defraudar a los demás.

> *Latrofaccioso*
>
> En tal medio cayó doña Marcelina, siendo su historia de las más triviales de la época. La muchacha del pueblo que gustó al rapaz latrofaccioso y que es arrebatada del hogar en cualquier noche orgiástica de aguardiente, de mujeres y de sangre.
> Mariano Azuela, *Mala yerba*, México, Fondo de Cultura Económica, 1984.

Lauchero. adj. y sust. m. Homosexual, hombre que gusta de la *cola de laucha*.
Lechucero, a. adj. y sust. Que *lechucea*, que es pájaro de mal agüero.
Lechudo, a. adj. y sust. Suertudo, afortunado, que tiene leche.
Lechuguino, a. (Col) Ver *cachaco*.
Lechuza. adj. y sust. (Arg) Que pronostica males a los demás.
  Lechuzón. Que trae mala suerte, cenizo, yeta, yetatore, fúlmine, agorero.
Lechuzón. adj. y sust. m. Mirón, *macaneador*. Empleado funebrero que ofrece los servicios a los deudos de moribundos.
Legañoso. adj. y sust. De ojillos sucios, que no se lava la cara, mugriento.
Lelo. adj. y sust. Tonto, bobo, de poca imaginación.
Lengualarga. adj. y sust. m. y f. (Arg) Que habla demasiado, chismoso.
Lenguaraz. adj. y sust. Que habla demasiado, chismoso, incapaz de guardar un secreto, poco confiable, charlatán.
Lengüilargo, a. adj. y sust. (Col) Que habla demasiado, imperti-

nente, chismoso, murmurador. Deslenguado, lenguaraz, lenguón.
Lengüisuelto, a. adj. y sust. (Col) Lengüilarlo.
Lenteja. (de lento) adj. y sust. Lento, espec. en el pensar.
Lentejudo, a. adj. y sust. (Méx) Corto de vista. Checato. Que usa anteojos.
Lépero, a. adj. y sust. (Méx) Soez, ordinario. Poco decente.

Lépero

—¿En quién..., en quién te hizo tu padre? ¿En quién..., en quién... me vas a decir en quién?... ¡A mí! ¡A mí me lo vas a decir! ¡Pedazo de lépero! ¡Deslenguado! ¡Desacreditador!
Miguel Ángel Asturias, Los ojos de los enterrados, *Buenos Aires, Losada, 1960.*

Lepra. adj. y sust. f. Fastidioso, pesado. Persona indeseable.
Leproso, a. adj. y sust. Miserable. También hincha del Club Newells Old Boys.
Lerdo, a. adj. y sust. Lento, torpe, que no sabe trabajar, ineficiente. Variante de *lurdo*, conservado en *palurdo*: francés del s. XIII.
Lesbiana. adj. y sust. f. Mujer que gusta de mujeres.
Lesbianorra. Despectivo de lesbiana.
Letrina. adj. y sust. f. Persona sucia, maloliente. Inmunda.
Levantador. adj. y sust. m. Conquistador, donjuán, galán. pasador de juego clandestino, *arbolito*. Ladrón de autos para entregar a *dobladores*.
Levis. adj. y sust. (Méx) Lesbiana, tortillera.
Libertino. adj. y sust. Lascivo, predispuesto al libertinaje. Que le gustan las orgías, sin límites éticos.
Libidinoso, a. adj. y sust. Lujurioso, lascivo. Del latín *libidinosus*: dado a los placeres sensuales.
Liendre. adj. y sust. Com. fig. vivaz, pícaro, movedizo. También insignificante.

Liero, a. adj. y sust. Lioso, enredista, embrollista.

Ligador. adj. y sust. m. Afortunado, suertudo. ligón, que tiene muchas relaciones amorosas.

Ligerón, a. adj. y sust. Rápido, vivaz, astuto. mujer liviana y de costumbres fáciles.

Lina. adj. y sust. (Méx) Cabaretera, prostituta.

Linuso. adj. y sust. (Arg) Vago, holgazán, fiacún.

Linyera. adj. y sust. Vagabundo sin hogar ni trabajo, que solía pernoctar en las cercanías de líneas férreas, *croto*.

Lirón. adj. y sust. Vago, holgazán, que duerme todo el día.

Liso. adj. y sust. (Arg) Proxeneta.

Llevaitrae. adj. y sust. m.y f. (Col) Individuo chismoso, entrometido. Correveidile.

Llorón, a. adj. y sust. Que llora mucho y fácilmente. También, pedigüeño.

Lobizón. adj. y sust. m. Licántropo, hombre-lobo.

Loca. adj. y sust. f. Prostituta, ramera. Locura, *viaraza*, con los verbos *darle* y similares. Argot, pederasta, *trolo*.

Loca

—¿Sabéis, paisanos, por qué ando errante
bajo estos bosques de Béquelo?
Me llaman loca; pero es mentira:
es que no tengo ya corazón...
Venid, paisanos, venid conmigo;
Diré mi historia bajo el fogón.
   Ramón de Santiago, La loca de Béquelo, *Biblioteca Internacional de Obras Famosas*, Buenos Aires, sin fecha.

Loca de carroza. adj. y sust. (Cuba) Putísimo, maricón muy ostensible.

Locateli. adj. y sust. (Uru, Arg) Demente, alocado, loco, orate, colifato.

Lolailo. adj. y sust. (Esp) Que se viste con muy mal gusto.

Lolita. adj. y sust. (de la novela homónima de V. Nabokov, 1955) f. Preadolescente sensualoide.
Llorón, a. adj. y sust. Que da lástima, quejoso. Humillado.
Logi. adj. y sust. (Arg) Vesre de gil.
Longinés. adj. y sust. Gil. El tonto que ha sido víctima de un robo.
Longui. adj. y sust. Excesivamente tímido, medio tonto, que no se atreve a nada. Generalmente se utiliza "medio longui".
Lonyi. adj. y sust. m. y f. (Arg) Zonzo, tonto, bobo.
Lonyipietro, a. adj. y sust. (Arg) Tonto, zonzo, boludo. *Lonyi.*
Lora. adj. y sust. f. (Arg) Charlatana, mujer habladora. mujer, querida. (fr. *lorette*, ib.) ramera, prostituta. También mujer fea, escracho, bagayo.
Lorenzo. m. (Arg) Mujer muy fea. Loro, bagre.
Loreta. f. Ver *Lora.*
Lorna. adj. m. y f. (Perú) Zonza. *Eres tan lorna que todas se aprovechan de ti.*
Lujurioso, a. adj. y sust. Vicioso, que posee un apetito desordenado de los deleites carnales. Corrupto en las costumbres. Del latín *laxus*: suelto, dislocado.
Lumia. adj. y sust. (Méx) Prostituta. Mujer de la calle.
Lunático. adj. y sust. Loco, sin razón, demente, sujeto que no piensa razonablemente. Del latín *lunaticus*: loco por intervalos.
Lungo, a. (it., alto, largo) adj. y sust. m. Persona de elevada estatura.
Lurias. (Méx) Zonzo, bobo, loco.
Lusmia. adj. y sust. (Esp) Normalmente, mujer maliciosa.

M

Macaco, a. adj. y sust. (Arg) Cara de mono, horrible, despreciable, malformado. Puede enfatizarse con el agregado *negro macaco*.

Macaneador, a. adj. y sust. (Arg) Que miente, que exagera, embustero. Cuentista, trolero, bolacero, boletero, contamusa, globero. Se utiliza también como fanfarrón, el que alardea. (Bol) Sujeto que miente.

Macanero, a. adj. y sust. Macaneador.

Macarra. adj. y sust. (Esp) Persona agresiva, que se las da de listo.

Macarelo. adj. (Esp) Peleador, que le gusta la violencia, bravucón y pendenciero.

Maceta. adj. y sust. (Arg) Bobo, torpe, inhábil. También achacoso y pesado. Pierna gorda de mujer. (PR) Avaro, tacaño. Amarrete. *Alberto es tan maceta que roba flores en los cementerios para regalarle a su novia.*

Macetona. adj. y sust. Mujer de piernas gruesas. Jamonuda, piernuda.

Macetudo, a. adj. Que tiene piernas como macetas.

Machacón, a. adj. y sust. Persona aburrida, monótona, insistente. Pesado.

Machado, a. adj. y sust. Borracho.

Machango. adj. y sust. (Ecu, Esp) Como insulto: pelele, payaso, tonto del bote.

Machetón, a. adj. y sust. (Méx) Persona que hace las cosas sin dedicación ni cuidado. Desprolijo en su trabajo. Desordenado.

Machona. adj. y sust. (de *macho*) f. Marimacho, muchacha que actúa como varón.

Machorra. adj. y sust. f. Marimacho, mujer hombruna. Argot. lesbiana, *tortillera*.

Machingüepa. adj. y sust. (Méx) Prostituta.

Macró. adj. y sust. Proxeneta, rufián, *cafisho*. (Del francés *maquereau*: caballa, y en sentido figurado, chulo)

Macuarro, a. adj. Despectivo hacia el obrero de condición humilde. *No te juntes con Ferdinando que es un macuarro.*

Madrialocas. adj. y sust. (Méx) Homofóbico, que odia a los homosexuales.

Madrota. adj. y sust. f. (Méx) Se aplica a la mujer que regentea un prostíbulo. Madama.

> *Madrota*
>
> Cuando el niño regresó a la casa preguntó a la Calavera "¿tú eres puta?", la Calavera contestó que sí, el niño preguntó si su madre era puta, la Calavera contestó que no, que era madrota.
> *Jorge Ibarguengoitia,* Las muertas, *Madrid, Mondadori, 1987.*

Madruguista. adj. y sust. m. *Escrushante*, ladrón que roba por la madrugada.

Maduronga. adj. f. (Col) Despectivo hacia la mujer madura. Viejarda.

> *Maduronga*
>
> A los hombres como yo nos gustan papandujas y madurongas, y tú, Miditas, hijo, me saliste con un par de crías desnutridas y desamparadas que estaban buenas para adoptarlas pero no para fornicárselas.
> *Laura Restrepo,* Delirio, *Buenos Aires, Alfaguara, 2004.*

Mafufo, a. adj. y sust. (Méx) Persona de comportamiento extraño, raro. *Rigoberto está muy mafufo, creo que está drogado.*

Mago. adj. y sust. (Esp) Despectivo hacia el campesino. Paleto.

Magoya. adj. y sust. (Supuesto personaje real o quizás un juego fonético) m. Persona inexistente a la que se remite a aquellos que tengan quejas que presentar o cuentas que cobrar, *Gardel*, *Montoto*.

Maguanido, a. adj. y sust. (Esp) Atontado, bobo.

Maicero, a. adj. y sust. (CR) Persona rústica, de toscos modales.

Majadero. adj. y sust. (Esp) Necio, poco creíble, de ademanes exagerados.

Majagranzas. adj. y sust. m. y f. Bobo.

Maje. adj. y sust. (CA, Méx) Zonzo, tonto. Excesivamente ingenuo.

Malacaroso, a. adj. y sust. (Col) Con cara de cólera y enfado. Cariagrio.

Malacate. adj. y sust. m. (Gua) Persona de malos sentimientos. Resentido. *Él jamás te dará un buen consejo porque es muy malacate.*

Malafacha. adj. y sust. (Méx) Persona de aspecto hosco. Cariagrio. También, agresivo.

Malagradecido, a. adj. y sust. Que no agradece los favores recibidos.

Malaleche. sust. Que mamó leche de puta. Malo, maligno, de bajos instintos, traidor, indigno.

Malandra. adj. y sust. (Arg) (it. *malandrino*, ib.) m. Malandrín, maleante, *malevo*, malviviente. Que vive al margen de la ley. Estafador. También mezquino, barato.

Malandraca. adj. y sust. m. y f. (Arg) Malandra, delincuente.

Malandrín, a. adj. y sust. (Arg) Mala persona, delincuente, estafador.

Malandrino. adj. y sust. (Arg) Malandra. Delincuente.

Malandro. adj. y sust. (Ven) Individuo que carece de oficio y se dedica a molestar. También, consumidor de drogas y de alcohol.

Malanfia. adj. y sust. f. (Arg) Delincuente.

Malanganoso, a. adj. (Col) Que hace las cosas sin ganas.

Malapata. adj. y sust. Dícese del que con sólo nombrarlo trae mala suerte. El innombrable, el mufa, el fúlmine.

Malasombra. adj. y sust. Cargoso, pesado, que no se separa nunca, que no termina de irse. Latoso.

Malavenido, a. adj. Que no se lleva bien con otros. Que no se conforma con nada. Antipático.

Malaventurado, a. adj. Desgraciado, infeliz, también desdichado.

> *Malaventurado*
>
> —Aunque llevamos aquí el registro y la fe de las sentencias de cada uno destos malaventurados, no es tiempo este de detenernos á sacarlas y á leellas: vuestra merced llegue y se lo pregunte a ellos mesmos...
> Cervantes, Don Quijote de la Mancha, *Madrid, Espasa-Calpe, 1933.*

Malcabestro, a. adj. y sust. (Esp) Persona sin ambiciones, que se mete en problemas.

Malcontentadizo, a. adj. y sust. Descontentadizo, que siempre está disgustado.

Malcriado. adj. y sust. Grosero, maleducado, caprichoso, berrinchero, molesto.

Maldiciente. adj. y sust. Dícese del que insulta habitualmente, bocasucia, que maldice a todos.

Maldispuesto, a. adj. y sust. El que no tiene disposición de ánimo para ninguna cosa.

Maldito. adj. y sust. Persona de mala entraña, odioso, ruin, capaz de cualquier acción para ocasionar daños. *Maldita sea su alma.* Del latín *maledictus*, participio pasivo de *maledicere*: maldecir.

Maldito

[...]
y lazada oprimida
te echen al cuello con fiereza rara;
y al oírte chillar alcen el grito
y te llamen ¡maldito!
y creyéndote al fin del diablo imagen,
te abominen, te escupan y te ultrajen.
  Fray Diego González, El murciélago alevoso, *Biblioteca Internacional de Obras Famosas, Buenos Aires, sin fecha.*

Maldoso, a. adj. y sust. (Cuba, Nica) Persona que tiene malas intenciones. De feos pensamientos.

Maleante. adj. y sust. Delincuente, ladrón, que vive del robo o la estafa. Persona de mala vida.

Maledicente. adj. y sust. m. y f. Que habla mal de los demás, chismoso.

Maléfico, a. adj. y sust. Que perjudica y hace daño a otro con maleficios.

Maleta. adj. y sust. (Arg, Ven) Pesado, cargoso, aburrido. Torpe, chambón. Persona de la que todos escapan. Para acentuar el insulto puede utilizarse *gordo maleta*.

Maletón. adj. y sust. (Méx) Hijo de puta.

Malevo. adj. y sust. Prepotente, malvado, matón. Persona de malvivir que no duda en pelear y causar la muerte.

Malevo

Malevo, te olvidaste en los boliches / los anhelos de tu vieja. / Malevo, se agrandaron tus hazañas con las copas de ginebra. / Por ella, tan sólo por ella / dejaste una huella de amargo rencor. /Malevo, qué triste, jugaste y perdiste / tan sólo por ella que nunca volvió.
  Homero Expósito, Te llaman malevo, *Buenos Aires, Torres Agüero, 1982.*

Malevolente. adj. y sust. m. y f. Que actúa por odio, por mala voluntad.

Malévolo, a. adj. y sust. Persona inclinada a hacer el mal. En mitología: sobrenomente que se daba a las estatuas de Mercurio, porque conducía las almas al infierno.

Malhadado, a. adj. Infeliz, desgraciado, desventurado.

Malhechor, a. adj. y sust. El que se dedica a cometer delitos. Ladrón.

Maliciador, a. adj. y sust. El que recela, sospecha. Que presume con malicia.

Malicioso, a. adj. Ver maldito.

Maligno, a. adj. Persona propensa a pensar u obrar mal. Del latín *malignus*, contracción de *maligenus*: mal género, mala cosa.

Malmodiento, a. adj. y sust. (Méx) Que tiene malos modales. Grosero. Maleducado.

Malnacido. adj. y sust. Hijo de mala madre, también aquel que nació con fórceps, malo. Equivalente a hijo de puta, aunque atenuado.

Mal mandado, a. adj. y sust. (Esp) Desobediente, que no hace lo que se le ordena. *Malmandau*.

Mal portado. adj. y sust. m. (Esp) Hombre que trata mal a su mujer, que es desatento y hosco con la esposa.

Mal traciado, a. adj. y sust. (Esp) Persona mal vestida, desarreglada. *Maltrciau*.

Mala cara. adj. y sust. (Esp) Persona de mal aspecto.

Mala caroso, a. adj. y sust. (Col) Que tiene cara de cólera. Enfadado, cariagrio.

Mala yerba. adj. y sust. (Méx) Se aplica a la persona mala. De malos sentimientos, resentido con los demás.

Mala yerba

—Sí, me acuerdo de un tal don Julián, era un perdulario que se perdió cuando Villa. ¡Mala yerba! Los que lo dieron por muerto no le rezaron ni un padre nuestro y a nadie le hizo falta.
Mariano Azuela, Esa sangre, México, Fondo de Cultura Económica, 1984.

Malo. adj. y sust. El que comete malas acciones. Malvado, mamarracho, marrano, mequetrefe, mojigato, monigote, monstruo.

Malora. adj. y sust. (Méx) Malo, que hace maldades.

Malparido. adj. y sust. Malnacido. Hijo de mala madre.

Malquisto, a. adj. y sust. El que está mal con una u otras personas.

Malsano, a. adj. y sust. De malos pensamientos. Que habla mal de otros.

Maltraído, a. adj. y sust. Que es extemporáneo. También persona que actúa mal.

Maltrapillo, a. adj. y sust. Andrajoso, pobre, despreciable o digno de conmiseración.

Malvado, a. adj. y sust. Muy malo, perverso. Del francés antiguo *malvé*.

Malversador, a. adj. y sust. El que actúa ilícitamente con fondos ajenos. Que malversa.

Mamado, a. adj. y sust. (Arg, Uru) Borracho, ebrio. (Ven) Persona que no tiene fuerza, cansado.

Mamahuevos. adj. y sust. m. y f. Equivalente a lamebolas, alcahuete, sometido al patrón. También puede utilizarse como soplapitos, mamón, aficionado a chupar todo.

Mamarracho. adj. y sust. Persona que se viste mal, payaso, que provoca compasión y risa. Voz árabe: *Muharriy*: charlatán, bufón.

Mambeado, a. adj. Ebrio, confundido. También fumado.

Mambrú. adj. y sust. (Esp) Persona zángana e ignorante. Bruto, vago.

Mamero, a. adj. y sust. Madrero, díc. del hijo que está muy encariñado y apegado a su madre.

Mamerto, a. adj. y sust. Zonzo, lelo. Poco hábil. Abodocado, abombado, alcaucil, bambaco, bobeta, boncha, cachirulo, caspiento, caspudo, chambón, chauchón, chitrulo, cotudo, faltado, falto, gil, gilastrún, gilún, nabo, naboncio, opa, otario, pajarón, papafrita, paparulo, pastenaca, pavote, pelandrún, salame, salamín, sota, taguicho, taguirongo, taradeli, tarúpido, tolongo, zanahoria, zanguango, zapallo, zonzo. También bolastristes, huevón.

Mamerto

Ya que de tanto ver al analista / ella quedó por fin feliz y lista / dejándote sin guita, por mamerto. / Ahora sos vos el que anda con pazzías, / lleno de depres, neuras y manías / porque no puede levantar el muerto.
        Nyda Cuniberti, Analista, Chau arrabal, Torres Agüero Editor, 1982.

Mamey. sust. (Perú) Tonto, bobo. *Eres tan mamey que nunca progresarás en la vida.*

Mamón, a. adj. y sust. (Méx) Persona pedante, soberbia. Indigna, despreciable. También el que mama, el que chupa. (Col) Irritante, fastidioso.

Mamplora. adj. y sust. f. (Nica) Hombre homosexual.

Manager. adj. y sust. (Méx) Proxeneta, mantenido por mujeres. Se utiliza entre los chicanos (mexicanos que viven en Estados Unidos).

Manazas. adj. y sust. (Esp) Persona poco habilidosa. Tosco, torpe.

Mancarrón, na. adj. y sust. (Arg. NO) Persona grande pero inservible. También viejo achacoso, matungo.

Manchorra. adj. y sust. (Méx) Mujer de aspecto varonil. Marimacho.

Mancornadora. adj. y sust. (Méx) Mujer que tiene varios amantes.

Mandapartes. adj. y sust. m. simulador, actor social, *chanta*.

Mandarina (buena) adj. y sust. Buena pieza, persona de conducta dudosa, a pesar de su aspecto inocente.

Mandilón. adj. y sust. (Méx) de Mandil: mantel. Dícese del hombre que se deja mandar por su mujer. Sometido a la esposa.

Mandinga. adj. y sust. (Ven) Persona muy malévola.

Mandrias. adj. y sust. (Esp) Persona inútil, vago. Que no sabe trabajar.

Manducado, a. adj. (Perú) Comido, masticado.

> **Manducado**
>
> ¿Y si acusa? Reunión de Círculo: cadete manducado y soplón, pero ¿tu dirías que te han manducado?
> Mario Vargas Llosa, La ciudad y los perros, México, Seix Barral, 1977.

Mandulete. adj. y sust. m. (PR) Se aplica al hombre vago y fastidioso que no sirve para nada. *En esta oficina son todos unos manduletes.*

Manfloro, a. (Arg, Méx) Homosexual, puto, comilón. Trolo.

Manflorista. adj. y sust. (Col) Hombre afeminado. Marica, maricón, mariposón. Volteado.

Manflorita. adj. y sust. (Arg) Manflora.

Manflorito. adj. y sust. m. (Col) Manflorista.

Mangador. adj. y sust. (Arg) Que pide prestado continuamente.

Mangante. adj. y sust. (Arg) Pedigüeño. (Esp) Ladrón de poca monta.

Mangiavelas. adj. y sust. m. (Arg) Despectivo hacia el que concurre asiduamente a la iglesia. *Chupacirios, manyahostias.*

Mango bajito. adj. y sust. (Ven) Persona fácil, de carácter débil.

Mangonero, a. adj. y sust. (Ant) El aficionado a mangonear, pedir dinero y no trabajar. Antiguamente se aplicaba al mes en el que había muchas fiestas y no se trabajaba. Del latín *manggo, mangonis*: vendedor de esclavos.

Mangueador, a. adj. y sust. (Bol) El que pide dinero constantemente, que vive de los demás.

Manguero. adj. y sust. El que pide dinero prestado, el mangón. El que nunca devuelve lo que se le prestó. Dícese del que *tira de la manga*. Pedigüeño.

Mangueta. adj. y sust. f. Manguero.

Manguita. adj. y sust. m. Agente de policía, el que dirige el tránsito.
Manicero. adj. y sust. Pedigüeño, que recoge las sobras.
Manicorto. adj. y sust. (Esp) Mezquino, ruin, agarrado, cicatero, parco, tacaño, cutre, roñoso.
Maniflojo, a. adj. y sust. Que derrocha el dinero, despilfarrador.
Manijero, a. adj. y sust. (Arg) Manejador, que acostumbra a manejar a la gente. Aprovechador, manipulador.
Manilón. adj. y sust. (Perú) Manolarga, ladrón.
Manisero. Ver *Manicero*.
Manisuelto, a. adj. y sust. (Col) Maniflojo.
Manta. sust. (Esp) Persona perezosa y vaga. Que no le gusta trabajar.
Manolarga. adj. y sust. m. y f. Ladrón, aprovechador de cosas ajenas. niño que castiga a otros. Hombre toqueteador, *toquete*. Manilargo, despilfarrador, manirroto.
Manoseado, a. adj. Ajado, demasiado tocado, deslucido.
Manotas. adj. y sust. (Méx) Ladrón de poca monta. Ratero.
Manplora. adj. y sust. m. (Nica) Hombre homosexual.
Manso. adj. y sust. (Esp) Marido engañado, cornudo, gorreado. El sometido a su mujer que admite su condición de cornudo.
Manteco. adj. y sust. m. (Col) Hombre que mantiene relaciones sexuales con mujeres del servicio doméstico. Sirvientero, canastero. También persona sucia, desaliñada.

> *Manteco*
> Esa gente se ha negado a tratarme porque les parezco un manteco, la misma Agustina me confesó alguna vez que ésa es la palabra que usan para referirse a mí, un manteco, o sea un clasemedia impresentable, un profesor de mediopelo...
> Laura Restrepo, Delirio, *Buenos Aires, Alfaguara, 2004.*

Mantecudo, a. adj. (Col) Que se asemeja a la manteca. Blando, blandengue.

Mantequilla. adj. y sust. f. Individuo blando y quejoso. Que carece de carácter.
Mantequita. Ver *mantequilla*.
Manú. adj. y sust. m. (Arg) Tonto, estúpido.
Manyacaña. adj. y sust. m. (Arg) Borracho, que vive tomando alcohol.
Manyado, a. adj. y sust. conocido, sabido, reconocido.
Manyahostias. adj. y sust. Excesivamente religioso. Chupacirios, chupavelas, comehostias, comevelas, manyavelas.
Manyaoreja. (Arg) Obsecuente, chupamedias.
Manyavelas. adj. y sust. Manyahostias.
Manyín. adj. y sust. m. Borrachín, chupandín.
Mañero, a. adj. y sust. Mañoso.
Mañoso, a. adj. Artificioso, vueltero, que tiene *malas mañas*.

> *Mañoso*
>
> El amor es lo peor que hay. Uno anda hecho un idiota y ya no se preocupa de sí mismo. Las cosas cambian de significado y uno es capaz de hacer las peores locuras y de fregarse para siempre en un minuto. Quiero decir los hombres. Las mujeres, no, porque son muy mañosas, sólo se enamoran cuando les conviene. Si un hombre no les hace caso, se desenamoran y buscan otro.
>
> Mario Vargas Llosa, La ciudad y los perros, *México, Seix Barral, 1977.*

Mapanare. adj. y sust. (Ven) Se llama así a la novia o esposa que tiene muy mal carácter. Derivado de una culebra de los llanos cuya mordedura es mortal.
Maquetas. adj. y sust. m. (Col) Hombre reacio al trabajo. Vago, haragán, perezoso.
Maquiavélico, a. adj. y sust. Referido a Nicolás Maquiavelo (1469-1530) Familiarmente se designa al cínico, que no respeta los medios con tal de alcanzar sus fines. Tiránico.

Maraco. adj. y sust. m. (Bol) Hombre cobarde, pusilánime. También se denomina así al varón homosexual.

Marchatrás. adj. y sust. m. Hombre homosexual. Jula, julandrón, sarasa, cañón, comilón, morfón, reventado, trolo.

Marcheta. adj. y sust. (de *marcha atrás* y la terminación *cheta*) m. Homosexual, pederasta.

Mareado. adj. y sust. (Méx) Prostituta, trotacalles. También se denomina así al marido.

Marica. adj. y sust. Homosexual excesivamente amanerado. Que copia y exagera gestos femeninos, maricón, puto, trolo.

> *Marica*
>
> Pero sí contra vosotros, maricas de las ciudades,
> de carne tumefacta y pensamiento inmundo,
> madres de lodo, arpías, enemigos sin sueño
> del Amor que reparte coronas de alegría.
> Contra vosotros siempre, que dais a los muchachos
> gotas de sucia muerte con amargo veneno.
> Federico García Lorca, Oda a Walt Whitman, *en* Poeta en Nueva York, Obras completas, Aguilar, Madrid, 1955.

Marico. adj. y sust. m. (Col) Afeminado, Volteado, mariposón.

Marico triste. adj. y sust. (Ven) Homosexual reprimido que no admite su condición.

Maricón. adj. y sust. Invertido, sodomita, aumentativo de marica. También mariposa.

Maricón de plaza. (Esp) Maricón.

Mariguanero, a. adj. y sust. Consumidor habitual de marihuana. *Marihuanero*.

Marimacho. adj. y sust. Dícese de la mujer que imita gestos varoniles. Lesbiana, tortillera, que mantiene relaciones con otra mujer y ejecuta el rol masculino.

Marimarica. adj. y sust. Marica.

Mariol. adj. y sust. (Esp) Maricón, marica, homosexual pasivo.

Marioso. adj. y sust. Mariol.
Mariscala. adj. y sust. (Méx) Dueña de prostíbulo. Madama, madrota, madrina.
Mariposa. adj. y sust. Hombre de gestos femeninos, homosexual, puto, invertido.
Mariposón. adj. y sust. (Esp, Arg, Uru) Hombre afeminado.
Mariquita. adj. y sust. Afeminado, temeroso, cobarde, que no se comporta como un hombre, que adopta actitudes de mujer.
Marmota. adj. y sust. (Arg) Chambón, torpe. Individuo lento y poco inteligente.

Marmota

Te dio por hacerte el loco / y le pegaste al alpiste, / te piantaron del laburo / por marmota y por sebón... / yo también al verte enfermo / empecé a ponerme triste / y entré a quererte, por sonsa, / a fuerza de compasión.
Celedonio Flores, Lloró como una mujer, Buenos Aires, Torres Agüero, 1982.

Marquesa. adj. y sust. (Esp) Prostituta, que vende su cuerpo por dinero, puta.
Maromo. adj. y sust. (Esp) Dícese del que no tiene personalidad. Dubitativo a la hora de decidirse.
Marrano. adj. y sust. Chancho, sucio, mugriento, que huele mal. Aquel que no se baña o utiliza un lenguaje cochino.
Marro, a. adj. y sust. (Esp) Avaro, amarrete.
Marroquero. (Arg) Tacaño, amarrete.
Marrullero, a. adj. y sust. (Col, Méx) Que engaña, que finge amabilidad para obtener beneficios. *Marrulista*.
Martillo. adj. y sust. (Méx) Avaro, amarrete.
Martirio. adj. y sust. m. Persona insoportable. Pesado, inaguantable.
Martona. adj. y sust. f. (Arg) Mujer de tetas muy voluminosas.
Marujo. adj. y sust. m. (Nica) Hombre homosexual.

Más pando que un riel. (Méx) Muy ebrio.
Mascafrecho. adj. y sust. m. (Arg) (de *mascar* y *afrecho*) Homosexual masculino que practica la *fellatio*.
Mascalana. adj. y sust. (Arg) Infeliz, débil de carácter.
Mascalzone. adj. y sust. (it.) m. Sinvergüenza, canalla, bribón.
Mascarita. adj. y sust. f. Persona vestida o maquillada con gusto estrafalario.
Mascaverga. adj. y sust. (Ven) Homosexual. Que practica la *fellatio*.
Masita (*se come la*) m. (Arg) Varón homosexual.
Masoca. adj. y sust. (Arg) Apócope de masoquista. Autodestructivo.
Mastuerzo. adj. y sust. Cara de sapo, que no sonríe, cara de culo. (Esp) Torpe, necio, majadero, tonto, cerril, cernícalo.
Matacabro. adj. y sust. (Perú) Que odia a los homosexuales. Homofóbico.
Mataguagua. adj. y sust. (Arg) Dícese del grandulón que se hace el bravo con los chicos.
Matasanos. adj. y sust. (Arg) Despectivo de médico.
Matasiete. adj. y sust. (Arg, Bol) Fanfarrón, soberbio.
Matón. adj. y sust. Pendenciero, que busca pelea, patotero.
Matrero, a. adj. y sust. Huidizo, antisocial. También avieso, perverso.
Matufiero, a. adj. y sust. (Arg) Tramposo, que hace matufias. Estafador.
Matufiero, a. adj. y sust. (Arg) Estafador, tramposo.
Matungo. adj. y sust. m. (Arg) Taimado, traicionero, cobarde. También viejo achacoso.
Maula. Voz árabe: *Moula*: sometido, esclavo, dominado hasta el desprecio. También expresión campera: malo, taimado, sujeto desconfiable. Persona cobarde, que ataca a traición.
Mayate. adj. y sust. (Méx) Homosexual. "El que todos cogen." "El más cogido."

Mazas. adj. y sust. (Esp) Hombre musculoso portero en la discotecas. *Patovica.*

Mazacote. adj. y sust. Cargoso, pesado, inoportuno, pegajoso.

Mechera. adj. y sust. (Arg) Ladrona, chorra.

Mechero, a. adj. y sust. inus. Tramposo, que contrae deudas.

Mechudo, a. adj. y sust. (Méx, Uru) Que tiene el cabello largo y desaliñado. Melenudo, chuschudo, crenchudo, crinudo, greñudo.

Mechudo, a. adj. y sust. (Col) De cabello revuelto, desgreñado, despeinado.

Mediocre. adj. y sust. m. De escasa inteligencia. De pobre rendimiento intelectual o físico.

Mediopelo. adj. y sust. (Bol) Aquel que procede de una clase humilde y actúa como si fuera de una clase superior.

Mediopolvo. adj. y sust. Lento, cansino, que no termina nunca lo que empieza, perezoso. Dícese también de aquel de cuerpo canijo, flaco, enfermizo.

Mego, a. adj. y sust. (Esp) Hipócritamente manso, gazmoño, mosquita muerta.

Mejicano. adj. y sust. m. (Arg) Asaltante de contrabandistas.

Melampo, a. adj. y sust. (Esp) Bobo, ingenuo.

Melenudo, a. adj. sust. Sucio, piojoso, por el aspecto de su cabello.

Melcochudo, a. adj. (Col) Excesivamente amable y cariñoso, dulzón, empalagoso en su tratamiento.

Melindroso, a. adj. Incapaz de encarar una situación de frente. Que da vueltas, que no se decide, indeciso, de poco carácter.

Melón. adj. y sust. Dícese de aquel al que le cuesta entender las cosas. Lento, lelo, de pocas luces.

Melonazo. adj. y sust. Persona de pocas luces, estúpido.

Membrillo. adj. y sust. (Esp) Alcahuete, correveidile, soplón de la policía. Informante.

Memo, a. adj. y sust. Abombado. Mentecato.

Mencho, a. adj. y sust. (Arg) De modales toscos, poco refinado. Grasa, groncho, mersa, pirujo.

Mendigo, a. adj. y sust. Despectivo hacia el que carece de recursos. Pobretón.

Méndigo, a. adj. y sust. (Méx) Persona despreciable, vil, malvado. *Mi jefe es bien méndigo, nos maltrata a todos en la oficina.*

Mendicante. adj. y sust. Mendigo.

Menguado, a. adj. y sust. Bobalicón.

Menso (Méx) adj. y sust. Tonto, lelo, mentecato, torpe.

Mentecato. adj. y sust. Insulto de poco uso en la actualidad. Se designaba así al bobo, tonto, lento.

> *Mentecato*
>
> "Desta última razón de don Quijote tomó barruntos el caminante de que don Quijote debía de ser algún mentecato, y aguardaba que con otras lo confirmase..."
> Cervantes, Don Quijote de la Mancha, *Madrid, 1935, Espasa-Calpe.*

Meón. adj. y sust. Que orina demasiado. Enurésico. El que se mea en la cama.

> *Meón*
>
> [...] comenzó a expulsarlo de la cama a Lorenzo y ponerlo a cuatro patas, de madrugada, fuera, en el patio, con el orinado colchón por carapacho.
> —Allí te quedas toda la noche, ¡por meón! Para que aprendas y sepa todo mundo lo cochino, lo flojo, lo desconsiderado, lo indecente que eres...
> Juan de la Cabada, *María La Voz y otras historias, México, Fondo de Cultura Económica, 1983.*

Mequetrefe. adj. y sust. Voz árabe: *Mugátraf:* soberbio, entrometido. Que se mete en lo que no debe, entrometido, chismoso. También aquel de aspecto débil, flaco, alfeñique.

Merdellón, a. adj. y sust. (Esp) Cochino, guarro.
Merengue. adj. y sust. (Arg) Afeminado, chancleta, mariposón.
Merlín, a. adj. y sust. (Arg) Merlo. Zonzo, tonto.
Merlo, a. adj. y sust. (Arg) Persona de escasas luces. Tonto, bobo.
Merluza. adj. y sust. f. (Arg) *Merlo*. Puede utilizarse como *medio merluza*.
Mersa. adj. y sust. f. (Arg) (it. *merssa*, cada uno de los palos de la baraja) Cáfila, gente despreciable. Individuo inculto y grosero, *grasa*. Grasa, grasún, ordinario, groncho, mencho, pirujo.
Mersún. adj. y sust. (Arg) Grasa, grasún.
Metejoneado, a. adj. Enamorado, *metido*, que tiene un *metejón* por alguien o algo.
Metepata. adj. y sust. (Bol) El que es indiscreto, que mete la pata. Que se equivoca con frecuencia delante de terceros, produciendo bochorno.
Metete. adj. y sust. (Bol) Impertinente, que se mete donde no le llaman.
Meterete. adj. y sust. (Arg) Entrometido.
Metiche. adj. y sust. m.f. (Méx) (Colombia) Persona entrometida, meticón, metido.
Metido, a. adj. Entrometido. enamorado, *metejoneado*, endeudado.
Mexiquillo, a. sust. (Méx) Despectivo para los naturales de la Ciudad de México.
Mezquino. Voz árabe: *Maskin:* pobre, miserable. Tacaño, que no gasta un centavo. Que no presta nada.

> *Mezquino*
> Mesquino, ¿qué farás el día de la afruenta,
> Quando de tus averes é de tu mucha rrenta
> Te demandare Dios de la despensa, cuenta?
> No te valdrán thesores nin reynos cinquenta.
> **Arcipreste de Hita,** Libro de buen amor, Madrid, Espasa-Calpe, 1937.

Miché. adj. y sust. (fr. Argot.) m. Hombre que paga los favores de las mujeres, gato.

Mierda (*de*) adj. y sust. Despreciable, insignificante. Mal bicho, mala persona, ruin. Se utiliza con frecuencia como es *una mierda*.

> *Mierda*
>
> Eso le dijo. Eso. "-Y aquí somos todos iguales. ¡La gran mierda nivela a cualquiera. Yo: teniente mierda. Y usted –entérese– mierda General. Todos entonces. Y hasta el cogote.
> David Viñas, Cuerpo a cuerpo, México, Siglo XXI, 1979.

Mierdecilla. adj. y sust. Peor que una mierda, más deleznable, pequeña mierda que ni siquiera merece el calificativo mayor.

Mierdoso, a. adj. Hecho de mierda.

Mifuso, a. adj. Díc. del individuo pobrete, *rantifuso*.

Milagriento, a. adj. y sust. Persona de baja extracción social. Pelagatos, pulguiento, ranfañoso, rasca, rasposo, rotoso, sarnoso.

Milanesero. adj. y sust. (Arg) Mentiroso, chismoso.

Milico. adj. y sust. m. Despectivo de militar. (Bol) Militar, autoritario, prepotente.

Milonguita. adj. y sust. f. Mujer de cabaret, cabaretera, *copera*, joven ingenua que gusta de los bailes.

Milorcho, a. adj. y sust. (Esp) Persona sosa, estúpida.

Millonetis. adj. y sust. (Esp) Ricachón, adinerado.

Mina. adj. y sust. f. (it. dial.) Despect. XIX. *Atorranta, turra.* Mujer, muchacha. Amorío, novia.

Minarda. adj. y sust. f. *Mina*.

Minerva. adj. y sust. f. *Mina*, mujer.

Minetero, a. adj. y sust. (Arg) Que practica el *cunnilingus*, la mineta.

Mino. adj. y sust. m. (Arg) Hombre afeminado u homosexual.

Minusa. adj. y sust. (*minucia*) f. inus. *Mina, minarda*.

Mirlo. adj. y sust. Tonto, incauto. *Merlo, pipiolo*.
Mirón, a. adj. y sust. m. Que se excita mirando escena de sexo. *Voyeur*.
Miserable. adj. y sust. m. Avariento, mezquino. También perverso, canalla.
Mish. adj. y sust. m. y f. (Gua) Huraño, hosco. *Roberto es muy mish, jamás te saluda si te encuentra por la calle*.
Mishé. adj. y sust. m. (Arg) Varón que paga por los favores sexuales de una mujer.

Mishé

—Yo estaba celoso. ¿Sabe usted lo que es estar celoso de una mujer que se acuesta con todos? ¿Y sabe usted la emoción del primer almuerzo que paga ella con plata del "mishé". ¿Se imagina la felicidad de comer con los tenedores cruzados, mientras el mozo los mira a usted y a ella sabiendo quiénes son?
Roberto Arlt, Los siete locos, *Buenos Aires, Losada, 1997*.

Mishíguene. adj. y sust. m. (idish. *Meshuge*: loco) Despect. judío. Loco, alocado.
Mishio, a. adj. y sust. (it. genovés *miscio*, sin dinero) XIX. Pobre, mísero. Misho de rebote: muy pobre; fr. Andar misho: estar sin un centavo. (Arg) Pobre, pelado, rasca, seco, sequeira, mistongo, escasany.
Misticón, a. adj. y sust. Chupacirios.
Mistongo, a. adj. y sust. (Arg) Persona humilde, pobre, de escaso valor.
Mistonguero, a. adj. y sust. (Arg) Mistongo.
Miti. adj. y sust. m. (Arg, Col) Mitad y mitad. Persona homosexual y heterosexual.
Mochila. adj. y sust. Sujeto pesado, cargoso. Voz árabe: *Mushíla*: bolso que se carga en la espalda.
Mocho, a. adj. y sust. (Ven) Despectivo hacia el que le falta un miembro. Manco, amputado, incompleto.

Moco. adj. y sust. m. (Ven) Mujer muy fea. De la secreción nasal.

Mocoso. adj. y sust. Muchacho agrandado, que presume de hombre cuando todavía no lo es. Pendejo, pendejito.

Modurria. adj. y sust. f. Bobalicón, babanca.

Mogólico, a. adj. y sust. Zonzo, lelo. De pocas luces.

Moishe (*le*) adj. y sust. (de Moisés) m. Despectivo hacia el judío, tátele.

Mojigato, a. adj. y sust. Beato. Que se hace pasar por humilde, de modales monjeriles, que simula mansedumbre. También el que se horroriza por figuras desnudas, por la libertad sexual o costumbres modernas.

Mojonero, a. adj. y sust. (Ven) Persona mentirosa, que nunca dice la verdad.

Momia. adj. y sust. Persona de costumbres anticuadas. Que desdeña la modernidad. Anciano reaccionario.

Mondongudo, a. adj. (Col) Que tiene mucha barriga. Panzudo, panzón.

Mondrego, a. adj. y sust. Pánfilo.

Monfi. adj. m. Forajido.

Mongo. adj. y sust. m. Aféresis de mongólico, mogólico, *mongui*.

Monigote. adj. y sust. m. y f. De escasas luces. También malo.

Monstruo. adj. y sust. Inhumano, malo, malvado, que carece de sentimientos, capaz de cualquier felonía.

Monsudo, a. adj. y sust. (Esp) Persona con exceso de peso. Obeso.

Montado, a. adj. y sust. Aprovechado, que saca ventaja de los demás. *Alberto es un montado, se quedó a almorzar sin que nadie lo invite.*

Montuno, a. adj. y sust. (Perú) Se aplica a la persona que vive en el monte y carece de sociabilidad. Atrasado, hosco, huraño.

Montuno

—No entiende –decían–. Es opa.
—Entiende, pero no puede expresarse –decían–. Tanta soledad, vivir entre vicuñas. Se ha vuelto montuno.
Mario Vargas Llosa, Lituma en los Andes, Buenos Aires, Planeta, 1993.

Moña. adj. y sust. (Esp) Hombre afeminado.
Mopio. adj. y sust. (Arg) Tonto, boludo.
Mopri. adj. y sust. (Méx) Zonzo, demasiado torpe. Tonto.
Moraco, a. adj. y sust. (Esp) Despectivo hacia el inmigrante marroquí.
Morcilla. adj. y sust. Despectivo para referirse al hombre negro. *Negro morcilla.*
Morfeta. m. adj. y sust. (Arg) Homosexual masculino, invertido, puto.
Morfón, a. adj. Comilón, que come demasiado. Jugador que acapara la pelota y no la pasa a sus compañeros. Homosexual, *trolo, morfeta.*
Morlaco. adj. y sust. (Esp) Hombre que simula falta de viveza para obtener lo que le conviene.
Moro. adj. y sust. m. (Esp) Hombre posesivo, excesivamente celoso. Machista.
Morón. adj. y sust. Del inglés *moron*: Tonto. (Cuba) Tonto, retrasado mental.
Morondanga (de) adj. y sust. (Uru) De escaso valor, pobretón. *No puedo creer que tengas de novio a ese negrito de morondanga.*
Morrongo, a. adj. y sust. (Col) Lento, pesado. Que oculta engañosamente sus intenciones. Hipócrita, solapado.
Mosca. adj. y sust. m. y f. Pesado, pegajoso.
Moscardón. adj. y sust. Sujeto pesado que generalmente busca los favores femeninos. Cargoso, baboso, plomo, plomazo.
Moscón. adj. y sust. (Arg) Plomazo, fastidioso.

Mosquita muerta. De aspecto tímido pero que oculta una personalidad desconocida. Generalmente aplicado a la mujer de modales muy finos y delicados que en la intimidad se desata en su malignidad o sexualmente.

Mostachudo, a. adj. Bigotudo.

Motero. adj. y sust. (Arg) También lengua mota. Persona que tiene defectos en la pronunciación. Ceceo, seseo o lalación.

Moteroso, a. adj. y sust. (Bol) Término despectivo con que se designa a un cholo que habla el castellano con errores de pronunciación.

Moto, motorolo, a. adj. y sust. (Méx) Drogado.

Motolito, a. adj. y sust. Necio, bobalicón.

Movimientosa. adj. y sust. (Méx) Mujer que trabaja en la noche. Cabaretera, copera.

Mucamo, a. adj. y sust. Se usa despectivamente. Criado, sirviente.

Muchachera. adj. y sust. Dícese de la joven que gusta estar siempre rodeada de muchachos, *varonera*.

Muégano, a. adj. y sust. (Méx) Granujiento. Que tiene granos en la cara.

Muerdealmohada. adj. y sust. Hombre homosexual que desempeña el papel de mujer. Tragasable.

Muermo, a. sust. (Esp) Persona muy aburrida, inaguantable.

Muerto. adj. y sust. Que carece de fuerza, poco hábil, sin iniciativa. En fútbol se denomina al jugador que carece de destreza.

Muerto

Vivo sin vivir en mí,
y tan grande vida espero,
que muero porque no muero.
    Santa Teresa de Jesús, Las Moradas, Buenos Aires, Losada, 1996.

Muerto de hambre. adj. y sust. (Bol) Hambriento, pobre diablo.

Mufado, a. adj. Que tiene *mufa*, mala suerte. triste, mortecino. enojado, cabrero.

Mufoso, a. adj. Que lleva desgracia o mala suerte, yeta. Lúgubre, de mal agüero. Yetatore, fúlmine.

Mugre. adj. y sust. m. (Col) Persona aviesa y despreciable, mierda. De mala calaña. Delator. También sucio, desharrapado.

Mugroso, a. adj. y sust. (Col) Mugre.

Mujerengo. adj. y sust. m. Mujeriego, *mujercita*.

Mujerzuela. f. adj. y sust. Mujer despreciable, prostituta.

Mula. adj. y sust. Persona que transporta de contrabando. (meter la mula) fr. hacer trampa, *meter el perro*. (Méx) Persona taimada. Traidor. También malvado y perverso.

Mulero, a. adj. (Bol) Persona que engaña, miente, embustero, tramposo en el juego.

Muñeca. adj. y sust. Mujer muy bonita pero frívola, tonta. De escasa inteligencia.

Muñeco. adj. y sust. m. Afeminado.

Musho, a. adj. y sust. (it. *Moscio*, flojo, abatido) adj. y sust. Alicaído, desganado, marchito, ajado, se aplica más a frutas.

Mustio, a. adj. y sust. Melancólico, triste. Persona marchita y lánguida.

N

N.N. Persona desconocida. Que no es nadie, sujeto de poca importancia.

Nabo. adj. y sust. m. (Arg) Individuo tonto, zonzo, *zanahoria, chitrulo, paparulo*. Modernamente, se usa el femenino, naba. Ver *mamerto*.

Naboncio, a. adj. y sust. (Arg) Nabo.

Naboquio. adj. m. despect. de *nabo*, papanatas, *gil*.

Naco, a. adj. y sust. (Méx) Zonzo, estúpido. También persona de baja condición social.

Nadadora. adj. y sust. f. (Arg) Mujer con pocos pechos y poca cola. Flaca, descarenada. Tabla. *Nada por aquí, nada por allá*.

Nahualiza. adj. y sust. (Méx) Despectivo de las personas de baja condición social. Pobre, inculto.

Nainfa. adj. y sust. f. despect. Mujer, *mina, grela*.

Nalga (*cara de*) adj. y sust. Cara de culo.

Náusea. adj. y sust. f. Persona nauseabunda. Sucio, vómito.

Napiún, a. adj. y sust. (Arg) Persona de nariz grande. Narigón, narigueta.

Narco. m. Apóc. de narcotraficante.

Nasún, a. adj. y sust. (Arg) Napiún, narigón.

Nata (*cara de*) adj. y sust. De rostro blancuzco y blando. Pálido y graso en referencia a la capa que se forma en la superficie de la leche.

Navegar (*con bandera de pendejo*) (Méx) Hacer el papel de tonto, andar hecho un tonto.

Necio. adj. y sust. Que pretende tener la razón en todo. Que no admite sus errores. Ignorante que se da aires de superioridad.
Negro, a. adj. y sust. m. y f. Voz de afecto, *ñato*. Despect. plebeyo, inculto. A veces se intensifica agregándosele *barato*.
Negroide. adj. y sust. m. (Arg) Despectivo de negro.
Negruzco, a. adj. Negro, negroide.
Neura. adj. y sust. f. Apóc. De neurastenia.
Neutro. adj. y sust. m. Afeminado.
Nilo. adj. y sust. (Méx) Borracho, que bebe demasiado.
Ninfo. adj. y sust. m. (Guat, Méx) Afeminado.
Nuca (*de la*) Loco, del tomate.
Nulo, a. adj. y sust. El que es incapaz física o moralmente de alguna cosa.
Ñañero. Ver *ñañoso*.
Ñango, a. adj. y sust. (Méx) Enclenque, flaco, que no tiene fuerza.
Ñañoso, a. adj. y sust. (Arg) Que siempre está enfermo. Persona delicada y caprichosa.
Ñato, a. adj. y sust. (Méx) Que no tiene nariz o que la tiene muy chata.
Ñero, a. adj. y sust. (Méx) Persona ordinaria, que viste mal, que no sabe comportarse. Ver *Naco, Grasa, Grasún*.
Ñoño. adj. y sust. m. Amanerado, asustadizo, cobarde, afeminado. En México: de escasa inteligencia. Tonto, bobo.
Ñorro. adj. y sust. m. (Pana) Hombre homosexual.
Ñoqui. adj. y sust. Empleado que solo aparece a cobrar los fines de cada mes (por la costumbre de que el 29 se cocinan ñoquis). Ver *botella*.
Ñuco, a. adj. y sust. (Col) Individuo ignorante, de modales toscos. Cateto, paleto, corroncho.
Ñurido, a. adj (Col) Débil, enfermizo, escuchimizado, canijo, enclenque.

O

Obcecado, a. adj. y sust. Cegado, ofuscado. Del latín *obsecatio*: acción de cubrir la simiente, que queda ciega bajo la tierra que la oculta.

Obsceno, a. adj. y sust. Lascivo, impuro, torpe. Persona disoluta. Del latín *obscenus*: de mal agüero.

Obsecuente. adj. y sust. Obediente, sumiso. Persona excesivamente condescendiente. Del latín *obsecuens*: obediente, rendido, participio de presente de *obsequi*: acomodar a la voluntad y gusto de otro.

Obscurantista. adj. y sust. m. Enemigo de la Ilustración.

Obtuso, a. adj. y sust. Corto de entendederas, porfiado, carente de inteligencia.

Odioso, a. adj. y sust. Antipático. Digno de aborrecimiento.

Ogro. adj. y sust. m. Malo, antipático, pedante. Machista. Entre las mujeres suele utilizarse *mi marido es un ogro*. Del latín *orcus*: infierno, dios de las sombras infernales.

Ojete. adj. y sust. m. y f. (Méx) Persona hipócrita, que simula lo que no es. También injusto. Ruin, vil. *Mi suegra es un ojete*.

Ojetudo, a. adj. Que tiene grande el ojete. También el favorecido por la suerte.

Oleculos. m. adj. y sust. (Arg) Persona aduladora. *Lameculos*, adulón, cortesano, *chupamedias*.

Oledor. adj. y sust. m. inus. *Oleculos*.

Olete. adj. y sust. (Arg) Sumiso, obsecuente, adulón.

Olfa. (de olfato) adj. y sust. m. y f. (Arg) Adulón, *lameculos*,

217

chupamdias. En colegios, alumno estudioso que adula a profesores y maestros, *manyaoreja*.

Olfaturista. adj. y sust. m. (Arg) Adulador. Oleculos.

Olga. adj. y sust. (Méx) Persona floja, sin iniciativa. Haragán.

Oligarca. adj. y sust. Despectivo de millonario. Rico, que tiene mucho dinero.

Oligo. adj. y sust. (Arg) Oligofrénico. Loco, lelo, piantado.

Olío. adj. y sust. (Ven) Persona bajo los efectos de la cocaína.

Onanista. adj. y sust. m. y f. El que se autosatisface sexualmente. Pajero. De Onán, hijo de Judá, que fue el primero que ofreció el ejemplo de la masturbación.

Opa. adj. y sust. m. (voz quechua, *bobo*) m. Idiota, imbécil. Mamerto.

Opa

[...] y una vez en la calle Charcas alguien me dijo mirá esa es Victoria Ocampo y yo dije quién es Victoria Ocampo, y fui mortalmente despreciado con el comentario: estos uruguayos si los sacás del fútbol y la ruleta, son unos opas, y no pregunté qué quiere decir opa para no ser mortalmente despreciado por segunda vez...
Mario Benedetti, Gracias por el fuego, Montevideo, Editorial Alfa, 1966.

Opiado, a. adj. (Arg) Aburrido, cansado, hastiado.

Opio. adj. y sust. m. Persona aburrida.

Oprobioso, a. adj. Que causa oprobio. Ignominioso, deshonroso.

Orate. adj. y sust. m. Loco, sinrazón, alocado, de poco seso. Persona de poco juicio.

Ordinario, a. adj. De escasa educación, chabacano, grosero, poco galante.

Oreja. adj. y sust. (Bol) Alcahuete, delator policial.

Orejero, a. adj. y sust. (Arg) Persona aduladora, alcahuete.

Orejudo, a. adj. (Arg) De grandes orejas.

Orinado, a. adj. Meado, que se orina encima. Que tiene mala suerte.

Orsifa. adj. y sust. (Méx) Antipático, guarango, persona desagradable.

Ortiba. adj. y sust. (Arg) *Ortiva*. Soplón, delator, cana. Alcahuete, correveidile. Soplón de su patrón. Confidente policial.

Orto. (*cara de*) adj. y sust. Avinagrado, amargado, cara de culo, enojado.

Osco, a. adj. y sust. Ceñudo, áspero, antipático.

Oscurantista. adj. y sust. m. y f. Que propaga la ignorancia, que impide la cultura. *Obscurantista*.

Ostentoso, a. adj. Jactancioso, que se vanagloria. Que hace gala de grandeza. Del latín *ostentare*: hacer ver, vanagloriarse.

Otario, a. (posible vesre irreg. de idiota) adj. y sust. (Arg) Tonto, bobo, crédulo, ingenuo, zonzo. Ver *Mamerto*.

> ### Otario
>
> —"Pero, decime, ¿vos no podés prestarme esos seiscientos pesos?
> El otro movió lentamente la cabeza:
> —¿Te pensás que porque leo la Biblia soy un otario?
> Roberto Arlt, Los siete locos, Buenos Aires, Losada, 1997.

Oveja. adj. y sust. f. Dócil, que se deja llevar por otros. Falto de carácter.

Oxidado, a. adj. y sust. Viejo, cansado, que carece de fuerzas.

P

Pacharaco, a. adj. y sust. (Perú) Persona de mal gusto en el vestir. *Eres un pacharaco que no sabes combinar los colores.*
Pachichi. adj. y sust. (Méx) Viejo, anciano, acabado.
Pachocho, a. adj. y sust. (Col) Que procede con demasiada lentitud y flema.
Pachorriento, a. adj. y sust. (Arg) Pachorrudo, cachaciento. Lento, bobo, perezoso.
Pachorro, a. adj. y sust. Que actúa lentamente, que nada lo inquieta. Cachaza, pachorrudo, apachorrado, cachaciento, pachorriento.
Pachuco. adj. y sust. m. (Méx) Vago, indolente. Se aplica al joven que no estudia, generalmente grosero, maleducado y vulgar. También proxeneta. Mantenido por prostitutas que viste en forma llamativa.
Padrino. adj. y sust. (Méx) Proxeneta, que explota sexualmente a las mujeres.
Paica. adj. y sust. (voz indígena, ib. *horqueta*) f. Despect. mujer, *mina*.
Pajarito. adj. y sust. (Cuba) Maricón, homosexual.
Pájaro (*de mal agüero*) Mufa, que trae mala suerte, portador de malas noticias. En Cuba despectivo hacia el homosexual.
Pajarón, a. adj. y sust. (Uru) (Arg) Majadero, que no sabe trabajar, memo, melón. Zonzo, bobalicón. Demasiado crédulo, pavote. Ver *Mamerto*.
Pajero, a. adj. y sust. (Arg) Dícese del onanista. Masturbador,

mano de oro, que *se hace la del mono*. Sujeto que se autocomplace sexualmente. Muñequero, puñetero.

Pajizo. m. (Col) Hombre que se masturba.

Pajuato, a. sust. adj. y sust. (Uru) Pajarón.

Pajudo, a. adj. (Col) Mentiroso, exagerado.

Pajuerano, a. adj. (Arg) Forastero. Hombre de campo que desconoce los usos y costumbres de la ciudad, *payuca*.

Palabroso, a. adj. (Col) Que suele proferir palabras groseras. Mal hablado.

Paladar negro. adj. y sust. (por los perros de raza) fig. Persona delicada y melindrosa, espec. en el comer.

Palangana. adj. y sust. Fanfarrón, botarate, *farabute*; mantenido, *cafisho*.

Paleto, a. adj. y sust. Persona rústica. Zafio.

Palizas. adj. y sust. (Esp) Pesado, molesto. *Eres muy palizas, déjame sólo.*

Palmado. adj. (Arg) Que está exhausto, agotado. Enfermo, achacoso. Seco y sin dinero. Achacado, fané, descangayado, bichoco, blandengue. cachuzo.

Palmieri. adj. y sust. (del apellido it.) m. *palmado*.

Paloma blanca. adj. y sust. (Méx) Vagabundo, que no le gusta trabajar. Holgazán.

Palurdo. adj. y sust. Basto, tosco, de escaso coeficiente intelectual, ignorante. Del latín la terminación *lurdo*, amarillento, cetrino.

> *Palurdo*
>
> ¡Maldita sea mi suerte! El mesón de El Macho Prieto, el palurdo insolente del tren, la muerte del primo y ahora hasta los reproches de mi hermana. ¿Adónde vamos a parar?
>
> Mariano Azuela, Esa sangre, *México, Fondo de Cultura Económica, 1984.*

Pamela. adj. y sust. f. (Arg) Demasiado cándido. Zonzo, boludo, pelotudo.

Pancharcio, a. adj. y sust. (Arg) Persona de escasas luces. Tonto, zonzo.

Pandillero, a. adj. y sust. Rufián, que en unión con otros engaña o roba. Tunante.

Pandorga. adj. y sust. f. (Esp) Mujer muy gorda, excesivamente pesada y torpe en sus acciones.

Pandorgo. adj. y sust. m. (Esp) Hombre panzón. Barrigudo.

Pánfilo, a. adj. y sust. Voz poco frecuente. Inocente, demasiado cauto, medio huevonazo.

Panfilote. adj. y sust. m. y f. Aumentativo de pánfilo.

Panoli. adj. y sust. Abombado.

Papafrita. adj. y sust. Zonzo, bobo, de escaso entendimiento. Abombado, alcaucil, bambaco, bobalicón, bobeta, bodoque, boncha, cachirulo, caspiento, caspudo, chambón, chauchón, chitrulo, corto, cotudo, faltado, falto, gil, gilastrún, gilún, mamerto, melón, nabo, naboncio, opa, otario, pajarón, papanatas, paparulo, pastenaca, pavote, pelandrún salame, salamín, sota, taguicho, taguirongo, taradeli, tarúpido, tolongo, tonto, zanahoria.

Papagayo. adj. y sust. (Arg) Mujer fea, loro.

Papallona. adj. y sust. (Cuba) Literalmente gran vagina. Conchuda.

Papamoscas. adj. y sust. Que no pone atención en lo que hace. Distraido.

Papanatas. Distraído, fácil de engatusar, inocente.

Paparote. adj. y sust. Pánfilo.

Paparulo, a. adj. y sust. (Arg) Tonto, zonzo. Ver *Papafrita*.

Papayona. Ver *papallona*.

Papelero, a. (Col) Que finge o aparenta lo que no siente. Farsante, simulador.

Papelonero, a. adj. Dícese del individuo que incurre a menudo en papelones o planchas.

Papero. adj. y sust. m. Drogadicto.

Papirote (*tonto de*) Papanatas, bobalicón, que vive en otro mundo, incauto.

Papista (más — que el Papa) Beato, que exagera en sus actitudes.

Papudo, a. adj. y sust. (Arg) De escaso entendimiento. Bolastristes, pelotudo.

Pasmado, a. adj. y sust. Bobalicón, sin gracia.

Paquero, a. adj. y sust. m. Estafador que usa el truco del paco.

Paquete. adj. y sust. (Arg, Uru) Mujer fea, bagayo, bagre, cacatúa, loro, bodrio. También insoportable, cansador, inaguantable. *Esa persona es un paquete.*

Paracaidista. adj. y sust. m. (Bol) Oportunista, que se infiltra en un sitio que no le corresponde.

Parador, a. adj. y sust. (Bol) Insolente, engreído, que desprecia a los demás.

Paragua. adj. y sust. Despectivo de paraguayo.

Paralítico. adj. y sust. En el ambiente futbolístico, el mal jugador.

Paranoico, a. adj. y sust. Dícese del que tiene delirios de persecución o de grandeza.

Parásito. m. adj. y sust. Persona que vive a costa ajena. Vago.

Paratrás. adj. y sust. (Arg) Homosexual.

Pardo, a. adj. y sust. Morocho; el femenino significa *mina, percanta*.

Pargo. adj. y sust. (Cuba) Maricón, homosexual.

Paria. adj. y sust. Aislado, marginado, *vive como un paria.* Sujeto al que la mayoría desdeña.

Parlador, a. adj. y sust. Hablador, charlatán.

Parlanchín, a. adj. y sust. Que habla mucho sin saber lo que dice.

Parlatutti (*parlatute*) (pseudoitalianismo). m. Que habla demasiado, charlatán, *charleta*.

Parlero, a. adj. y sust. (Esp) El que lleva chismes a otro. Chismoso. Que habla lo que debería callar.

Parolero, a. adj. y sust. Fanfarrón, jactancioso, *farolero*.

Partero, a. adj. y sust. m. y f. Persona que finge o se vanagloria, que se manda la parte.
Parvenu. adj. y sust. (fr.) m. Advenedizo.
Parvero, a. adj. y sust. Mentiroso, que desea impresionar mediante embustes.
Párvulo, a. adj. y sust. Demasiado inocente. Que sabe poco y es fácil de engañar.
Pasador. adj. y sust. m. Levantador de quiniela o de apuestas de carreras, *arbolito*.
Pascual. adj. y sust. m. (Arg) Torpe, de escasa inteligencia.
Pascualeti. adj. y sust. m. (Arg) Pascual.
Pasmado, a. adj. y sust. (ES) Tonto, bobo.
Paspado. adj. Que vive en las nubes, distraído, poco despierto.
Pastenaca. adj. y sust. (it. *pastinaça*, chirivía, raíz comestible. Catalán. *paztenaga*: zanahoria) m. individuo tonto, bobalicón, *chauchón*, papanatas, *nabo*. Ver *Papafrita*.
Pasteta. adj. y sust. (Uru) Lento en su actuar. Cachaciento, pachorriento.
Pastilla. adj. y sust. (Méx) Homosexual.
Pastuso. adj. y sust. (Cuba) Tonto, bobo, ignorante, lento.
Pasudo, a. adj. (Col) Despectivo. Referido al pelo de los negros, ensortijado, rizado, crespo.
Pata. adj. y sust. f. (PR) Lesbiana.
Patadura. m. (Arg) Torpe, zonzo, que no sabe bailar. fút. Jugador malo y pesado. Bailarín torpe.

Patadura

Pero lo de la tribuna era alevoso. Hasta patadura me gritaron. Patadura, oíste. Fue lo que más me dolió. Me acordaba de cuando me aplaudían cada gambeta, me acordaba del muñeco y de la tapa del *Gráfico*, y te juro que lloré. Se me hizo un nudo en la garganta y lloraba de bronca.
    Humberto Costantini, Insai derecho, *en* Bandeo, *Buenos Aires, Editorial Granica, 1975.*

Patafloja. adj. y sust. (Col) Se dice de la mujer que se considera fácil de conquistar en el terreno amoroso. Ligera de cascos, casquivana.

Patán. adj. y sust. Simplón, tosco, de escasa cultura. Puede utilizarse como *es un pobre patán*.

Patapelada. adj. m. (Bol) Harapiento, pobre.

Patasucia. adj. y sust. m. y f. despect. sujeto despreciable y asqueroso. Se usa en sentido social.

Patibulario. Persona de mal aspecto, cetrino, de rostro desagradable. Sujeto del que debe desconfiarse.

Patilludo, a. adj. y sust. Hastiado, harto, cansado, *estufo*.

Patín. (Arg) Puta, ramera.

Patinadora. (Arg) Puta, ramera.

Patinadora. f. (Bol) Patín.

Patiño. (de Simón Patiño, rey del estaño) (Bol) Borracho consuetudinario.

Pato, a. adj. y sust. sin dinero, *seco*. (Cuba, Nic, PR) Homosexual. Ver *Pájaro*.

Patojo, a. adj. y sust. (Col) Persona que cojea al caminar, cojo, renco, patuletas, niguatero.

Patoso, a. adj. y sust. Pesado, que presume de entretenido sin serlo. Inhábil, desmañado.

Patotero, a. adj. y sust. (Arg) Relativo o perteneciente a la *patota*. m. gamberro, integrante de una *patota*. Pandillero, barrabrava.

Patovica. (de Vicas, marca comercial de aves de gran pechuga) adj. y sust. m. Individuo atlético de gran torso. Guardián de locales nocturnos de diversión juvenil notable por su físico, que actúa controlando tumultos y expulsando a los revoltosos.

Patriotero, a. adj. y sust. Exagerado en su nacionalismo.

Patuletas. adj. y sust. (Col) Patojo.

Patuncho, a. adj. (Col) Que tiene los pies torcidos hacia adentro.

Paturro, a. adj. (Col) Persona gruesa y de poca altura. Achaparrado, repolludo, rechoncho, saporro, guato, pote, turro, retobo.

Paulino. adj. y sust. m. *Pavo*, tonto.
Pavo. adj. y sust. m. Argot. Bobo, tonto, simple; hombre pesado, lerdo, flemático.
Pavonazo, a. adj. y sust. Aumentativo de pavo.
Pavote, a. adj. y sust. (Uru) Zonzo, papanatas, abombado, bobeta.
Payaso. adj. y sust. Que quiere hacerse el gracioso y no lo logra. Aquel que desea llamar la atención y sólo despierta compasión.
Payuca (*no*) (de *payés, payo*, it. ib.) adj. y sust. m. Provinciano, persona del interior, *pajuerano*.
Pazguato, a. adj. y sust. Pavote.
Pazpuerca. adj. y sust. (Esp) ant. Aplicado a la mujer puerca, grosera, sucia.
Pechador, a. adj. y sust. Que tiene el hábito de pedir dinero.
Pechoño, a. adj. y sust. (Bol) Chupacirios, santurrón, devoto exagerado.
Pécora. adj. y sust. f. Mujer de mala vida. Viciosa, puta, buscona.
Pecueco, a. adj. y sust. (Col) Persona a la que le huelen mal los pies.
Pechichoso, a. adj. (Col) Que muestra delicadeza, escrúpulo o repugnancia con excesivas o afectadas maneras. Remilgado, melindroso.
Pechugón, a. adj. (Col) Desfachatado, que obra en provecho propio sin importarle perjudicar a otros. Caradura, fresco.
Pedante. adj. y sust. Que se cree más de lo que es. Ostentoso, que desdeña a los demás, de gesto altivo y desdeñoso.
Pedazo de carne con ojos. adj. y sust. Individuo carente de vida interior, nulidad.
Pedazo. Anteposición que puede utilizarse para enfatizar el insulto: *pedazo de animal, pedazo de estúpido, pedazo de bestia.*
Pederasta. adj. y sust. m. Que abusa sexualmente de los niños.
Pedernal. adj. y sust. m. y f. (Méx) Borracho.
Pedero, a. adj. y sust. (Méx) Persona agresiva, ostentosa. Pedante.
Pedigüeño, a. adj. y sust. Que pide con frecuencia, que mendiga.
Pedinche. adj. y sust. (Méx) Borracho, que bebe demasiado.

Pedinche

La llegada de Moisés fue un acontecimiento. En vez de llamarlo el bizquito hético, chillón y pedinche que viene a ser una carga más... –como esperaba Lorenzo– llamáronle hijo y tratábanlo con asco y recelo íntimos...
    Juan de la Cabada, María La Voz y otras historias, *México, Fondo de Cultura Económica, 1983.*

Pedo (*en*) adj. y sust. Borracho. Del latín *peditum*.

Pedófilo. adj. y sust. Que le gustan los niños. Abusador de niños. Del griego *pais*: niño, y *philos*: amante.

Pedorriento, a. adj. y sust. (Col) Que expele ventosidades con frecuencia y sin vergüenza.

Pedorro. adj. y sust. Flatuliento, que sufre de flatulencia, que se tira pedos sin medir las consecuencias. También pedorreico, que no se limita en cuanto a tirarse pedos.

Pedrero, a. adj. y sust. (Col) Vulgar, chabacano.

Pegachento, a. (Col) Persona molesta que acompaña siempre a alguien. Lapa, mosca, pegote, pegadilla, pegajoso.

Pegajoso, a. adj. Pesado, que se pega a las personas.

Pegando programas. (Méx) Muy ebrio.

Pejerto, a. adj. y sust. (Arg) Tonto, zonzo. *Pendeja*, muchacha joven. Medio lela.

Pelada. adj. y sust. f. (Bol) Mujer, también manceba.

Pelado, a. adj. y sust. (Méx) Persona vulgar. También dícese del niño grosero y mal hablado.

Pelafustán. adj. y sust. Vago, que no le gusta trabajar, holgazán.

Pelafustán

La vieja, que miraba a los cientos metros con la escoba en la mano, llamó a los muchachos con cólera:
—¡Salgan de ahí, salgan de ahí, pelafustanes!
La jauría saltó en diagonal, como un solo cuerpo, y otra vez obstaculizaron el paso de Ágata. Un rubio de pelo lacio reía a desgañitarse; los otros tomaban en serio sus iras.
    Eduardo Mallea, Todo verdor perecerá, *Buenos Aires, Espasa-Calpe, 1941.*

Pelagatos. adj. y sust. Persona sin recursos, pobre, que no tiene dinero, que vive en la miseria, miserable.
Pelandinga. adj. y sust. f. (Bol) Diminutivo de pelada.
Pelandra. adj. y sust. m. y f. (Arg) Atorrante, vago, inus. *pelandrún*.
Pelandrún, a. adj. y sust. (Arg) Persona despreciable, vago, holgazán, rotoso, que vive indignamente. Miserable.

> **Pelandrún**
>
> Esos trajes que empilchás / no concuerdan con tu cuna, / pobre mina pelandruna / hecha de seda y percal. / En fina copa e´ cristal / hoy tomás ricos licores / y entre tantos resplandores / se encandiló tu arrabal.
> Enrique Cadícamo, Callejera, *Buenos Aires, Torres Agüero, 1983.*

Pelandusca. adj. y sust. Putita, viciosa de poca categoría, buscona, mirabraguetas.
Pelangoche. (Méx) Persona que no vale nada. Pobre diablo.
Pelele. adj. y sust. Que se deja manejar por cualquiera, que carece de iniciativas, marioneta.
Pelenciero, a. adj. y sust. (Col) Pendenciero, peleón.
Peleonero, a. adj. y sust. (Col) Pelenciero.
Pelichuzudo, a. adj. (Col) Persona a la que no se le asienta el cabello, que lo tiene de punta.
Pelitieso, a. adj. y sust. El que tiene el pelo tieso y erizado.
Pellejo. adj. y sust. (Esp) Alcohólico, borracho, ebrio. Para enfatizar puede decirse: *flor de pellejo.*
Pelma. adj. y sust. Pesado, aburrido, compañía indeseable por lo plomo.
Pelmazo. Aumentativo de pelma. Plomífero, insoportable.
Peloduro. adj. y sust. m. Persona que tiene cabellos hirsutos, provinciano, *cabecita negra.*
Pelo pasa. adj. y sust. (Cuba) Que tiene el pelo mota, encrespado: *pelo malo.*

Pelopincho. adj. y sust. m. *Pelotudo.*
Pelópidas. adj. y sust. Ver pelotudo.

> **Pelópidas**
> Nos hicieron abrir los roperos, los huevos se me subieron a la boca, "agárrate compadre, dijo Vallano, esto va a ser el fin del mundo" y tenía razón. "¿Revista de prendas, mi suboficial?", dijo Arróspide, el pobre tenía cara de moribundo. "No se haga el Pelópidas, dijo Pezoa, estése quieto y, por favor, métase la lengua al culo".
> Mario Vargas Llosa, La ciudad y los perros, *México, Seix Barral, 1977.*

Pelotudo. adj. y sust. (Arg) Véase *boludo.* Persona torpe, ineficiente, que no sabe hacer nada. Inútil. Que carece de inteligencia. Tonto.
Peluquera. adj. y sust. (Guat) Travesti. Hombre que se viste de mujer.
Penco. adj. y sust. Mujer vieja y puta. Despreciada por los hombres. En Cuba: cobarde, miedoso.
Pencoso, sa. adj. (Arg) Despectivamente sobre el que tiene los pies grandes.
Pendejo, a. adj. y sust. Mocoso, muchachito agrandado, pendorcho. Puede enfatizarse como *pendejo de mierda, pendejo puto.* En México, tonto, estúpido. En Colombia, persona cuyo comportamiento denota poca inteligencia, falta de viveza, ridiculez. Bobo, tonto, hueva, gil, huevón, junípero, pelota.
Pendes. adj. y sust. m. y f. Ver *Pendejo.*
Pendiolo, a. adj. y sust. (Col) Pendejo.
Pendón. adj. y sust. (Esp) Mujer de costumbres indignas, de vida licenciosa.
Pendorcho, a. adj. y sust. (Arg) Mocoso, pendejito. Véase *Pendejo.*
Peoresnada. adj. y sust. f. Esposa, novia.

Pepe, a. adj. y sust. (Méx) Borracho.

Pequero. adj. y sust. m. (Arg) Tahúr, que practica la *peca* (trampa), fullero; hombre sin escrúpulos en las transacciones, tramposo. Mulero.

Percalera. adj. y sust. f. (Arg) Despectivo de muchacha muy humilde. *Costurera, costurerita.*

Percanta. adj. y sust. (it. ib., princesa) f. mujer, *mina*, querida.

Percanta

Se dio el juego de remanye, / cuando vos, pobre percanta, / gambeteabas la pobreza / en la casa de pensión / hoy sos toda una bacana / la vida te ríe y canta / los morlacos del otario / los jugás a la marchanta / como juega el gato maula / con el mísero ratón.
Celedonio Flores, Mano a mano, *Buenos Aires, Torres Agüero, 1982.*

Percantina. Ver *percanta*.

Percherona. adj. y sust. f. Pechugona, tetona, robusta.

Perdedor, a. adj. (Arg) Fracasado, acostumbrado a perder, que no tiene futuro.

Perdido. adj. y sust. m. (Arg) Distraído, que vive en las nubes. Que no presta atención.

Perdida. adj. y sust. f. Mujer fácil, prostituta.

Perdulario, a. adj. y sust. De aspecto mugriento, sucio. Sujeto despreciable, indigno y miserable. También vicioso. Mal hablado.

Perdulario

Miembro inofensivo, por último, era Gabriel, un matón en ciernes que, gracias a nuestro señor el alcohol, habíase estancado desde sus más tiernos años en perdulario marrullero y gruñidor, perro viejo y desdentado.
Mariano Azuela, Mala yerba, *México, Fondo de Cultura Económica, 1984.*

Perecudo, a. adj. y sust. (Col) Persona que ocasiona molestias o trabajo.
Pereira. adj. y sust. m. Persona que tiene pera, barbilla.
Perejil. adj. y sust. (Arg) (juego de palabras en base a la term. *gil*) m. *gil, otario*. Pendejo, pelo de pubis. Tonto, zonzo.
Perezoso, a. adj. Negligente, flojo, descuidado. Que duerme demasiado.
Pérfido, a. adj. Desleal, traidor, que falta a la fe depositada en su persona.

> *Pérfido*
>
> [Rosas] sabe usar de las palabras y de las formas que satisfacen a la exigencia de los indiferentes. Los salvajes, los sanguinarios, los pérfidos, inmundos unitarios, el sanguinario duque de Abrantes, el pérfido ministerio del Brasil...
> *Domingo F. Sarmiento,* Facundo, Civilización y barbarie, Alianza Editorial, Madrid, 1970.

Peripuestoi, a. adj. y sust. Afectado, demasiado fino.
Perista. adj. y sust. m. Comprador de cosas robadas. faltador, amigo de hacer peras.
Pernicioso, a. adj. (Col) Que es remiso al trabajo, que se pasa la vida en parranda. Que se embriaga habitualmente.
Perón. adj. m. (Bol) Que se hace la pera, que se masturba.
Perogrullo. adj. Que dice perogrulladas. Que recita verdades harto sabidas.
Perpetuo, a. adj. (Arg) Se aplica a las personas que no admiten la vejez y se someten a operaciones quirúrgicas para disimular la edad.
Perrángano. adj. (Col) Sujeto que engaña, estafa o roba.
Perrero. adj. (Arg) Tramposo, mentiroso.
Perro, a. adj. (Arg) Malo, de bajos instintos, malvado. En fútbol, el jugador poco hábil. También puta. También persona que canta mal. (Perú) Mal olor de pies.

Perra

—¡Ah!, vos no la conociste... no la conociste nunca. Fijáte, escuchá lo que te voy a contar. Una tarde fui a verte, sabía que no estabas, quería encontrarme con ella, verla no más, aunque fuera. Llegué sudado, no sé cuantas cuadras caminé al sol antes de resolverme.
—Igual que yo, al sol –pensó Erdosain.
—Y eso que vos sabés que a mí no me falta plata para tomar un automóvil, y aun cuando pregunté por vos, ella, sin moverse del umbral, me contestó:
—Disculpe, no lo hago pasar porque no está mi esposo. ¿Te das cuenta qué perra?
Roberto Arlt, Los siente locos, Buenos Aires, Losada, 1997.

Persecuto, a. adj. (Arg) Que padece de delirio de persecución. Ú.t.c.s. Que tiene excesivo sentimiento de culpabilidad.

Perverso, a. adj. Malo, malvado. Del latín *perversitas*: perturbación del orden natural de las cosas.

Pervertido, a. adj. Vicioso, de malas costumbres. También homosexual.

Pesado, a. adj. m. Valentón, matón, guapo; delincuente confirmado y feroz. También se aplica a las personas insoportables.

Pescado. adj. (Arg) Pesquisa, agente de investigaciones. Bobo, tonto. También mujer muy fea, bagayo. *Qué clase de pescado sos que La Campagnola no te envasa.*

Pesebrero. adj. m. Sirviente o cuidador de un prostíbulo.

Peseta. adj. (Méx) Agresivo, antipático.

Pesquisa. adj. m. Agente de investigaciones, pesquisante, *pescado*; desus. Bobo, tonto, *pelotudo*; individuo *engrupido*.

Peste. adj. Malo, insoportable.

Pestillo. adj. (Cuba) Mujer flaca, mala. De mal carácter.

Petaca. adj. m. Tarado, tonto; fig. bajo, retacón. En Bolivia, perezoso.

Petimetre. Sujeto con aspecto de señorito. Petiso fanfarrón, que sólo cuida su aspecto exterior. Que mueve a risa por su aspecto.

Petitero, a. adj. y sust. (Arg) (del Petit Café en Buenos Aires, donde se congregaban.) Amanerado, *pituco, fifí, caquero*.

Petizo, a. (port. *Petito*, ib.) adj. Bajo, de poca altura. m. Persona baja.

> *Petizo*
>
> —¿Nosotros? ¿Qué ustedes?
> —Los malos –me miraba, alegremente. Tenía ojos estriados, como ranuras, y un gesto que la hacía parecer diez años más joven–. Mirá que sos farsante. Y petizo. ¿Sos comunista?
> Abelardo Castillo, El cruce del Aqueronte, *Buenos Aires, Galerna, 1982*.

Petizón, a. adj. Relativamente bajo, ni *petizo* ni alto.

Petrolero. adj. m. inus. fig. Borracho.

Petulante. adj. Antipático, desdeñoso, que se jacta de sus presuntas virtudes. Que maltrata a los demás. Del latín *petulans*, forma de *petere*: pedir, atacar, acometer.

Pezuñento. adj. (Perú, Bol) Se aplica despectivamente al indio de la sierra. Que tiene pezuñas, "cholo pezuñento".

> *Pezuñento*
>
> Me perseguía por todos los Andes. No le interesábamos por nosotros, sino para meternos a sus libros. ¿Está vivo todavía ese pezuñento del gringo Escarlatina?
> Mario Vargas Llosa, Lituma en los Andes, *Buenos Aires, Planeta, 1993*.

Pianista. adj. m. (Bol) Ladrón.

Piantadino. adj. y sust. (de personaje de historieta) m. *Piantado*. Dícese de la persona que se ausenta con frecuencia del trabajo. También que tiene las facultades mentales alteradas.

Piantado, a. sust. adj. (Arg, Uru) Alocado, que tiene conductas extrañas. Chiflado, loco.

Piantavotos. (ahuyenta votos) adj. m. Político que, por personalidad o ideas negativas, provoca pérdida de votos para su partido.

Picado, a. adj. y sust. (Nic) Borracho, ebrio.

Picaflor. adj. y sust. m. fig. Galanteador, donjuán.

Pícaro. adj. y sust. Sujeto astuto que espera la oportunidad para engañar al otro. Ruin, siempre atento para cometer alguna felonía.

Pichabrava. adj. y sust. (Esp) Obsesivo sexual. Que quiere fornicar a todas las mujeres, pijabrava, calentón consuetudinario.

Pichafría. adj. y sust. (Esp) Que no se preocupa por nada, que nada le importa. También impotente.

Pichi o pichín. (it. *piccino*, pequeño) adj. y sust. (Uru) fig. Pez chico, personaje poco importante. Que no es nadie. Muerto de hambre, rata. Piojoso.

Pichicadicto, a. adj. y sust. (Arg) Drogadicto.

Pichicateado, a. adj. (Arg) Drogado, falopeado.

Pichicatero, a. adj. y sust. (Arg) Dícese de la persona aficionada a las drogas, drogadicto. Que consume drogas, adicto. Falopero.

Pichicato, a. adj. y sust. (Méx) Cicatero, miserable, que escatima, avaro.

Pichinchero, a. adj. y sust. Que busca *pichinchas*.

Pichirrín. (it. *piccirro*, ib.) adj. y sust. m. Chico, *pibe*.

Pichón. adj. y sust. m. bisoño, inexperto. candidato al que se engaña o explota fácilmente, *otario, pipiolo*.

Pichula corta. adj. y sust. Que tiene pene corto.

Pichuleador, a. adj. y sust. *pichulero*. Dícese de la persona que *pichulea*, ventajera. Avivato, que trata de sacar ventajas.

Pichulero. adj. y sust. (Arg) Ventajita, avivato, que trata de sacar ventajas.
Picúo. adj. y sust. (Cuba) Persona extravagante. Ridícula, cursi.
Piedrún. adj. y sust. (Arg) Chambón. Torpe.
Pierdeaceite. adj. y sust. (Esp) Maricón, puto.
Piernabierto, a. adj. y sust. De connotación sexual, que tiene las piernas abiertas. Dispuesto.
Piernudo, a. adj. y sust. Que tiene piernas gruesas, *macetudo*.
Piernún. adj. y sust. m. Aum. de pierna, astuto, avivado.
Pigmeo, a. adj. y sust. Se aplica a las personas de baja estatura.
Pija. adj. y sust. Astuto, pícaro, avivado. Hacerse el pija: Alardear de vivo y experimentado.
Pijindrín. adj. y sust. m. Individuo que quiere pasar por listo o pícaro. Sinvergüenza simpático.
Pijotero, a. adj. y sust. (Arg) Amarrete, excesivamente ahorrativo. Agarrado, amarro, machete, mezquino, ranfañoso, rasca, rasposo. Que no presta, que mide sus centavos.
Pijuda. adj. y sust. f. (Col) Mujer que en su aspecto y comportamiento se asemeja a un hombre. Marimacho, machona, piscuda.
Pijudo. adj. Que tiene *pija* grande.
Pillado, a. adj. Engreído, agrandado, *engrupido*.
Pillo, a. adj. y sust. Pícaro, sagaz, astuto. Que no tiene crianza ni modales.
Piltrafa. adj. y sust. f. Arruinado, que ya no es nada, humillado por la vida y los hombres. Sujeto acabado para siempre. Mal vestido.

Piltrafa

—Soy una piltrafa, ésta es la verdad –dijo con voz ronca. Se enderezó, se restañó las lágrimas con el dorso de la mano y siguió [...]
Eduardo Mendoza, La aventura del tocador de señoras, Barcelona, Seix Barral, 2001.

Piluchero. adj. y sust. m. Oportunista, que aprovecha la ocasión.
Pimentón. m. Pelirrojo, *pelo con tuco*.
Pinchabombillas. adj. y sust. (Esp) Indigno, que carece de importancia. Sujeto ignorado por los demás, pelele, pobre tipo.
Pincharrata. adj. y sust. Despreciable, pobre. Perteneciente al equipo de Estudiantes de La Plata o a sus partidarios.
Pinche. adj. y sust. (Méx) Vil, despreciable. Persona insignificante, sin valor, pelele. Se enfatiza como *pinche cabrón*. En Nicaragua tacaño, avaro, amarrete. En Argentina: que no es nadie.
Pindonga (*cara de*) adj. y sust. Cara de pene fláccido. Rostro aburrido, sin expresión alguna. Cara blanda y sin atributos. En España, mujer desvergonzada.
Pingaloca. adj. y sust. (Col) Obsesivo sexual, hombre que busca mujeres de manera enfermiza.
Pingo. adj. y sust. (Méx) Drogado. *El hombre estaba bien pingo.*
Pinguero. adj. y sust. (Cuba) El que se alquila para coger a un homosexual. También mayate, picador.
Pinta. adj. y sust. m. (Uru) Delincuente, ladrón prófugo de la justicia.
Pintado, a. adj. y sust. (Col) Loco, orate.
Piñataro. m. adj. y sust. (Arg) Que presta dinero con altos intereses. Usurero.
Pío, a. adj. y sust. Persona religiosamente afectada.
Piojo resucitado. Nuevo rico.
Piojo. adj. y sust. Don nadie, persona que no tiene valor alguno. Pobre tipo. Puede enfatizarse como *piojo macaco*. En México, de baja calidad, barato, tacaño, mezquino.
Piojoso, a. adj. y sust. Sucio, vago, rasposo. Persona ruin y despreciable. Mugre, miserable. También, mezquino.
Piola. adj. y sust. f. *pija, guasca*. Persona avispada y conocedora de la vida. Persona servicial, dispuesta.

Piolo. adj. y sust. (Cuba) Hombre que suele andar con negras. Habida cuenta de la discriminación racial que culturalmente existe en Cuba, incluso entre negros y mulatos, cuando una negra invita a un blanco a irse a acostar, éste puede contestar; *"No soy Mercedes Benz"* haciendo alusión a que en el país, todos los autos de esta marca consumen diesel o sea: *"Queman petróleo".*
Pipa. adj y sust. m. y f. (Méx) Borracho.
Pipí de trapo. adj. m. (Col) Que no logra la erección. De pene fláccido.

> *Pipí de trapo*
>
> [...] la vez pasada la Araña ya me había achacado la responsabilidad de su disfunción eréctil, por darle nombre científico al infortunio de su pipí de trapo...
> Laura Restrepo, Delirio, Alfaguara, Buenos Aires, 2004.

Pipían. adj. y sust. (ES) Homosexual.
Pipiolo, a. adj. y sust. (Arg) Novato, inexperto, medio lelo, tonto. Excesivamente indeciso, que no hace bien las cosas.
Pipistrelo, a. adj. y sust. (Arg) (it. *pipistrello*: murciélago) m. y f. Persona tonta, engreída, pipiolo. También mersa, ordinario.
Pipón, a. adj. y sust. Ahíto, lleno, repleto.
Pipudo, a. adj. (Col) Que tiene mucha barriga, barrigón.
Pirado. adj. Loco, orate, sujeto de escasa razón. Loquito irresponsable.
Piripipí. adj. y sust. Refinado, elegante, afectado.
Piruja. adj. y sust. Mujer de barrio que se pretende princesa. Mamarracho. *Es una pobre piruja.* En México, prostituta, mujer de costumbres fáciles, que cambia de hombre constantemente.
Pirujo, a. adj. y sust. Persona de mal gusto y malos modales. Grasa, groncho, mencho, mersa. En México: homosexual, también mujeriego.
Pisacallos. adj. y sust. (Uru) Aquel que no respeta a los demás con tal de llevar a cabo su interés. Avasallador.

Pisahuevos. adj. y sust. (Bol) Melindroso, que camina con pasos cortos.
Pisca. adj. y sust. f. (Col) Mujer que tiene relaciones sexuales por dinero. Puta.
Piscuda. adj. y sust. f. Marimacho. Ver *Pijuda*.
Piscuí. adj. y sust. (Arg) Tonto, ingenuo.
Pistolero, a. adj. y sust. Bandido, ladrón.
Pitañoso, a. adj. y sust. Que tiene legañas en los ojos. Legañoso.
Pítimo, a. adj. y sust. (Méx) Borracho.
Pituco, a. adj. y sust. Dícese del petimetre, elegante, distinguido, afeminado. Rebuscado en el vestir. Fifí, amanerado, petimetre.
Pitusa. (tal vez de *pituca*) adj. y sust. f. Mujer de abolengo.
Placenta (*cara de*) adj. y sust. De rostro carnoso y esponjoso. *Cara de feto*.
Planchado, a. adj. y sust. sumamente cansado, agotado, exhausto.
Playo. adj. y sust. f. (Nica) Prostituta. *En una redada detuvieron a varias playos*. (CR) Homosexual: *Playo, busca un palo que te rasque: busca un negro que te la ponga*.
Plomazo. adj. y sust. Aumentativo de plomo. Absolutamente intolerable, pegajoso.
Plomo. adj. y sust. Pesado, aburrido, sin gracia. Pobre diablo.
Plomoso, a. adj. y sust. (ES) Mal educado, tosco.
Pobreta. adj. y sust. f. (Esp) Ramera, prostituta.
Pobre diablo. adj. y sust. (Arg) Se aplica a la persona digna de lástima. Fracasado, que produce un sentimiento de desprecio a los demás.

> *Pobre diablo*
>
> Ágata reaccionó. Si siempre había odiado a los dóciles, ¿no estaba haciendo la pava? ¿A qué la conducía ese deliquio ridículo? ¡Pobre diabla! El odio que se tenía con frecuencia salió de nuevo a partirla.
> *Eduardo Mallea*, Todo verdor perecerá, *Buenos Aires, Espasa-Calpe. 1941.*

Pochita Morfoni. Juego de palabras basado en *morfar: comer*) f. Mujer comilona. Gorda, obesa. Personaje de historieta.

Podrido, a. adj. y sust. Harto, fastidiado, seco, *estufo*. Seguido de la prep. *en*, repleto, lleno. Persona inicua, de mala entraña.

Poetastro. adj. y sust. Despectivo de poeta. Mal poeta.

Poli. adj. y sust. m. y f. Apóc. de policía.

Polichinela. adj. y sust. Personaje grotesco, payaso, ridículo. Títere de otros.

Poligrillo, a. (quizá por influencia de *colibrillo*) adj. y sust. Dícese de la persona sin recursos y abandonada, *croto*, *linyera*.

Politicastro. adj. y sust. Mal político, que presume conocer las ciencias políticas.

Polizón. adj. y sust. Fig. Que se introduce en donde no le corresponde. Paracaidista.

Poluto, a. adj. Sucio, inmundo, contaminado.

Pollaboba. adj. y sust. (Ecu) Tonto de ahí, gilipollas.

Pollero. sust. (Méx) Persona que se dedica al contrabando de personas a Estados Unidos.

Pollerudo. adj. y sust. Hombre que prefiere la compañía de mujeres. Dominado por una mujer. Sometido por la esposa. Cobarde, marica. Que carece de carácter. Faldero, calzonudo. En Bolivia, cobarde, marica.

Pollo bien. adj. y sust. (Esp) Dícese del niño bien, del joven fino y delicado. Presumido y desdeñoso.

Poligriyo. adj. y sust. (Arg) Atorrante. vagabundo.

Poligriyo

Pero si el poligriyo se retoba... / ¡como en el juego merlo de la escoba, / con un seis lo levanto a ese caballo!
  Daniel Giribaldi, El Farabute, Sonetos mugres, *Torres Agüero Editor, 1982.*

Poncho. adj. y sust. Sin preparación alguna. Se dice de los estudiantes que no estudian sus materias. *Fue a rendir a poncho, no sabía nada.*

Ponedor. adj. y sust. m. follador, *cogedor.*

Ponible. adj. y sust. Dícese de la mujer que está madura para ser fornicada. *Estar–. En edad de merecer.*

Ponja. adj. y sust. (Arg) (vesre de japonés) m. y f. Japonés, asiático amarillo en general.

Ponzoñoso, a. adj. y sust. Que introduce ponzoña, chismoso, de mala voluntad con los demás.

Porno. adj. y sust. Apóc. de pornográfico.

Porongudo. adj. y sust. Que tiene el pene grande, *pijudo.*

Porquería. adj. y sust. f. Suciedad, iunmundicia. Que es una basura, mala persona, de malos instintos. Se enfatiza con el agregado *de mierda.*

Porquezuelo, a. adj. y sust. Despreciativo hacia una persona. Porquería.

Portugués. adj. y sust. (Uru) Persona que aprovecha de algún conocido para entrar gratis en los espectáculos. *Hay muchos portugueses en la sala.*

Porro. adj. y sust. Aplicado antiguamente al sujeto torpe, rudo y necio.

Porrudo, a. (de porra) adj. y sust. Que tiene el pelo largo y enredado.

Posero. adj. y sust. m. Individuo afectado, *posseur.*

Poseur. adj. y sust. (fr.) m. Postinero, que se da tono o adopta poses, *posero.*

Postalita. adj. y sust. (Cuba) *Alardoso*, que alardea.

Potrillo. adj. y sust. m. Hombre brioso y varonil. Conductor de automóvil torpe e inexperto.

Potudo, a. adj. y sust. (Arg) Persona de grandes nalgas. Culón, coludo, culincho, potoco, potón, trastón, trastudo.

Presumido, a. adj. Vano, jactancioso. Que adopta aires de saberlo todo. Que se jacta de su belleza o su sabiduría.

Prieto, a. adj. Se aplica despectivamente a la persona de raza negra. Fig.: mísero, mezquino.

> *Prieto*
>
> El prieto, chaparro y lampiño leyó apenas el nombre del recomendado y tomó un color cenizo oscuro. Lo miró un instante con ojos ensombrecidos y le respondió con inesperada aspereza: —Bien...
> Mariano Azuela, Esa sangre, México, Fondo de Cultura Económica, 1984.

Primo, a. adj. y sust. (Méx) Zonzo, ingenuo.
Pringado. Pegajoso, legamoso, que está sucio. También, asqueroso.
Pringón, a. adj. y sust. Puerco, sucio, lleno de grasa o pringue.
Producida. adj. y sust. (Arg) Mujer cuyo cuerpo fue alterado por operaciones de cirugía plástica.
Profano, a. adj. y sust. Libertino, descreído. Irreligioso y también falto de modestia.
Programero, a. adj. y sust. que gusta de las aventuras amorosas.
Prometeo. adj. y sust. m. Persona que hace muchas promesas que no cumple.
Prostituta. adj. y sust. Que vende su cuerpo. Puta, ramera. Del latín *prostituta:* mujer pública, cortesana. Antiguamente se distinguía a la prostituta, que otorgaba sus placeres a toda hora, de la meretriz, que solamente lo hacía de noche.
Puente roto. (porque no se puede pasar) m. fig. Persona insoportable, *imbancable*.
Puerco, a. adj. y sust. Sucio, maloliente, de aspecto miserable. También grosero, descortés.
Puchachas. adj. y sust. (Méx) Prostitutas.
Pulastra. adj. y sust. f. (Arg) Prostituta, ramera.
Pulastrín. adj. y sust. (Arg) Diminutivo de Pulastro.

Pulastro. (it. *pollastro*, pollo dial. *Pulastro*, muchacho inexperto) adj. y sust. m. homosexual, *trolo*, *gay*.
Pulastrón. adj. y sust. m. (Arg) Aumentativo de Pulastro.
Pulastrún. adj. y sust. m. De *pulastro*.
Pulga. adj. y sust. (Méx) Despectivo a persona de baja estatura. Petiso.
Pulgoso, a. adj. y sust. El que tiene pulgas, sucio.
Pulmón. adj. y sust. m. (En algunas regiones del norte y centro de México.) Hombre homosexual, afeminado.
Pulpo. adj. y sust. m. Ambicioso en extremo, que se apropia de todo, incluyendo lo ajeno. Antiguamente se denominaba así a la ramera sucia.
Punga. adj. y sust. (Arg) Ladrón.
Punguista. adj. y sust. m. (Arg) Ladrón, carterista.
Puntero. adj. y sust. (Arg) Se denomina así a los caudillejos políticos que actúan en barrios seduciendo o amenazando a la gente para obtener votos.
Punto alto. adj. y sust. m. El principal o más listo de una organización. Prostituta de alto vuelo.
Punto. adj. y sust. m. individuo, tipo, tío, en particular el simple. *Miché, gato*. Homosexual, trolo, gay. Ramera, *loca, pulastra*.
Puñal. adj. y sust. (Méx) m. Hombre homosexual.
Puñetero, a. adj. y sust. Onanista, pajero, dícese del que se hace la puñeta, que satisface sus necesidades sexuales en la soledad. Maldito, fastidioso, molesto.
Purapinta. adj. y sust. (Bol) Que hace ostentación de fuerza, careciendo de ella.
Puta. adj. Prostituta.

Puta

...Fui a Pedrones a pedir trabajo y anduve de casa en casa tocando en las puertas, hasta que llegué a una que abrió la señora Arcángela. Ella me dijo:
—Sí, aquí hay trabajo, pero no de criada. Si vienes a trabajar en esta casa será de puta.
Yo acepté y ella me adelantó veinte pesos para las medicinas, que de nada me sirvieron, porque mi hijo se murió a los pocos días. Yo me quedé con las señoras.
Jorge Ibarguengoitia, Las muertas, Madrid, Mondadori, 1977.

Putañero. adj. y sust. El que frecuenta a las putas, el adicto a los lenocinios, el prostibulario.
Putarraca. adj. y sust. f. (Arg) Prostituta, ramera.
Putarraco. adj. y sust. m. (Arg) Varón homosexual. Puto, trolo.
Puteador, a. adj. y sust. Que dice malas palabras, procaz.
Putilla. adj. y sust. (Arg) Despectivo de puta. Patín, ramera.
Puto. adj. y sust. Dícese del homosexual que exagera su afectación femenina. Trolo, trolazo, reputo, cacerola sin fondo.

Puto

—Por Dios –dijo Sancho– que vuesa merced me trae por testigo de lo que dice a una gentil persona, puto y gafo, con la añadidura de meón, o meo, o no sé cómo.
Cervantes, Don Quijote de la Mancha, Madrid, Espasa-Calpe, 1935.

Putona. adj. y sust. f. Mujer que goza de la promiscuidad, más por placer que por negocio.
Putrefacto, a. adj. y sust. Que está podrido, sucio, maloliente. Del latín *putrefactus*, participio pasivo de *putrefieri*: corromperse, podrirse.
Pútrido, a. adj. y sust. Que está podrido. Putrefacto.
Putuela. adj. y sust. f. Diminutivo de puta.

Q

Querusa. adj. y sust. m. Hombre prepotente, pesado.
Quebracho. adj. y sust. (Méx) Homosexual. Maricón.
Quebrachón. adj. y sust. (Méx) Ver *quebracho*.
Quebrado, a. adj. Vencido, aplastado, sin valor para continuar.
Quedado, a. adj. Tímido, carente de volutnad. Que no tiene iniciativa. Apocado, abúlico. (Méx) Solterona. Despectivo de mujer soltera de cierta edad. *Mi tía cumplió 35 años y es soltera, es una quedada.*
Quejica. adj. y sust. (Esp) Que se queja mucho.
Quejoso, a. adj. Mañono, llorón, melindroso, que siempre tiene alguna dolencia.
Quemado, a. adj. (Arg) Escarmentado, escaldado. En situación desairada o ridícula. Reconocido, *manyado*. Desprestigiado, junado, embarrado. (Cuba) Loco, orate.
Quemera. adj. y sust. (Arg) Ciruja, que junta basura en la quema. Mujer sucia.

> *Quemera*
>
> Era un mosaico diquero
> que yugaba de quemera,
> hija de una curandera,
> mechera de profesión.
>   El ciruja, *tango de Alfredo Marino, música de Ernesto de la Cruz.*

Quemero. adj. y sust. m. Habitante de la *quema*, o que trafica con productos extraídos de la basura; fút. Del equipo de Huracán o que simpatiza con él.

Quemo. adj. y sust. m. (Arg) Persona desprestigiada, ordinaria, cuya compañía no es deseable.

Quequera. adj. y sust. f. Ramera de un *queco*, prostibulera.

Quequero. adj. y sust. m. Frecuentador, cliente de los prostíbulos o *quecos*.

Querida. adj. y sust. f. Se aplica despectivamente a la amante secreta de un hombre casado.

Quesista. adj. y sust. Burócrata; dícese del empleado público que vive del presupuesto.

Queso. adj. y sust. Individuo tonto y aburrido.

Quesuo. adj. y sust. (Ven) Dícese de aquel inviduo con largos períodos de abstinencia sexual y que busca a cualquier ser viviente sin excepción.

Quilombero. adj. y sust. (Arg) Dícese del bullanguero, que frecuentemente hace líos. Barullero, alborotador, liero, batifondero.

Quinelero. adj. y sust. m. Capitalista o pasador de quinielas. Apostador de quiniela.

Quinielero. Ver *quinelero*.

Quinqui. adj. y sust. (Esp) Delincuente.

Quitamotas. adj. y sust. m. (Esp) (Ant) Lisonjero, adulador, excesivamente obsequioso.

R

Rabonero, a. adj. y sust. díc. del estudiante que hace rabona.
Radicha. adj. y sust. (it. de *radicetta*, ib.) Despectivo del afiliado o adherente del partido Radical.
Radicheta. Com. *Radicha*, radical.
Rafañoso, a. adj. y sust. (Arg) Sucio, ordinario, mala persona, miserable, *ranfañoso*.
Rafles. adj. y sust. m. (Bol) Landronzuelo, ratero.
Rajado. adj. (Méx) El que es temeroso, que escapa ante cualquier contingencia, el miedoso, el cagón, el asustadizo.
Rajón, a. adj. y sust. (Méx) Cobarde, traidor, Que tiene mucho miedo y traiciona.
Ramera. adj. y sust. Puta, prostituta. De acuerdo a un antiguo refrán popular: *a la ramera y al juglar, a la vejez les viene el mal*.

> *Ramera*
> ...frente a nosotros se detuvo un vigilante, mientras que de atrás lo agarraba por los brazos el portero, que se había despertado con el ruido. Y él gritaba que lo podían escuchar desde la esquina: "Esta es la ramera... la que amó a los rufianes que tienen la carne como la carne del mulo..."
> Roberto Arlt, Los siete locos, *Buenos Aires, Losada, 1997.*

Ramerilla, a. Diminutivo de ramera.
Rameruela. adj. y sust. Ramera pobre y desgastada.
Ramplón, a. adj. y sust. Persona de escasa cultura, de poco vuelo, tosco, desaliñado. Rústico.

Ranfaña. adj. y sust. (Arg) Sucio, raído, rasposo.
Ranfañoso, a. sust. adj. (Arg) De aspecto sucio, desaliñado. Pulguiento, rantifuso, rotoso, sarnoso. También, amarrete.
Ranfiña. adj. y sust. m. (Arg) Ladrón, delincuente, chorro.
Rante. adj. y sust. m. (Arg) Aféresis de *atorrante*. Atorrante, vago.
Rantifuso, a. sust. adj. (Uru, Arg) De aspecto sucio, desaliñado. Rante, de poco valor, rastrero. Ranfaña, rasposo.
Rapaz. adj. Vivillo, buscavidas, el que utiliza cualquier medio para alcanzar sus fines. Astuto pero desconfiable.
Rapiñero, a. adj. y sust. (Uru) Que roba cosas de poca importancia.
Raro. adj. y sust. Indefinido sexualmente, sospechoso de ser homosexual.
Rarón. adj. y sust. (Uru) Homosexual.
Rasca. adj. y sust. m. (Arg) Pobretón, indigente. De baja extracción social, vagabundo, pelagatos, pulguiento, ranfañoso, pichi.
Rasca. adj. y sust. (Uru) De mala calidad. Baratieri, berreta, pichi.
Rascabuche. adj. y sust. m. y f. (Arg) Persona pobre que hace lo que puede para vivir. Pobretón, miserable.
Rascún. (Arg) Buscavidas, busca, buscaglia.
Raspa. (Arg) Ladrón, chorro.
Rasposiento, a. adj. y sust. *Rasposo*, roñoso. tacaño, miserable.
Rasposo, a. adj. (Arg) Gastado, raído, en mal estado. Díc. de prendas de vestir y de la persona que las usa. Despreciable, rotoso, mezquino, *rasposiento*. Ver *Rasca*.
Rasta. adj. y sust. m. Apóc. de *rastacuero*.
Rastacuero. adj. y sust. (Arg) Diquero, ostentoso, nariz parada.
Rastrero. adj. y sust. Traicionero, el que tiene bajos instintos, malo, sujeto vil.
Rastrillo. adj. y sust. m. fig. *Rastra*, ladronzuelo.
Rata. adj. y sust. (Arg) Indigente, pobretón. Que no tiene un centavo, pobre y malo. Buscavidas, hombre de baja estofa.
Ratero. adj. y sust. (Arg) Ladrón de carteras, el que roba en

transportes públicos. Puede ser utilizado como manifestación de desprecio hacia cualquiera.

Rati. adj. y sust. (Arg) Policía, delator.

Ratón. adj. y sust. Que no es nadie, sujeto despreciable.

Rayado, a. adj. y sust. Loco, chiflado, *piantado, revirado.*

Rayeta. adj. y sust. *Rayado,* chiflado.

Rea. adj. y sust. f. (Arg) *Atorranta,* ramera, conventillera, abandonada. Mujer de malos modales, patín, prostituta.

Reblán. adj. y sust. (Arg) Achacoso, viejo, deteriorado.

Reblandecido, a. adj. y sust. (Uru) Envejecido, chocho, anciano que gusta de las jovencitas.

Rebuznador, a. adj. Que rebuzna, asno, que habla en mal tono o groseramente.

Recalcado, a. adj. Desagradable, infame.

Recalcitrante. adj. y sust. Terco, obstinado, reacio.

Recatango. adj. y sust. m. Individuo pobre, infeliz, desgraciado.

Rechiflado, a. (de chiflado + *re*) adj. (Arg) Loco en grado sumo, lelo, virola, enojado, irritado. seguido de *por,* aficionado, apasionado.

Recochón, a. adj. y sust. (Col) Persona que molesta a los demás. Latoso, molestón.

Recreído, a. adj. Engreído, *engrupido, pescado.*

Reculeado, a. adj. Varias veces culeado. Cogido.

Redoblonero. adj. y sust. m. Pasador de apuestas.

Redomado, a. adj. En demasía. Se aplica para enfatizar el insulto: *redomado hijo de puta.*

Reducidor. adj. y sust. m. Traficante de objetos robados.

Refundido, a. adj. Muy comprometido y sin salvación. Arruinado, pobre, sin recursos.

Regalado, a. adj. (Arg) Entregado, inerme, sin recursos. Vencido, acabado, listo.

Regularón. adj. y sust. Ni bueno ni malo.

Reina. adj. y sust. (Méx) Homosexual, travesti.

Rejunado, a. adj. Archiconocido, *remanyado*.
Relajado, a. adj. Inmoral, depravado. Ú.t.c.s.
Reloco, a. adj. y sust. Requeteloco, muy loco.
Relojeado, a. adj. (Arg) Junado, conocido.
Remanyado, a. adj. (Arg) *Junado*, archiconocido, *rejunado*. Por todos conocido. Relojeado.
Remilgado, a. adj. El que simula compostura y tiene gestos de afectada delicadeza.
Remolón, a. adj. y sust. Flojo, pesado, que le huye al trabajo.
Renacuajo. adj. y sust. Malformado, que es petiso y feo. Que físicamente no vale nada. Persona desagradable por su aspecto.
Rencoroso, a. adj. Que no olvida la ofensa. Odioso, de manifiesta enemistad.
Renegado, a. adj. Converso, que cambia su religión o sus ideas por otras y reniega de su pasado.
Rengolai. (pseudoapellido) Rengo, cojo.
Reo, a. adj. y sust. (Arg) Vagabundo, *atorrante*, vago. Individuo que no se inquieta por las impresiones sociales ni por su aspecto o vestimenta sin ser antisocial.
Réprobo. adj. y sust. m. El que por decisión divina ha sido condenado a penas perpetuas. Pecador.
Reptil. adj. y sust. Víbora. Que se arrastra por la tierra. Maligno y servil. Del latín *reptilis*: arrastrarse.
Repugnante. El que causa aversión. Odioso.
Resbalosa. adj. y sust. f. (Méx) Mujer libertina. Que se insinúa y coquetea con los hombres.
Resfriado (estómago) adj. y sust. Persona que no sabe guardar un secreto. Indiscreto, chismoso.
Respondón, a. adj. El que tiene el vicio de responder todo. Petulante.
Resucitado (piojo) adj. y sust. (Arg) El que no es nadie. Insignificante.

Retacón. adj. y sust. (Arg) Petiso, enano.
Retardado, a. adj. Retrasado, infradotado.
Retobado, a. adj. Enojado, ofendido.
Retobón, a. adj. y sust. Que se *retoba* con frecuencia, indócil, rebelde.
Retozona. (Méx) Prostituta. Mujer fácil.
Retrasado, a (mental) adj. y sust. Retardado.
Retrete (*cara de*) adj. y sust. Equivalente a *cara de caca*.
Retrógrado. adj. Hombre tosco, de escasa cultura, reaccionario, de pensamientos oscuros.
Reventado, a. adj. Malintencionado, malicioso. Hombre homosexual. Mujer que mantiene relaciones con muchos hombres.
Revesado, a. adj. Metafórico. Se aplica a las personas difíciles, intrincadas, de pensamientos oscuros.
Revirado, a. adj. y sust. De facultades mentales alteradas. Molesto, fastidioso, contrariado. Enloquecido, maniático, rechiflado, *piantado, rayado, colifato*.
Revirado, a. adj. y sust. (Uru) Que está loco, colifato, rayado.
Revocada. f. adj. (Arg) Mujer con muchos afeites. Excesivamente maquillada. Mascarita.
Rey Puerco. (Méx) Borracho que no puede tenerse en pie.
Rezandero, a. adj. y sust. (Col) Que frecuenta mucho las iglesias, que muestra una religiosidad afectada. Rezador, beato, camandulero, iglesiero, lambeladrillos.
Rezongón, a. adj. y sust. Que se pasa la vida protestando, que todo le molesta, que está a disgusto en cualquier sitio y circunstancia.
Rico tipo. adj. y sust. m. Individuo ameno y entretenido, un tanto desvergonzado.
Ridículo, a. adj. y sust. Que produce risa ya sea por su aspecto físico o por su pensamiento. Risible. También puede usarse como *payaso*.

Rifado. adj. y sust. (Arg) Acabado, listo, planchado.
Rigoleto. (del protagonista de la ópera de Verdi) adj. y sust. m. Jorobado, *mochila,* que tiene jiba.
Rijoso. adj. y sust. m. Hombre que se alborota a la vista de una mujer.
Rimbombante. adj. y sust. Gesticulante, jactancioso. De gestos ampulosos.
Risible. adj. y sust. Que por su aspecto causa risa. Ridículo.
Rollero. adj. y sust. (Méx) Mentiroso, embustero, hablador.
Rompebolas. adj. y sust. (Uru) Persona fastidiosa, que molesta a los demás, *hincha pelotas, rompehuevos.*
Rompecocos. (Uru) Rompebolas. Rompehuevos, rompepelotas.
Rompedor, a. adj. y sust. Que rompe, pesado, inaguntable. Insoportable.
Rompehuevos. m. *Rompebolas.*
Roncador, a. adj. y sust. Mandón, autoritario, prepotente.
Roncoroni. (apellido it.) adj. y sust. m. persona autoritaria e irritable, *roncador, broncón.*
Roña. adj. y sust. (Uru) Avaro, amarrete.
Roñero, a. adj. y sust. (Col) Reacio al trabajo. Haragán. Roñudo.
Roñoso, a. adj. y sust. Puerco, sucio, asqueroso. Que no se baña, sucio, mugriento.

> *Roñosa*
>
> Aunque no le encantaba usar Abanta / y le rajaba al agua a troche y moche, / la Roñosa era reina de la noche, / una ilusión en forma de percanta.
> *Daniel Giribaldi,* La roñosa, Sonetos mugres, *Torres Agüero Editor, 1982.*

Ropero. adj. y sust. Boxeador de gran físico y, por ext., cualquier persona corpulenta. Tosco.
Rosbif. adj. y sust. Neologismo. (Arg) Obeso, gordo.

Rosquero, a. adj. y sust. (Arg) Que hace rosca, que le gusta negociar. Se utiliza particularmente en los ambientes políticos.

Rosquete, (*entregó el*) Expresión con que se designa a la mujer que perdió la virginidad o al varón homosexual pasivo.

Rosquete. adj. y sust. (Perú) Hombre homosexual. Puto.

Rosquete

—¿Por qué eres tan rosquete? –dice Alberto–. ¿No te da vergüenza hacerle su turno al Jaguar?
—Yo hago lo que quiero –responde el Esclavo–. ¿A ti te importa?
Mario Vargas Llosa, La ciudad y los perros, *México, Seix Barral, 1977.*

Roto, a. adj. y sust. Cansado, agotado.
Rotoso, a. m. adj. y sust. (Arg, Bol) Desharrapado, sucio.
Ruco. adj. y sust. (Méx) Viejo, muy anciano. Achacoso.
Rufa. adj. y sust. m. (Arg) Apócope de rufián. También farrista, amante de las farras.
Rufián. adj. y sust. Ladrón, delincuente, el que roba y estafa a los demás. Persona despreciable por su condición indigna. También regenteador de prostitutas. Del hebreo *rephion*: disolución, molicie.
Rufino. m. adj. y sust. (Arg) Cornudo, cornelio. También rufián.
Rufo. (de rufián) adj. y sust. m. Individuo tenebroso, abyecto, *caften*.
Ruin. adj. y sust. Persona vil, sin principios, capaz de cualquier acción. El que carece de moral.
Rule. adj. y sust. (Méx) Prostituta.
Runflero, a. adj. y sust. (Arg) Orillero, arrabalero, de ambientes sórdidos. Pandillero, patotero, barrabrava.
Ruperto. adj. y sust. (Méx) Timador, ratero.

Rusada. adj. y sust. despectivo. Judería, judeada.
Ruso, a. adj. y sust. Judío. Moishe.
Rutera. adj. y sust. f. Prostituta que ejerce su oficio en los caminos.

S

Sábalo. adj. y sust. (Arg) Sabalero. Malviviente, ladrón.
Sabandija. adj. y sust. Depende del tono en que se pronuncie puede ser insultante o no. Se utiliza para designar a los niños traviesos y en ese caso es simpático. Pero como voz de insulto significa ladronzuelo, vivillo.
Sabelotodo, a. adj. y sust. Que presume de sabiduría. Pedante.
Sableador, a. adj. y sust. (Arg) Que acostumbra a pedir dinero prestado y no devolverlo. Sable.
Sablista. adj. y sust. f. Pedigüeño.
Sacapotras. Antiguo. Despectivo de cirujano, particularmente a los que se dedicaban a curar de hernias o quebraduras.

Sacapotras

"[...] la reina Madásima fue muy principal señora, y no se ha de presumir que tan alta princesa se había de amancebar con un sacapotras [...]".
Miguel de Cervantes, Don Quijote de la Mancha, *Madrid, Espasa-Calpe, 1933.*

Sacatón, a. adj. y sust. (Méx) Miedoso, que a todo le teme. Asustadizo.
Sacatrapos. adj. y sust. (Esp) Persona que tiene la habilidad de sonsacar a otras sus secretos ocultos.
Sacomano. adj. m. Ladrón, asaltante.
Sacroso, a. adj. (Méx) Sucio, desharrapado. Mugriento.

Safado, a. adj. y sust. Que no tiene límites, exagerado y por lo tanto peligroso.
Salado, a. adj. y sust. (Ven) Persona que arrastra la mala suerte. Poco afortunado.
Salame. adj. y sust. Tonto. Ver *Papafrita*.
Salamín. adj. y sust. (Arg) Salame, tonto.
Salteador, a. adj. y sust. Ladrón, asaltante.
Saltimbanqui. adj. del it. *saltimbanco*. Despectivo del que aspira a estar en todos lados, buscavidas.

Saltimbanqui

[...] ella una mujer rutinaria y sin inspiración, lo que se llama una burócrata del tormento, y él un saltimbanqui de pelo engominado y traje de gala color vino tinto, te juro princesa que lo único que yo sentía al verlos era desolación...
Laura Restrepo, Delirio, *Alfaguara, Buenos Aires, 2004.*

Salvaje. adj. y sust. Áspero, inculto, bárbaro. Que no tiene moral y modales. Del latín *silvaticus*: selva.
Sanaco. adj. y sust. (Cuba) Persona tonta, despreciable, bruta.
Sandio, a. adj. y sust. Necio, simplón.
Sanguijuela. adj. y sust. (Arg) Que vive de los demás. En sentido figurado, que chupa la sangre, chupasangre, vampiro. También el que se *prende* de los demás, que es imposible sacárselo de encima. Cafishio, eudín.
Sangrón, a. adj. y sust. (Méx) adj. y sust. Poco sociable, antipático.
Sansirolé. adj. y sust. m. y f. Bobalicón, papanatas.
Santulón, a. adj. y sust. Pacato, moralista, excesivamente apegado a hábitos religiosos.
Sapo. adj. y sust. (Ven) Delator, soplón. También la persona que no sabe guardar secretos.
Saqueador, a. adj. y sust. Asaltante, que se apodera de lo ajeno.
Sarasa. adj. y sust. Hombre de gestos afeminados.

Sardino, a. adj. y sust. (Col) Mocoso, cocacolo. También persona que carece de experiencia.

Sargento. adj. y sust. Se aplica despectivamente a las personas autoritarias y mandonas.

Sarnoso, a. adj. y sust. De aspecto sucio, desaliñado. Pulguiento, ranfañoso, rantifuso. Pelagatos, milagriento.

> *Sarnoso*
>
> ... ¿Y los indios? Una recua de sarnosos, sucios como chanchos, borrachos, degenerados. Sólo para chupar, cantar, lloriquear y fornicar sirven...
> *José María Arguedas,* Yawar fiesta, *Lima, Populibros peruanos, sin fecha.*

Sarpado, a. adj. (Arg) Insolente, irrespetuoso. Que pasa los límites en sus modales y en su lenguaje.

Sartén. adj. y sust. (Cuba) Lesbiana, tortillera. Proviene del recipiente en el que se preparan las tortillas a base de huevo.

Sata. adj. y sust. (Cuba) Puta. Prostituta. También coqueta.

Satánico, a. adj. y sust. Concerniente a Satán. Endemoniado.

Sátiro. adj. y sust. Obsesivo sexual, que persigue mujeres y niños. Enfermo del sexo. Del griego *sátiros*: especie de monstruos o semidioses traídos de la India por su jefe el dios Baco.

Sátrapa. adj. y sust. m. Antiguamente título de dignidad entre los antiguos persas. Familiarmente, ladino, gobernante que acumula poder civil y militar y que adquiere riquezas fabulosas.

Sebón, a. adj. (Arg) Haragán, fiacún.

Seboso, a. adj. m. (Bol) Mugriento. Que acumula mucha grasa.

> *Seboso*
>
> La mujer era gorda, sebosa y sucia; los pelos lacios caían a cada momento sobre su frente; ella los echaba atrás con la mano izquierda y aprovechaba para rascarse la cabeza.
> *Mario Vargas Llosa,* La ciudad y los perros, *México, Seix Barral, 1977.*

Secante. adj. y sust. (Arg) Persona fastidiosa, pesado, cargoso, plomazo, aburrido.

> *Secante*
>
> ¡Tirate al río!... no embromés con tu conciencia, / sos un secante que no hace ni reír... / Dame puchero, guardate la decencia.... /Plata, plata y plata, yo quiero vivir. / ¿Qué culpa tengo si has piyao la vida en serio, / pasás de otario, morfás aire y no tenés colchón?
> Enrique Santos Discépolo, *¿Qué vachaché?*, *Buenos Aires, Torres Agüero, 1982.*

Sectario, a. adj. Que profesa y sigue obcecadamente a una secta. Que no admite otras ideas que las que profesa.

Semáforo de media noche. adj. y sust. (Ven) Dícese de una persona fácil, que no la respeta nadie.

Sentencias. adj. y sust. (Esp) Persona que tiene respuesta para todo, que explica todo sobre cualquier tema y en cualquier momento.

Señora de honor perdido. (Méx) Expresión elegante para denominar a la prostituta.

Señora mía de todos mis respetos. (Méx) Madama, dueña de prostíbulo.

Sequeira. adj. y sust. (Arg) Pobretón, sin dinero, secho.

Servacha. adj. y sust. (Arg) Despectivo de empleada doméstica. Sierva, sirvienta.

Servil. adj. y sust. Que pertenece a los siervos y criados. Adulador, que halaga con bajeza a sus superiores. Del latín *servilis*: referido al siervo.

Serrano, a. adj. y sust. (Perú) Despectivo por el campesino de la sierra. Bruto, hosco. Ver *montuno*.

...Los serranos son un poco brutos. Seguro que fue de miedo, aunque el serrano Cava no es un cobarde [...]
Mario Vargas Llosa, *La ciudad y los perros*, México, Seix Barral, 1977.

Serrucho, a. adj. y sust. (Bol) Dícese del que "roba" a la pareja de otro u otra. *Cuídate de Laura que es una serrucha y te va a quitar tu novio.*
Sese. adj. y sust. (Esp) Tonto.
Shacador, a. adj. y sust. (Arg) Ladrón, estafador, delincuente.
Shiofica. adj. y sust. m. (Arg) Vesre de cafishio.
Shuco, a. (Gua) Sucio, que está mugriento.
Shusheta. adj. y sust. f. (Arg) Delator, soplón, alcahuete policial. También se dice del individuo muy afectado en su vestimenta.
Shute. adj. y sust. (Gua) Persona entrometida en asuntos ajenos. Meterete.
Sifilítico, a. adj. sust. Que sufre una enfermedad venérea. Flaco, desnutrido.
Sifón. adj. y sust. m. (Arg) Persona de nariz muy pronunciada. Narigón.
Sigilado, a. adj. y sust. Persona defectuosa o que sufre alguna enfermedad contagiosa.
Simio. adj. y sust. Mono, monito, que tiene aspecto de animal. Sujeto de mala apariencia.
Simplón, a. adj. y sust. Buenazo de pocas luces, escaso de inteligencia, medio bobo.
Simplote, a. adj. y sust. Simplón.
Simulador, a. adj. y sust. Persona que finge, que imita lo que no es.
Sinsilico. adj. y sust. (Méx) Zonzo, torpe.
Sinvergüenza. adj. y sust. Desvergonzado, que no tiene límites éticos y morales, delincuente, mala persona.
Sirvienta. adj. y sust. f. Despectivo. Sierva, esclava, sirvientita. Servacha.

Sisampa. adj. y sust. (Esp) Payasa.
Sobornado, a. adj. Corrompido, que recibe dádivas para otorgar favores. Coimero.
Socado, a. adj. y sust. (CR) Borracho.
Sodomita. adj. y sust. Degenerado, que pervierte a los niños, también pederasta, puto. Que vive obsesionado por el sexo. Del latín *sodomitae*: los habitantes de Sodoma.

> *Sodomita*
>
> —A mí me da la impresión –dijo Espinoza–, por su manera de vestir y sus modales, de que es sodomita.
> —¿Qué qué? –preguntó Carlitos.
> —Que es sodomista –dijo Sarita.
> —¿Ah, sí?
> —Yo –dijo Justine–, lo único que sé es que usa el mismo vetiver que mi recamarera.
>
> Jorge Ibarguengoitia, Estas ruinas que ves, México, Joaquín Mortiz, 1981.

Solapado, a. adj. Que actúa solapadamente, con segunda intención. Que oculta alguna cosa.
Soldadito. adj. Despectivo de soldado. Que actúa obedientemente, sumiso a las órdenes de su jefe.
Somardón, a. adj. (Esp) Persona pesada, egoísta.
Sombra (*mala*). adj. y sust. Que tiene malas intenciones.
Sonado, a. adj. (Arg) Que está mal de la cabeza, loquito. Poco confiable.
Sonámbulo, a. adj. y sust. (Méx) Borracho.
Sonrisa de choclo. (Chi) Que finge alegría. Hipócrita. *Roberto tenía sonrisa de choclo mientras veía a su ex bailar con otro.*
Sopazar. adj. y sust. (Esp) Persona boba o tonta.
Sopero, a. adj. y sust. (Col) Entrometido, fisgón, que se mete en cosas ajenas.
Soplagaitas. adj. y sust. (Esp) Persona que carece de talento.

Soplamocos. Mocoso, pendejo, que ni siquiera sabe sonarse la nariz. Infantil y atolondrado.
Soplapitos. Aficionado a la *fellattio*. Chupapitos, mascaverga.
Soplapollas. (Esp) Sinónimo de gilipollas. También puede usarse como bufarrón, bufa, chupapitos.
Soplapote. sust. (PR) Despectivamente al ayudante o asistente político.
Soplatubos. adj. y sust. (Cuba) Adulador, tonto.
Soplón. adj. y sust. Delator, informante de la policía, alcahuete, botón, botonazo.

> *Soplón*
>
> Y el Rulos dice que le dijo: "¿no creerás que yo soy un soplón o que el Boa es un soplón?". Y el Jaguar le contestó: "espero por su bien que no sean chivatos..."
> Mario Vargas Llosa, La ciudad y los perros, México, Seix Barral, 1977.

Sordenco, a. adj. y sust. (Esp) Persona que no oye bien. Sordo.
Sordusco, a. adj. y sust. (Esp) Sordenco.
Sorete. adj. y sust. (Arg, Uru) Que no vale nada, persona mal considerada. Taimado, malo, tramposo. Persona de escaso valor moral.
Soroco, a. adj. y sust. (Col) Zoroco, que denota poca inteligencia. Pendejo, bobo.
Soseras. (Esp) Tonto, soso.
Soso, a. adj. y sust. Que no tiene ninguna gracia, medio estúpido, quedado, que le falta energía.
Sota. adj. y sust. m. y f. Bobo, tonto.
Sotanudo. adj. m. (Ecu) Despectivamente al cura. Sacerdote.
Sotreta. adj. y sust. (Uru) Sujeto desleal, tramposo,
Suato. adj. y sust. (Méx) Tonto, idiota. *Mira que eres suato, ni sabes poner la mesa.*

Sucio, a. adj. y sust. Que no se baña, maloliente. Asqueroso, puerco. Del latín *sus, suis*: el puerco.

Súcubo. adj. y sust. Demonio que en forma de mujer copula con los hombres. Ver *íncubo*.

Sudaca. adj. y sust. (Esp) Despectivo hacia el sudamericano inmigrante.

Sudoriento, a. adj. y sust. Sudado, sucio, que huele mal.

Sultán. adj. y sust. (Arg) Rufián.

Sumiso, a. adj. Que se somete fácilmente. Falto de carácter.

Superfluo, a. adj. De escasos conocimientos, de opiniones sin valor. Vacío.

Supino, a. adj. Se aplica a la ignorancia que procede de negligencia en aprender. Del latín *supinum*: que está boca arriba, mirando hacia arriba.

Suplicio. Castigo que se daba a los delincuentes. Persona pesada, insoportable.

T

Taba. adj. y sust. m. y f. (Perú) Persona torpe, con falta de habilidad. *Eres tan taba que todo lo haces mal.*
Tacañuzo, a. adj. (Arg) Tacaño, amarrete.
Taconera. adj. y sust. (Méx) Prostituta callejera.
Tachuela. adj. y sust. (Méx) Despectivo a la persona de baja estatura.
Taguicho, a. adj. y sust. (Col Que tiene las facultades mentales alteradas. Loco, lelo. También opa, otario, salame.
Taguirongo. Ver *taguicho*.
Tahúr, a. adj. y sust. Jugador fullero, que hace trampas en el juego.
Talonera. adj. y sust. (Méx) Prostituta callejera.
Tamal. adj. y sust. m. y f. (Nica) Ladrón, el que entra en las casas para robar.
Tampudo, a. adj. y sust. Que tiene el cabello enmarañado y sucio. Desgreñado, champoso, .
Tana. adj. y sust. (Méx) Prostituta.
Tapado, a. adj. (Bol, Méx) Tonto, tardo de entendederas. También homosexual no asumido.
Tapia. adj. y sust. (Arg) Sordo, que no oye nada.
Tapiado de copiosas. adj. y sust. (Méx) Borracho.
Tapiñado. adj. y sust. (Cuba) Homosexual masculino.
Tapón, a. adj. y sust. Petiso, enano. Persona de muy baja estatura.
Taquígrafo, a. adj. y sust. (Bol) Alcohólico sin cura.
Taradeli. adj. y sust. (Arg, Uru) Zonzo, menso, bólido.
Tarado. adj. Retardado, lento, sin inteligencia. Estúpido.

Taralaila. adj. y sust. (Méx) Homosexual, invertido. Maricón.

Tarambana. adj. y sust. Alocado, que ejecuta las acciones sin pensar, atolondrado, que no usa la cabeza.

Tarántula. adj. y sust. f. (Méx) Peyorativo de esposa. Mujer problemática, chismosa.

Tararira. adj. y sust. (Esp) Bullicioso, demasiado inquieto.

Tarasca. adj. y sust. Fea, de mal aspecto físico, malformada. Mujer horrible.

Tardo, a. adj. y sust. Lento, perezoso, torpe, que tarda en comprender una explicación

Tarta. adj. y sust. m. Tartamudo.

Tartamudo, a. adj. Que tiene dificultades para hablar.

Tarugo, a. adj. y sust. Voz árabe: *Tarúq*: clavija. Dícese del petiso, de baja estatura, enano. (Méx) Persona de escasas luces. Tonto, zonzo.

Tarúpido, a. adj. y sust. (Arg) Tarado y estúpido.

Tarrúa. adj. (Cuba) Cornuda, engañada por el marido.

Tecato, a. adj. y sust. (PR) Drogado, cocainómano.

Tedioso, a. adj. y sust. Fastidioso, molesto.

Tembo. adj. y sust. (Col) Tonto, apendejado.

Tenebroso, a. adj. y sust. Oscuro, amenazante. Persona de oscuras intenciones.

Teporocho, a. adj. y sust. (Méx) Borracho, ebrio.

Tereso. sust. (Arg) Vesre de sorete.

Terco, a. adj. y sust. Que no admite razones. Pertinaz, obstinado.

Terrorífico, a. adj. y sust. Persona que causa terror, miedo. Que espanta, ya sea por su aspecto físico o por sus actitudes. Del latín *terrere*: espantar.

Terruco, a. adj. y sust. (Perú) Terrorista.

Testún, a. adj. y sust. (Arg) Testarudo, porfiado.

Tetona. adj. y sust. Que tiene tetas muy grandes.

Tiburcio. adj. y sust. Policía, tira, rati, yuta.

Tigre. adj. y sust. m. Persona con marcas de viruela. *Espumadera*.

Tícuro, a. adj. y sust. (Méx) Borracho.

Tildiao. adj. y sust. (Pana) Loco, orate.
Tilico, a. adj. y sust. Se aplica a la persona flacucha, débil. Esquelético, enfermizo.
Tilingo, a. adj. y sust. (Arg, Uru) Cursi, amanerado, que se comporta en forma extraña. Loco, piantado.
Timbero, a. adj. y sust. (Arg) Jugador empedernido.
Timbón, a. adj. y sust. (Méx) Despectivo por gordo, obeso.
Timorato, a. adj. y sust. Persona tímida, indecisa.
Tiñoso, a. adj. Que tiene tiña. Metafórico: miserable, ruin, mezquino.
Tipejo. adj. y sust. Sujeto despreciable, ruin, que no es nada.
Tira. adj. y sust. (Arg) Policía. (Perú) Detective.
Tirado. adj. Pobre, que no tiene dinero, que vive en la calle, sin recursos.
Tirano, a. adj. y sust. Que impone sus ideas sobre los demás. Autoritario, cruel y violento.
Tirate un pedo. (Arg, Uru) Equivalente a vete a la mierda.
Tirifilo, a. adj. y sust. (Arg) Fifí, amanerado, petimetre. Delicado, melindroso.
Títere. adj. y sust. Que actúa bajo las órdenes de otro, sin iniciativa propia, que es manejado por un tercero.
Tizo, a. adj. y sust. (Méx) Drogado.
Tiznada (*hijo de la*) (Méx) Expresión equivalente a hijo de puta. Hijo de mala madre.

> *Hijo de la tiznada*
>
> La voz del hombre volvió a sonar, agresiva, hiriéndose a sí mismo y a todo el universo, con agudos que recorrían toda la escala de impiadosas ofensas. –Hijo de la tiznada… Cabrón desgraciado…¡Chingue a su madre!
> *Edmundo Valadés*, La muerte tiene permiso, *México, Fondo de Cultura Económica, 1983.*

Tocado. adj. (Arg) Loquito.

Tolón. adj. y sust. (Esp) Atolondrado, irresponsable.

Tolongo, a. adj. y sust. Que tiene las facultades mentales alteradas. Loco, orate, chiflado, piantado.

Tomatrago. adj. y sust. (Col) Aficionado al alcohol, borracho.

Tombo. sust. (Perú) Agente de policía. *Tira*.

Tonguero, a. adj. y sust. (Uru) Que miente para poder estafar. Cuentero, engrupidor.

Tonto de Capirote. Proviene de *Capirote*, cucurucho de cartón que se ponen en la cabeza los cofrades en procesiones de Cuaresma.

Tonto, a. adj. y sust. Mentecato, falto de entendimiento. Incapaz, zonzo, de bajo coeficiente intelectual, palurdo, boludo. Tontazo, tontillo.

Tontobaba. adj. y sust. (Esp) Zonzo, bobo, idiota.

Tontonazo, a. adj. y sust. superlativo de tonto.

Tontuelo, a. adj. y sust. Diminutivo de tonto.

Topu. m. adj. y sust. (Arg) Vesre de puto.

Torpe. adj. y sust. Atropellado, que tropieza, que manipula mal los objetos o las situaciones. Medio huevo.

Torta. adj. y sust. (Arg) Lesbiana, tortillera.

Tortera. adj. y sust. (Arg) Lesbiana.

Torterolo, a. adj. y sust. (Arg) Que le falta un ojo, tuerto.

Tortillera. adj. y sust. (Arg) Lesbiana, mujer que gusta de mujeres, vuelta y vuelta, marimacho. También, aunque de uso poco frecuente, lesbianorra.

Tortiyera. adj. y sust. Lesbiana.

Tórtolo. adj. y sust. m. (Col) Tonto, bobo, ingenuo. También pene, pija, polla, picha, chimbo.

Tortuga. adj. y sust. Lento, pesado.

Tortuoso, a. adj. Que da vueltas, que no enfrenta las cosas de manera directa. Que da rodeos.

Torvo, a. adj. y sust. Fiero, espantoso, terrible. Que no actúa de buena fe. Que tiene segundas intenciones.

Tostado (*tostao*) adj. m. (PR) Loco, orate. Que está mal de la cabeza.
Tostero, a. adj. y sust. (Arg) Mentiroso, embustero.
Tostón. adj. y sust. (Méx) Antigua moneda mexicana grande y pesada. Pesado, cargoso, pegajoso, insoportable, malasombra.
Toyo. adj. (Perú) Dientudo (por su parecido con el pez escualo llamado toyo). *Sería muy guapo si no fuera tan toyo.*
Traba. adj. y sust. (Arg) Travestido, travesti, homosexual que viste ropas de mujer.
Tracalero, a. adj. y sust. (Méx) Persona que no paga sus deudas.
Traficante. adj. y sust. Se asocia vulgarmente con el traficante de drogas. Que realiza un comercio ilegal.
Tragahombres. adj. y sust. Ninfómana. Mujer que se acuesta con muchos hombres, calentona, cacerola sin fondo.
Tragaldabas. adj. y sust. (Esp) Goloso, que come demasiado, tragón, que vive para comer.
Tragapipes. adj. y sust. (Ven) Homosexual.
Tragasable. Hombre homosexual que actúa en el papel pasivo. Muerdealmohada. Maricón, comilón, hombre que gusta de otros hombres.
Tragasantos. adj. y sust. (Esp) Santurrón, beato incurable, que anda rezando todo el día. Chupamedia de curitas. *Manyahostias.*
Traidor, a. adj. y sust. El que quebranta la fidelidad o lealtad que debía guardar. Que entrega a otro. Que engaña la confianza depositada en él. Del latín *traditor*: el que entrega.
Traicionero, a. adj. y sust. Traidor.
Trailera. adj. y sust. f. (Méx) Maricón, trolo, puto.
Tramoyero, a. adj. y sust. Que usa ficciones o engaños para embaucar a la gente.
Trampa. adj. f. (Arg, Perú) Mujer promiscua.
Trampeador, a. adj. y sust. Defraudador, que engaña a los demás. Tramposo.

Trampista. adj. y sust. Ant. Embustero, tramposo.
Tramposo, a. adj. Que hace trampas en el juego.
Tránsfuga. adj. y sust. (Arg) Tramposo, traicionero.
Trapacero. adj. y sust. (Ecu) Alguien vestido de forma desaliñada.
Traposo, a. adj. (Bol) Harapiento.
Trasto. adj. y sust. Basura, persona que ya no sirve para nada, sujeto indeseable. Puede enfatizarse como *trasto viejo*.
Traviato, a. adj.y sust. (Méx) Borracho.
Trepador. adj. y sust. (Arg) Que busca ascender sin importarle cómo.
Trinquetero, a. adj. y sust. (Méx) Estafador, tramposo.
Trinquis. adj. y sust. m. y f. Ebrio.
Triscón, a. adj. y sust. (Col) Que habla mal y censura los actos de los demás. Sacafaltas, criticón, reparista.
Trola. adj. y sust. (Arg) Prostituta. También lesbiana.
Troley. adj. y sust. m. y f. (Méx) Alcoholizado.
Trolo. adj. y sust. (Arg) Homosexual. Ver *tragasable*.
Trompeta. adj. y sust. (Cuba) Chivato, soplón. (Méx) Borracho.
Trompudo, a. adj. y sust. (Col) De labios gruesos y abultados. Hocicón, hocicudo, jetón, jetudo, trompón, bembón, bembudo.
Tronco. adj. y sust. (Arg) Torpe.
Tronco. adj. y sust. Pesado, cargoso, insoportable. También inútil, inservible para toda tarea. Bruto.
Trotadora. adj. y sust. (Arg) Prostituta.
Troteador. adj. y sust. (Méx) Proxeneta. Que vive de las mujeres. Utilizado por los chicanos (mexicanos en Estados Unidos)
Trotera. adj. y sust. (Arg) Prostituta.
Trucho. adj. y sust. De escaso valor, tramposo, falso, ñoqui.
Truhán. adj. y sust. Delincuente, malviviente, que vive del juego y de la estafa.

> *Truhán*
>
> La Revolución-revolucionaria no devora a sus verdaderos hijos. Destruye a sus bastardos. ¡Cáfila de truhanes! Los he tolerado. Quise rehabilitarnos en funcionarios dignos. Albergué cuervos que me salieron herederos.
> Augusto Roa Bastos, Yo el supremo, *Buenos Aires, Siglo XXI, 1974.*

Tuje (*cara de*) adj. y sust. (Arg) Cara de culo.

Tumbado, a. adj. Lelo, distraído, zonzo. Persona de pocas luces. Popularmente: *tumbao*.

Tunante. adj. y sust. Sujeto que se destaca por lo pícaro. Simpático que vive de los demás, que no trabaja y utiliza su simpatía para obtener beneficios.

Turbado, a. adj. Persona confusa, desordenada. También loco, de escaso entendimiento.

Turbio, a. adj. Que no es franco, desleal. Ladino. Que no es transparente en su actitud.

Turro, a. adj. y sust. (Arg, Uru) Malvado, mala persona, que actúa con vileza. Despreciable, ruin. También, que tiene dificultades para entender.

> *Turro*
>
> El farmacéutico se levantó, extendió el brazo y haciendo chasquear la yema de los dedos, exclamó ante el mozo del café que miraba asombrado la escena:
> —Rajá, turrito, rajá.
> Erdosain, rojo de vergüenza, se alejó. Cuando en la esquina volvió la cabeza, vio que Ergueta movía los brazos hablando con el camarero.
> Roberto Arlt, *Los siete locos, Buenos Aires, Losada, 1997.*

Turulato. adj. y sust. Bobalicón, lelo, lento en pensamiento y en acción.

Turulo, a. adj. y sust. (Uru) Que tiene las facultades mentales alteradas. Loco, majadero, bobo. De escasa inteligencia. Tonto, bobo.

Turululo, a. sust. adj. y sust. Ver *turulo*.
Tuturusco, a. adj. y sust. (Méx) Antontado, aturdido. Lelo.
Tuturutu, ta. adj. y sust. (Arg) Distraído, que no presta atención. También tonto, lelo.

U

Ufano, a. adj. y sust. Envanecido, presuntuoso, engreído.
Ultra. adj. y sust. (Arg) De pensamiento extremista.
Ultramontano, a. adj. y sust. Reaccionario, de ideas opuestas a la libertad. Del latín *ultra montes*: más allá de los montes.
Untado, a. adj. El que ha recibido coimas. Coimero.
Uñas largas. Carterista, ladrón, ratero que roba en transportes públicos.
Urso. (it., *orso*, napolitano *urso*, oso) m. Hombre corpulento, *ropero*.
Urraca. sust. f. Amarrete, avaro.
Usurero, a. adj. y sust. Que presta dinero con intereses desmesurados.

V

Vaca. adj. y sust. (Méx) Mujer que se acuesta con varios hombres, con o sin paga.

Vacunado, a. adj. (Arg) Que ha sido cogido.

Vagamunda. adj. y sust. f. (Col) Prostituta, zorra, coya, guaricha, nochera, culipronta.

Vagabundo, a. adj. y sust. Que anda vagando de un sitio a otro, sin detenerse en ninguno y sin buscar un fin determinado.

Vago. adj. y sust. Que no trabaja, holgazán. También vagoneta.

Vagón de ferrocarril. Bisexual, *trolo* porque engancha por delante y por detrás.

Vagón vacío. Fig. prostituta que no tiene querido.

Vagoneta. adj. y sust. (Arg, Uru) Persona que tiene relaciones homosexuales y heterosexuales. También, vago, haragán, atorrante.

Vaina. adj. y sust. (Cuba) Persona informal, miedosa, poco seria, mala gente.

Valet. (fr.) adj. y sust. m. Despectivo. Criado que atiende el vestuario del amo.

Valemadrista. adj. y sust. (Méx) m. De valemadre: nada le importa. Persona a la que todo le da igual. No le importan las consecuencias de su comportamiento.

Vampiro, a. adj. y sust. Aprovechador, que le chupa la sangre a los demás.

Vándalo. adj. y sust. Bárbaro, violento, sujeto desalmado y agresivo. Se denominaba así a la confederación de muchos pueblos situados al Oriente de la Germania. Los vándalos hicieron la guerra contra el emperador Marco Aurelio. Se denominaba *Wandle* a una tribu escandinava o germánica. Su origen es alemán: *wandelen*: andar, caminar.

Vanidoso, a. adj. y sust. Que presume de ser superior. Arrogante, pretencioso. Que se vanagloria de sus hazañas. También *pavo real*. Del latín *vanitas*, forma sustantiva abstracta de *vanus*.

Vanilocuente. adj. y sust. Que tiene una verbosidad inútil y redundante. Del latín *vaniloquentia*, de *vanuis*: vano y *loqui*: hablar.

Vano, a. adj. y sust. Hueco, vacío, que carece de solidez en su carácter. Inútil.

Varonera. adj. y sust. f. Muchacha o niña que gusta de andar o estar con varones, muchachera.

Vaselinop. adj. y sust. (Col) Que se preocupa excesivamente por su arreglo personal. Pisaverde, presumido.

Vedette. adj. y sust. f. Actriz principal de espectáculos frívolos. Que le gusta mostrarse. Presumida.

Vegetal. adj. y sust. fig. Persona que no tiene vida, apagado. Falto de carácter.

Vejanco. adj. y sust. (Arg) Jovato, achacoso.

Vejarano. adj. y sust. (de *viejo*) m. Viejo.

Vejardo. adj. y sust. m. Viejo.

Vejestorio. adj. y sust. m. Muy viejo, decrépito.

Vejiga. adj. y sust. (Uru) Persona despreciable. Majadero, papanatas. Tonto.

Vejigón, a. adj. y sust. (Uru) Ver *vejiga*.

Veleidoso, a. adj. Antojadizo, inconsistente, caprichoso. Del latín *velle*: querer; del italiano *velleità*: veleidad.

Veleta. adj. y sust. Sujeto que cambia de posición de acuerdo a sus conveniencias. Sin convicciones, inconstante.

Velorio. adj. y sust. (Arg) Persona aburrida, sin gracia.

Venado. adj. y sust. m. Cornudo.

Venal. adj. y sust. Corrompido. Que se deja sobornar con dádivas.

Venático, a. adj. y sust. Extravagante, que se comporta como un loco. De ideas alocadas.

Vendepatria. adj. y sust. m. (Bol) Traidor a su patria.

Venenífero, a. adj. y sust. fig. Venenoso, malo. Del latín *venenum*: veneno; y *fero*: yo llevo o produzco.

Venenoso, a. adj. y sust. Malo, venenífero. Que actúa con maldad.

Vengativo, a. adj. y sust. Que acostumbra tomar vengaza de cualquier agravio. Rencoroso.

Ventajero, a. adj. y sust. Ventajista, aprovechador.

Ventajita. adj. y sust. m. fig. Aprovechador, *ventajero*, ventajista.

Ventiado, a. adj. (Col) Que no está en su sano jucio, chiflado.

Ventudo, a. adj. Adinerado, platudo.

Verdugo. adj. y sust. (Arg) Persona cruel, de malas intenciones. Que castiga sin piedad.

Verdugo. adj. y sust. m. (Arg) Cruel, de malas intenciones.

Verdulera. adj. y sust. Grosera, sin elegancia, de mal hablar. También gritona y fea. Para enfatizar puede utilizarse *verdulera del Dock*.

Verdurita. adj. y sust. Cosa o persona de poca importancia o valor; m. polít. Fingido o pretendido autor de un hecho resonante que busca sacar partido.

Vergajo, a. adj. y sust. (Col) Persona inmoral que estafa o engaña para provecho propio. Granuja, sinvergüenza.

Vergonzoso, a. adj. Que causa vergüenza. Que carece de moral.

Verija. adj. y sust. (Ecu) Bobilín o idiota.

Verseador: adj. y sust. m. *Versero*.

Versero, a. adj. y sust. (Arg) Que narra aventuras o proyectos que solo existen en su imaginación, con el fin de impresionar. *Verseador, sanatero, globero*. Alpedólogo, charlatán.

Verrugoso, a. adj. Que tiene muchas verrugas.

Vetarro. adj. y sust. (Méx) Generalmente usado para los hombres: viejo, anciano. Achacoso.

Veteco, a. adj. y sust. (Bol) Viejo decrépito.
Vetusto, a. adj. Que es muy viejo, anciano. También anticuado.
Víbora. adj. y sust. Persona mala, venenosa, de mala entraña. Traicionera.

Víbora

—Es una víbora venenosa –le murmura el Matemático, sin soltarle el brazo, mientras cruzan.
—Frecuenta los servicios de inteligencia y la misa de once.
Juan José Saer, Glosa, *Buenos Aires, Alianza, 1986*

Viceversa. adj. y sust. Que nunca sabe lo que quiere. Desorientado, que no sabe si va o viene. También el que mantiene relaciones heterosexuales y homosexuales.
Viciado, a. adj. Se aplica al que vicia, falsifica o pervierte. Vicioso.
Vicioso, a. adj. Adicto, que consume drogas. También degenerado sexual.
Vichador. adj. y sust. m. Espía, observador.
Vichenzo. (it. Vicenzo, Vicente) adj. y sust. m. (Arg) XIX. Tonto, imbécil. Bizco.
Vidrierista. adj. y sust. m. Vitrinista, presentador de vidrieras. f. ramera, *trotera*.
Vidrioso, sa. adj. y sust. Incierto, inseguro.
Viernes. adj. y sust. (Méx) Decrépito, anciano de mal aspecto.
Vigil. adj. y sust. m. (Arg) Delator, vigilante. Alcahuete.
Vigilante. adj. y sust. m. Delator, alcahuete.
Viejoverde. adj. y sust. Anciano que gusta de las jovencitas. Viejo impotente pero depravado, pitoflojo.
Vil. adj. y sust. Sujeto indigno, malo, despreciable.
Villano. adj. y sust. Hombre malo, *malo de película*, venenoso y envidioso.
Villero, a. adj. y sust. (Arg) Habitante de una *villa miseria*.
Violador. adj. y sust. Que somete sexualmente a la mujer.

Violador

Violador enfurecido,
Amnón huye con su jaca.
Negros le dirigen flechas
en los muros y atalayas.
Y cuando los cuatro cascos
eran cuatro resonancias,
David con unas tijeras
cortó las cuerdas del arpa.
>   *Federico García Lorca,* Thamar y Amnón, *en* Romancero Gitano, *Madrid, Aguilar, 1955.*

Violento, a adj. y sust. Propenso a atacar o generar desmanes.
Virgo. adj. y sust. m. mujer virgen.
Virola. adj. y sust. (Arg, Méx) De comportamiento inesperado. De facultades mentales alteradas. También bizco, biscocho, tuerto.
Virulento, a. adj. y sust. Ponzoñoso, maligno. También mordaz o sangriento cuando se aplica a la escritura.
Viscoso, a. adj. Pegajoso, sujeto pesado, que se pega a los demás. Insufrible.

Viscoso

Víboras viscosas, se arrastraban por la casa dos seres atados por quién sabe qué frustrado matrimonio: ella, rígida y míseramente ajena a todo saludo; él, pequeño, metido en un saco abotonado muy alto en el pecho...
>   *Eduardo Mallea,* Todo verdor perecerá, *Buenos Aires, Espasa-Calpe, 1941.*

Visteador. adj. y sust. m. Hábil para *vistear*.
Vituperador, a. adj. y sust. Que vitupera. Que habla mal de otros, que insulta.
Viva la Pepa *(Es un viva la pepa)* Que nada le importa, irresponsable, despreocupado y ramplón.
Vivado, a. adj. inus. *Avivado.*

Vivanco, a. adj. y sust. (Arg) Pillo, astuto, que se aprovecha de los demás.

Vividor. adj. y sust. Que se aprovecha de los demás, cafiolo, que vive del esfuerzo ajeno.

Vivillo. adj. y sust. m. Vividor, *avivado.*

Viviyo. adj. y sust. (Arg) Avivato.

Vivo, a. adj. y sust. A*vivado, vivanco.*

Viyuyo. adj. y sust. m. *Zonzo,* tonto.

Vociferante. adj. y sust. Que habla a los gritos. También deslenguado, que se expresa jactanciosamente.

Vocinglero, a. adj. y sust. Excesivamente locuaz y parlanchín.

Volado, a. adj. y sust. Drogado, *papeado, fumado.*

Volteado. adj. y sust. m. (Méx) Hombre homosexual.

Voltiá. adj. y sust. (Col) Lesbiana, tortillera.

Volumen. adj. y sust. (Arg) Boludo.

Vómito. adj. y sust. m. fig. Persona muy fea o repelente.

Vovi. adj. y sust. Vesre de vivo.

Vuelta y vuelta. Lesbiana. Ver *tortillera.*

Vueltero, a. adj. y sust. Que anda con vueltas, indeciso, enredador.

Vulgar. adj. y sust. Que pertenece al vulgo. Grosero, desfachatado, que no tiene educación.

Y

Yanqui. adj. y sust. Despectivo hacia el norteamericano.
Yegua. adj. y sust. f. Mujer ruin, malvada. Admirativo, *potra, potranca*, mujer sensual y bella. En Cuba se utiliza para denominar al homosexual. Maricón.
Yengue. adj. y sust. m. Aféresis de *canyengue*.
Yenusa. adj. y sust. f. Despect. Mujer.
Yeta. adj. y sust. Persona que trae mala suerte.
Yetatore. (Arg) (it. *iettatore*, ib.) m. Cenizo, persona que trae o provoca la mala suerte, por lo común involuntariamente, *lechuzón*.
Yeti. adj. y sust. Feo, maltrecho, horrible. *El abominable hombre de las nieves.*
Yetudo, a. adj. y sust. Dícese de la persona desgraciada, que tiene o lleva mala suerte. Ver *Yeta*.
Yira. adj. y sust. (Arg) *Trotera, yiro*. Puta, ramera, patín. Yiranta.
Yiradicta. adj. y sust. (Arg) Puta, ramera.
Yiranta. adj. y sust. (Arg) Prostituta callejera, ramera.

> *Yiranta*
>
> ...La mantenida desprecia a la mujer de cabaret, la mujer de cabaret desprecia a la yiranta, la yiranta desprecia a la mujer del prostíbulo...¿La psicología de la mujer de la vida? Está encerrada en estas palabras, que me decía llorando una mujercita a quien largó un amigo mío: "Encore avec mon cul je peux soutenir un homme".
> Roberto Arlt, Los siete locos, *Buenos Aires, Losada, 1997.*

Yiro. (it. *donna di giro*, ramera) adj. y sust. m. (Arg) XIX. Ramera de las calles, *trotera, yiranta*.

Yirona. adj. y sust. f. *Yiro, yiranta*.

Yoni. (de Johnny) adj. y sust. m. Inglés, norteamericano, anglosajón. También Jonni o Jonny.

Yonqui. adj. y sust. (Esp) Drogadicto, adicto a la heroína. (De la jerga inglesa *junkie*).

Yuta. adj. y sust. (Arg) Policía.

Yuto. adj. y sust. (Arg) Falso, fayuto.

Z

Zafado, a. sust. adj. (Uru) Atrevido, fresco. En (Arg) Exaltado, excitado. En Colombia, que no está en su sano juicio. Chiflado. En México, loco.

Zafarrancho. adj. y sust. m. Persona fea, de mal aspecto. También el que se mueve con torpeza.

Zafio. adj. y sust. Voz árabe: *Safiq*: grosero, necio, sinvergüenza. Sujeto malhablado, de modales bárbaros.

> *Zafio*
>
> "Y sepa que, aunque zafio y villano, todavía se me alcanza algo desto que llaman buen gobierno: así que no se arrepienta de haber tomado mi consejo, sino suba en Rocinante, si puede, ó si no, yo le ayudaré...".
> Miguel de Cervantes, Don Quijote de la Mancha, Madrid, Espasa-Calpe, 1933.

Zaguán (cara de) (Arg) Pálido, de mal aspecto. También que tiene la cara larga.

Zambo, a. adj. y sust. Que tiene las piernas torcidas hacia fuera y juntas en las rodillas. Se usa despectivamente hacia el hijo de indígena y negro.

Zamborotudo, a. adj. y sust. (Esp) Tosco, gordo, malformado físicamente. También tosco.

Zampabodigos. adj. y sust. m. y f. Bobalicón.

Zampaboya. sust. adj. y sust. (Uru) Persona despreciable. También zonzo, tonto, bobalicón.

Zampahostias. (Bol) Hipócrita, falso beato, simulador de virtud.
Zampón, a. adj. y sust. (Esp) Tragón. Que engulle.
Zanagoria. adj. y sust. (Arg) Tonto, boludo.
Zanahoria. adj. y sust. De escasa inteligencia, zonzo. Alcaucil, bambaco, bobalicón, bobeta, bodoque, boncha, cachirulo, caspiento, caspudo, chambón, chauchón, chitrulo, corto, cotudo, faltado, falto, gil, gilastrún, gilún, mamerto, melón, mentecato, nabo, naboncio, opa, otario, pajarón, papafrita, papanatas, paparulo, pastenaca, pavote, pelandrún, salame, salamín, sota, taguicho, taguirongo, taradeli, tarúpido, tolongo, tonto, zanguango, zapallo.
Zanahorio, a. adj. y sust. (Col) Ingenuo, apocado, que supone siempre buena intención en los demás. Que se escandiza exageradamente. Mojigato, también aguafiestas.
Zángano. adj. y sust. Vago, que no le gusta trabajar, parásito que se aprovecha de los demás.
Zancuzo, a. adj. y sust. Que tiene las piernas largas y flacas.
Zanguango. adj. y sust. Que nada le entusiasma, indolente, perezoso. Ver *Zanahoria*.
Zapallo, s. adj. y sust. (Arg) Persona de cabeza muy grande. Ver *Zampaboya*.
Zaparrastroso. adj. (Arg) Sucio, andrajoso, maloliente, vago de la calle, mendigo.
Zapato. adj. y sust. Tosco, bruto, de escasa inteligencia.
Zapayo. adj. y sust. (Arg) Bobo, zonzo.
Zomardo. adj. m. vesre irreg. de mozo, con despect. A*rdo, mo*zardo.
Zombi. adj. y sust. Dormido, nunca despierto, tonto que vive en otro mundo. Que siempre tiene sueño.
Zomo. adj. y sust. m. vesre de mozo.
Zonzo, a. adj. inus. Soso, sin sabor. Tonto. Bobo, pavo. Ver *Zanahoria*.
Zopenco. adj. y sust. Torpe, bruto, que todo lo hace mal.

Zopenco

Levantaba el puño y tartamudeaba. Su mujer y sus tres hijas, vestidas de gran gala, con plumas de pájaro raro en la cabeza, trataban de tranquilizarlo.
—¡Zopenco! –decía Pascualito.
Frente a él estaba el insultado: el capitán Hinojosa, con impavidez de ídolo azteca.
Jorge Ibarguengoitia, Estas ruinas que ves, *México, Joaquín Mortiz, 1981.*

Zopeti. adj. y sust. m. Vesre de petizo.
Zoquete. adj. y sust. Voz árabe: *Suqqait:* lo que se cae, persona que cae física o moralmente. Boludo, medio huevo, lelo, también torpe.

Zoquete

Los movimientos de su cuerpo, oculto por aquella ropa demasiado amplia, eran extrañamente sensuales.
—¿Tú crees –me preguntó Malagón en un susurro– que esta mujer haya recorrido toda la gama de la experiencia sexual con el zoquete de su marido?
Jorge Ibarguengoitia, Estas ruinas que ves, *México, Joaquín Mortiz, 1981.*

Zorongo. adj. y sust. m. Zurullo, mojón, *sorete.*
Zorra. adj. y sust. Puta, ramera, mujer de vida disipada.
Zotaco, a. adj. y sust. (Méx) Persona de baja estatura. Petiso. Enano.
Zozobroso, a. adj. (Esp) Que está lleno de zozobra. Asustadizo.
Zura. adj. y sust. (Méx) Antipático, huraño.
Zurdo. adj. y sust. Despectivo de izquierdista. Bicho colorado.
Zurrón, a. adj. y sust. (Col) Poco inteligente, ingenuo, ridículo.
Zurumbático, a. adj. y sust. (Col) Que quedó perturbado a causa de una impresión fuerte. Atontado, aturdido.

Se terminó de imprimir en
Artes Gráficas Piscis S.R.L., Junín 845,
(C1113AAA) Buenos Aires, Argentina.
Mes de Abril de 2006